Toskana
Umbrien und die Marken

Toskana
Umbrien und die Marken

CORNELIA SCHINHARL

Fotografie: Michael Schinharl
Foodstyling: Hans Gerlach

Inhalt

Il cuore
Das Herz Italiens

Vor allem im Mai verzaubern die zarten und dabei so kräftig leuchtenden Mohnblumen den Reisenden in ganz Mittelitalien.

Toskana, Umbrien und Marken – das sind Landschaften, die bezaubern.

Zypressenalleen, einsame Pinien, Weinberge im Überfluss, Olivenbäume, deren Blätter im Wind silbern glitzern, Mohnblumen vor zartgrünem Getreide, fröhlich gelbe Sonnenblumen in Reih und Glied, Meer und Seen, Flüsse und einsame Wälder, faszinierende Berge mit fruchtbaren Hochebenen: So viel Farbe bieten die mittelitalienischen Regionen. Und so vielfältig sind dort die Eindrücke und Erlebnisse, dass man immer wiederkommen möchte und jedes Mal Neues entdecken kann.

Toskana, Umbrien und Marken – das ist Kunst von der Antike bis zur Neuzeit.

Die Kuppel des Doms in Florenz, der Campo in Siena, die Klosterruine von San Galgano, die moderne Kunst von Alberto Burri in Città di Castello und die von Niki de Saint-Phalle in Capalbio: Italiens Mitte hat den größten Reichtum an Kunstschätzen zu bieten. In idealer Landschaft liegen faszinierende Städte, viele davon so gut erhalten, dass sich das Leben im Mittelalter und in der Renaissance noch erahnen lässt, die meisten heute voller Leben und doch nicht so überlaufen, dass man sich nicht dort wohlfühlen könnte. Ob Siena, Orvieto, Urbino, Florenz oder Rom – hier findet jeder seine ideale Stadt, seine Lieblingskirche und ein Museum, in das er nicht nur einmal gehen möchte.

Toskana, Umbrien und Marken – das sind Geschmackserlebnisse der besonderen Art.

Bunte Märkte schmücken jeden noch so kleinen Ort. Besucht man einen von ihnen und nimmt sich ein bisschen Zeit, merkt man bald: Italiener kochen und essen aus Freude am Genuss – dass sie dabei auch satt werden, ist für sie eine angenehme Nebensache.

Italiener gehen nicht einfach nur einkaufen. Nein, sie unterhalten sich mit der Marktfrau, fragen nach, was alles angeboten wird, woher die Oliven kommen, welche Tomaten die besten sind und ob der *cavolo nero* aus der Toskana wirklich schon schmeckt. Ein anderer Kunde mischt sich vielleicht ein, lässt seine Meinung dazu hören. Und schon geht man nicht nur mit einem Gemüse oder einem Bund frischer Kräuter nach Hause, sondern auch mit einer neuen Idee, was man damit machen könnte. Hat das empfohlene Gericht geschmeckt, wird man es selbst beim nächsten Marktbesuch gerne weitergeben.

Italiener gehen auch nicht einfach nur essen. Im Ristorante studieren sie zunächst gründlich die Karte, erkundigen sich, ob es vielleicht etwas Besonderes gibt, eine Spezialität des Tages. Sie diskutieren ausführlich mit dem *cameriere*, bevor sie bestellen, wählen mit Sorgfalt den passenden Wein. Und wenn es ihnen geschmeckt hat, fragen sie möglicherweise, wie der Koch dies oder jenes zubereitet hat.

Mag sein, dass es uns nur so vorkommt, doch wir glauben, dass die Menschen in Mittelitalien diesen liebenswerten und genussvollen Umgang mit Lebensmitteln noch mehr pflegen als anderswo. Vielleicht liegt es auch daran, dass es hier ruhiger zugeht als im geschäftigen Norden und nicht so laut wie manchmal im Süden. In jedem Fall haben wir uns anstecken lassen, gefragt, diskutiert und natürlich später alles aufgeschrieben!

In Mittelitalien tritt zur Liebe zum Essen noch eine enge Beziehung zum Wein, der hier schon früh Beachtung fand. Er passt in die Landschaft und prägt sie, er passt zum Essen und ergänzt es. Gelingt es uns, diese Liebe zum Essen und zum Wein, zum Genießen und Wohlfühlen, auch bei uns zu Hause nachzuempfinden, dann haben wir ein Stück Lebensqualität gewonnen und nicht nur ein neues Gericht entdeckt. Ich wünsche Ihnen und Ihren Freunden dabei viel Spaß und natürlich guten Appetit!

Italiens Mitte – fünf Regionen mit hoher Begeisterungs- und Genussgarantie.

Niki de Saint-Phalle in der Toskana: Ihre üppigen und bunten Figuren laden in Capalbio im Giardino dei Tarocchi zum Betrachten ein.

BUON APPETITO
ANTIPASTO LANCIA D'ORO
PANZANELLA
PAPPARDELLE ALLA LEPRE
TORTELLI DEL CASENTINO
PAGLIA E FIENO AI PORCINI
MAIALINO AL FINOCCHIETTO
I NOSTRI DOLCI
QUALITY RESTAURANTS 2003

Toskana

Alte Liebe – neue Leidenschaft

Wir kennen die Toskana: Zypressen und Pinien, silbrig glänzende Olivenhaine, wohin man blickt, schlichte Steinhäuser auf jedem Hügel, Kunst im Überfluss und für jeden Geschmack, den guten Pecorinokäse und den süffigen Chianti. Die karge Schönheit der Crete bei Siena, das grüne Chianti Classico, die Marmorbrüche bei Carrara, das Meer mit seinen Inseln, den Monte Argentario und den Monte Amiata, das bunte Treiben in Florenz, Siena und Arezzo.

Toskana
Alte Liebe – neue Leidenschaft

Ein seltenes Ereignis: Im Januar 2004 wurde die berühmte Terracotta in Impruneta vom Schnee verzaubert. Und schon einen Tag später von der Sonne frei geküsst.

Kennen wir die Toskana? Beispielsweise an einem Wintertag? Wenn das Licht so sanft ist, als sei ein Weichzeichner über die Landschaft gelegt. Ganz selten, dass es mal schneit. Und wenn, dann ist nichts mehr wie es war. Der Verkehr bricht zusammen. Für ein paar Stunden geht gar nichts mehr. Die Bank bleibt ebenso geschlossen wie die Post, nur wer direkt neben seinem Geschäft wohnt, öffnet es auch. Und die sonst im Vergleich mit anderen Italienern so kühlen Toskaner sind aufgeregt. Und bewundern uns, dass wir *senza catene*, ohne Schneeketten, Auto fahren.
Es zieht uns immer wieder in die Toskana, zu jeder Jahreszeit. Und die Region unserer Sehnsüchte hat immer wieder neue Überraschungen zu bieten. Die Toskana ist einfach zu groß und zu vielfältig, um sie bei einer einzigen Reise kennen zu lernen. Entdecken Sie sie immer wieder neu!

Abseits der Hauptstraßen
Das Chianti Classico lädt immer zu einer Reise ein, doch auch andere Ziele lohnen den Weg:
Besuchen Sie Lucca, das schon als römische Kolonie Ansehen genoss und Reichtum erlangte, weil es an der Handelsstraße zwischen Pavia und Rom lag. Später war die Stadt berühmt für edelste Seidenstoffe und noch heute sieht man ihr ihren Reichtum an. Das gut erhaltene Zentrum ist auf einer Länge von über vier Kilometern von einer hohen und bis zu zwölf Meter breiten Mauer umgeben, Tummelplatz für Jogger, Radfahrer und Fußgänger.
Wandeln Sie in Collodi auf den Spuren des kleinen Helden Pinocchio. Carlo Lorenzini wurde hier geboren und hat das Kinderbuch unter dem Namen Carlo Collodi veröffentlicht. Heute kann man rund um die Villa Garzoni den Pinocchio-Park besuchen.
Reisen Sie wie Heinrich Heine zu den Heilbädern Bagni di Lucca und Montecatini, aber auch in die kleinen Bergdörfer der Garfagnana. Hier finden Sie eine ruhige, teilweise raue Landschaft und eine unversehrte Natur. Hier wachsen Kastanien und Pilze, in tieferen Lagen auch Wein und Olivenbäume, in der Garfagnana gedeiht der Großteil des toskanischen Getreides.
Ruhig und schön liegt die Crete südlich von Siena. Die hügelige Landschaft ist dünn besiedelt, Felder und Schafweiden bestimmen das Bild, auf manch einem Hügel wachen einzelne Zypressen über kleine Gehöfte.
Ohnehin wundert man sich in der beliebten Toskana manchmal, wie wenig besiedelt manche Gebiete sind.
Das hat historische Gründe: Die *mezzadria*, die Halbpacht, wurde in der Toskana, aber auch in den anderen Regionen im Mittelalter eingeführt und besagte, dass der Grundbesitzer dem Pächter, also der Bauernfamilie, den Grund, den Hof und die Tiere zur Verfügung stellen musste. Die Bauern bewirtschafteten das Gut und mussten als Gegenleistung die Hälfte ihres Ertrags dem Grundbesitzer abtreten. Erst 1950 beschloss man, die *mezzadria* abzuschaffen. Da die meisten Bauern nicht über genügend Geld verfügten, um die Höfe zu kaufen, blieb ihnen nichts anderes übrig, als sie zu verlassen. Eine große Landflucht setzte ein. Heute sind viele dieser Höfe wieder Instand gesetzt, oft von Ausländern, die sich die traumhafte Landschaft öfter als nur einmal im Jahr bei einer Reise gönnen möchten.

Toskanas wilder Süden
Im Süden der Toskana finden Sie die Maremma, die bei Follonico beginnt und über die Grenze des Latium bis fast nach Tarquinia reicht. Ist sie heute eine reizvolle Landschaft, war sie einst eine malariaverseuchte Sumpfebene. In der Maremma legten schon die Etrusker, die etwa 900 v. Chr. die Gebiete der heutigen Toskana, Latium und Umbrien besiedelten, Kanäle an, um die Sümpfe trockenzulegen. Die Römer übernahmen das System, aber bald nach dem Ende des Römischen Reiches versumpfte das Gebiet erneut. Die Medici machten im 16. Jahrhundert einen neuen

Rund um die berühmte Stadt mit dem schiefen Turm bezaubert eine sanfte Hügellandschaft: die Colli Pisane.

Am jeweils ersten Wochenende im Monat werden die Piazza Grande in Arezzo und die angrenzenden Gassen von einem der bekanntesten Antikmärkte der Toskana bestimmt.

Pitigliano, die Stadt auf Tuffstein, ist von einer tiefen Schlucht umgeben.

Anlauf zur Trockenlegung, aber erst in den 30er Jahren des 20. Jahrhunderts gelang die Entwässerung endgültig. Heute ist die Maremma ein fruchtbarer Landstrich, vielerorts gedeiht Gemüse, und die wenig besiedelte Landschaft bietet den Tieren ideale Lebensbedingungen.

300 Jahre alte Pinienwälder und Strände mit feinem Sand findet man bei der Azienda Alberese, wo wild lebende graue Maremmarinder mit den mächtigen Hörnern leben. *Butteri* heißen die berittenen Männer, die sich hier um die Tiere kümmern. Italienische Cowboys werden sie auch genannt – sie sind stolz darauf. Die Tiere werden auf der Azienda biologisch aufgezogen, sie leben nur im Freien, werden sogar auf der Weide geboren. Der einzige Eingriff der *butteri*: Sie trennen die männlichen und weiblichen Tiere, lassen sie nur zur Paarung zusammen. Im April kommen dann die Kälber auf die Welt, bis Oktober dürfen sie bei ihren Müttern bleiben. Danach weisen Ihnen die *butteri* eine eigene Weide zu. Die *vacca maremmana* ist eine einheimische Rindersorte. Eingesetzt wurden die Tiere in früheren Zeiten vor allem zum Arbeiten, sie haben daher stärkere Knochen als andere Rinder, ein festes und wenig fettes Fleisch von dunkler Farbe und intensivem Geschmack. Es eignet sich besonders gut für Braten und Ragouts.

Eine andere Rinderart hat im Val di Chiana Tradition. Die weißen Rinder sind riesig und liefern ein fantastisches Fleisch, das traditionell für die *bistecca fiorentina* verwendet wird.

Städte, die man sehen sollte

Florenz. Dorthin fährt man, weil man den Dom mit der weltberühmten Kuppel bewundern möchte oder weil man die Ponte Vecchio und die Uffizien besuchen will.

Lassen Sie sich aber auch den Mercato Centrale nicht entgehen und die Weinhändler, die sich rundherum, aber auch in anderen Vierteln wieder angesiedelt haben. Der Mercato Centrale wurde 1874 von Giuseppe Mengani aus Glas und Metall erbaut, berühmtes Vorbild waren Les Halles in Paris. Der Markt beherbergt auf zwei Etagen Fleisch, Fisch, Käse, Wurst, Gemüse und Obst. Seit vielen Jahrzehnten kann man sich dort am Imbissstand bei Nerbone typisch toskanische Spezialitäten zu einem guten Preis schmecken lassen, z. B. die dicke Tomaten-Brot-Suppe *pappa al pomodoro*. Besuchen Sie auch einmal eine der Weinbars. Sie sind zu einem großen Teil aus den florentinischen *osterie* entstanden. Früher ging man dorthin, um ein Glas Wein zu trinken, inzwischen kann man in vielen Weinbars auch hervorragend und typisch toskanisch essen.

Der Nationalpark der Maremma ist Heimat für die berühmten hellgrauen Rinder, die *vacche maremmane*. Besucher können hier ausgiebig wandern und die weitgehend intakte Natur bewundern. Damit das auch so bleibt, ist der Zugang auf das Wochenende und den Mittwoch begrenzt.

Rund um den Mercato Centrale gibt es besonders viele Weinbars. Hier trifft sich *tutto Il mondo*, Marktarbeiter neben Bankangestellten.

Sienas schönster Platz, die Piazza del Campo, begeistert zu jeder Tageszeit.

Wer sich nach dem Mahl im warmen Wasser entspannen möchte, hat zwei Möglichkeiten: Ganz mondän können Sie in den Terme di Saturnia die warmen Quellen genießen oder auch – nur 600 Meter entfernt – in freier Natur und umsonst.

So beliebt sind Hülsenfrüchte in der Toskana, dass sie in vielen *alimentari* in großen Säcken zum Kauf bereit stehen.

Begehrt bei Einheimischen wie bei Reisenden sind die köstlichen Wurstwaren der Toskana.

An der Küste wie im Landesinneren kocht man nicht nur frischen Fisch, sondern auch *baccalà* und *stoccafisso*. Kein Wunder, wenn man ihn in jeder *pescheria* schon fertig eingeweicht kaufen kann!

Siena, als zweite größere Stadt der Toskana ist nicht weniger bekannt, aber trotzdem nicht so überlaufen. Die Stadt auf dem Hügel betört durch ein harmonisches Gesamtbild mit Gebäuden, die größtenteils aus dem Mittelalter stammen, und ein ruhigeres Leben auf den Straßen. Die jahrhundertealten Kämpfe zwischen Florenz und Siena sind aus unserer Sicht entschieden. Wer sich hauptsächlich für die Kunst interessiert, wird Florenz den Vorzug geben. Für uns heißt die Siegerin Siena, weil in der Innenstadt keine Autos fahren dürfen und das immerhin schon seit 1956, weil der Aperitif oder der Espresso am Rande des wunderschönen Campo zwar auch ziemlich teuer ist, der Blick aber von keinem Fast-Food-Restaurant gestört wird, und weil die Stadt ein Gesamtkunstwerk ist, in dem man sich trotzdem sehr wohl fühlen kann. Richtig eng wird es in den Gassen Sienas nur am 2. Juli und am 16. August, wenn der Palio, das berühmte Pferderennen stattfindet. 17 *contrade*, Stadtviertel, gibt es, aber nur zehn davon dürfen jeweils gegeneinander antreten. Die Gassen sind zu eng, um die Pferde aller *contrade* durchzulassen. Gekämpft wird mit großem Einsatz, aber hinterher setzen sich doch alle zum Essen und Trinken zusammen.

Kulinarische Bestleistungen

Die Küche der Toskana ist einfach: Brot, Olivenöl, Hülsenfrüchte und Gemüse bilden die Grundlage vieler Spezialitäten. Außerdem gibt es Fleisch, Wurst und Käse in hervorragender Qualität und natürlich die vielen Fische und Meeresfrüchte von der Mittelmeerküste. Mehr braucht es nicht.

Die Küche der Toskana ist – vielleicht wie die Menschen, die hier leben – auf den ersten Blick zurückhaltend, manche Gerichte bestehen nur aus wenigen Zutaten. Probiert man aber genauer, merkt man, dass die Zutaten so fein aufeinander abgestimmt sind, dass selbst das einfachste Essen zu einem echten Erlebnis werden kann.

Bei den Primi stehen in der Toskana nicht die Nudeln an erster Stelle, sondern die Suppen, die aus Getreide, etwa Dinkel, bestehen können, aus Linsen oder aber auf der Basis von dem typischen ungesalzenen Brot der Region zubereitet werden. Auch ein Reisgericht wird man zwar mal auf der Speisekarte eines Ristorante entdecken, Tradition haben *risotti* hier aber nicht.

Die *ribollita* ist eine der beliebtesten Brotsuppen der Toskana. Sie kommt nur dann auf den Tisch, wenn es guten *cavolo nero* gibt, also etwa von Januar bis Ende Februar oder März. Signora Iolanda aus Lucarelli hat uns das Geheimnis ihrer außergewöhnlich guten *ribollita* verraten. Sie verwendet nur Kohl, der Frost bekommen hat, oder wie sie in gut toskanischem Dialekt sagt: »*che gl'abbia avuho la brinatha*«.

Bei den Secondi dominiert Fleisch, manchmal in atemberaubenden Portionen, z. B. bei der *bistecca fiorentina*, einer dicken Scheibe Rindfleisch mit Knochen vom Grill. Neben Rind gibt es vor allem Lamm und aromatisches Wildschwein. Die Toskaner braten, grillen oder schmoren es, am liebsten mit Wein, Kräutern und eventuell ein paar Tomaten im großen Topf.

Mit Fisch macht man an der Küste vieles, was man überall am italienischen Mittelmeer serviert: Meeresfrüchtesalat, Spaghetti mit Muscheln, mit Tintenfischtinte geschwärzten Risotto *nero*, ganze Fische vom Grill und aus dem Ofen, Fischfilets und Koteletts aus der Pfanne. Auf ihren Fischtopf *cacciucco* allerdings sind die Toskaner stolz und behaupten sogar, ihn erfunden zu haben, bevor die Franzosen auch nur anfingen, über ihre Bouillabaisse nachzudenken. Auf Brotscheiben soll man *cacciucco* schon in den Galeeren verteilt haben, um die angeketteten Sträflinge zu ernähren.

Zu den Secondi gibt's wieder Hülsenfrüchte und Gemüse, manchmal auch Kartoffeln oder Polenta.

Bei den Dolci wartet die Toskana mit einer ganzen Reihe von gehaltvollen Süßigkeiten auf, die schon im Mittelalter gern genascht wurden. Viele von ihnen kommen aus Siena. Auf dem Land bereitet man gern deftige Dolci wie Kastanienmehlpfannkuchen und -fladen zu.

Köstliche Kombinationen

Übrigens gibt es für ein Gericht selten ein einziges verbindliches Rezept. Viele der besten toskanischen Gerichte stammen aus der Küche der Bauern. Und da ging man nicht jeden Tag einkaufen, sondern verarbeitete das, was man gerade zur Verfügung hatte. Klar, dass da in eine Suppe statt *cavolo nero* auch mal Spinat oder Mangold kam. Uns soll's recht sein, so können wir auch auf kulinarischem Gebiet in der Toskana immer mal wieder was Neues kennen lernen.

Kichererbsenmehl dient als aromatische Basis für die toskanische Fladenspezialität *cecina*.

Pecorino
Ein Käse für alle Fälle

Lebensgrundlage vieler Bauern einst wie heute: Schafe geben die Milch für den wichtigsten Käse aller Regionen Mittelitaliens, den Pecorino. Fast überall führen sie ein natürliches Leben im Freien.

Überall in der Toskana wird Pecorino hergestellt. Aber haben die Menschen ihn dort auch erfunden? Wohl nicht, denn die Schäfer auf Sardinien sollen ihn schon zu den frühgeschichtlichen Zeiten der Nurager aus der Milch einer ganz besonderen Schafrasse hergestellt haben. Und sie waren es wohl auch, die von der Insel abwanderten, sich in Mittelitalien niederließen und die begehrte Käsespezialität dort weiterproduzierten. Natürlich gab es früher auch in der Toskana schon Hirten, die Käse aus Schafmilch herstellten. Aber etwa ab 1960 siedelten sich immer mehr Sarden in der Toskana an und brachten auch ihre Schafe, die bessere Milch gaben, von der Insel mit. In der Toskana war es lange Zeit üblich, die Schafmilch mit Artischockenblättern, die man in Essig eingeweicht hatte, stocken zu lassen. Von den Sarden lernte man die erfolgreichere Methode. Die sardischen Schäfer und Käsemacher verwandten zum Gerinnen der Milch das Lab aus

Ob frisch oder gereift: Ricotta und andere Frischkäsesorten schmecken mit Öl und zu Salat, mehr oder weniger lange gereifter Pecorino am besten mit Wein und Brot. Beide Käsesorten kommen in Mittelitalien auch mal als Antipasto auf den Tisch.

dem Magen von Kälbern, manchmal auch von Lämmern. Damit war die Ausbeute nicht nur größer, sondern auch der Geschmack des Käses gewann.

So wird der Käse hergestellt

Früher melkten die Bauern die Schafe in kleinen Betrieben zweimal am Tag. Die Milch wurde in den Kesseln lauwarm mit dem Lab gemischt und etwa einen halben Tag stehen gelassen, bis sich der so genannte Käsebruch abgesetzt hatte. Heute wird sie in den meisten Betrieben auf 30–42° erhitzt und mit Lab versetzt. Manchmal wird der Käsebruch dann nach dem Zerschneiden (für frischen Käse gröber als für den, der lange reifen soll) einfach abgeschöpft, gepresst, in Formen gefüllt und erneut gepresst, manchmal wird der Bruch noch einmal auf 45–48° erhitzt, also halbgekocht und dann erst gepresst und in die Formen gefüllt.

Hat der Käse seine Form angenommen, überbrüht der Käsemeister die Laibe entweder noch einmal,

Um ihn in Form zu bringen, schöpft man den Käsebruch in Behälter aus Holz oder Kunststoff. Darin tropft er ab und wird zum Laib.

Bei Amaranto Ciminelli in Farfa leben 250 Schafe, die noch jeden Abend per Hand gemolken werden: Das bedeutet etwa 3 Stunden Arbeit.

Mauro Fratagnoli ist stolz auf seine Käse. Damit sie schön rötlich aussehen, wird bei einigen die Rinde mit Tomatenmark eingerieben.

Temperatur und Feuchtigkeit müssen stimmen, damit die Pecorini optimal reifen können. Früher lagerten sie in Höhlen oder Kellern, heute in Kühlräumen.

meist mit heißer Molke, oder legt sie gleich zum Trocknen. Anschließend reibt der *formaggiaio* die Laibe entweder mit trockenem Salz ein oder taucht sie in ein Salzbad.

Nun beginnt die Reifung. Man legt die Laibe in kühle und feuchte Räume, wo sie ideale Bedingungen haben. Wurden die Käse früher und zum Teil auch heute noch in Höhlen und Kellern gereift, findet dieser Prozess inzwischen in den meisten Betrieben in speziellen Räumen bei kontrollierter Temperatur und Luftfeuchtigkeit statt. Dort lagert junger Pecorino mindestens 20 Tage, reife Käse liegen acht Monate und länger. Während dieser Zeit werden die Laibe unterschiedlich behandelt, z. B. regelmäßig mit Wasser oder Molke abgewaschen oder mit Olivenöl eingestrichen. Manch ein *formaggiaio* lässt den Käse in Traubentrester reifen, der ihm einen besonderen intensiven Geschmack verleiht, oder auch in würzigen Nussblättern. Andere reiben ihn mit Wein, Tomatenmark oder Asche ein oder mischen fein gehackte Zutaten wie Rucola, Trüffeln oder Peperoncini unter den Teig, bevor sie ihn zum Reifen in die Kammern legen.

Käse ist nicht gleich Käse

Natürlich liegt es in erster Linie am Ausgangsprodukt, wie der Käse schmeckt. Leicht vorzustellen, dass ein Pecorino aus der Milch von Schafen, die auf einer gesunden Wiese weiden können und dort möglichst unterschiedliche Pflanzen – am besten auch aromatische Kräuter – finden, besonders gut wird. Auch die Jahreszeit wirkt sich auf den Geschmack aus. Käse aus der Märzmilch gilt als besonders fein, weil die Schafe dann die frischen Frühlingskräuter verspeisen. Bei der Käseproduktion selbst ist das Gerinnungsmittel wichtig wie auch die Menge, die der Milch zugesetzt wird. Entscheidend ist ebenfalls das Ambiente, in dem der Käse später zum Reifen liegt.

Nicht zuletzt spielt natürlich eine wichtige Rolle, ob man einen jungen oder einen gereiften Käse kauft. Junge Pecorini sind hell und goldgelb, die Rinde ist weich und der Käse riecht noch nicht sehr würzig. Ein weicher und milder Käse ist der *marzolino* wie auch der *baccellone*, die man in der Toskana rund um Ostern herum mit den frischen dicken Bohnen (*fave*) isst. Dann sind die Bohnen noch so zart, dass man sie einfach nur aus den Hülsen bricht und mit etwas Salz bestreut zu einem Stück frischen Käse genießt.

Für den hellen bis strohfarbenen *marzolino del Chianti* erhitzt der *formaggiaio* die rohe Schafmilch auf 30–32°. Der Käsebruch wird geschnitten, gepresst und oval geformt. Die Laibe werden trocken gesalzen, in Stoffbeuteln einige Tage aufgehängt und anschließend bis zu sechs Monaten lang gereift.

Der Pecorino *baccellone*, den es in der gesamten Toskana gibt, liegt nach dem Formen etwa 24 Stunden im Salzbad und reift anschließend 2–5 Tage in kühlen Räumen. Er ist weiß und cremig. Junger Pecorino ist nicht so lange haltbar, essen kann man ihn als Antipasto, mit Salat oder auch einmal zum Abschluss eines Menüs. Er schmeckt auch mit Honig, mit ein paar Walnüssen und eventuell einem Glas Vin santo oder Weißwein hervorragend.

Reifer Pecorino hat dagegen eine braune, schwarze oder rötliche, ziemlich harte Rinde und duftet sehr intensiv. Er hält sich nach dem Anschneiden viele Monate. Kaufen Sie ruhig einen ganzen Laib Pecorino. Er lässt sich im Kühlschrank oder in der kühlen Speisekammer lange aufbewahren. Schlagen Sie ihn dazu am besten in Papier oder in ein sauberes Lein- oder Baumwolltuch ein. Falls der Käse im Kühlschrank lagert, wählen Sie den wärmsten Teil, also etwa das Gemüsefach. Nehmen Sie den Käse immer etwa 1/2 Stunde, bevor Sie ihn genießen wollen, heraus.

Reifer Pecorino schmeckt am Stück, z. B. mit Honig oder einer fruchtigen, nicht zu süßen Marmelade – etwa aus Feigen oder Quitten. Man kann ihn aber auch gut reiben und statt Parmesan über Pasta oder Suppe streuen.

Besonders beliebt bei Kennern ist übrigens der Pecorino di Pienza, der aus der Crete im Südwesten von Siena rund Pienza entsteht. Hier wachsen auf dem lehmigen Boden ganz besondere Kräuter, die der Milch intensives Aroma verleihen. Der Käse wird nach der ersten Reifung in eine Mischung aus Tomaten und Öl gelegt, die ihm bei der weiteren Reifung zusätzlichen Geschmack und der Rinde die angenehm rötliche Farbe gibt.

Höhlen aus Tuff und Lehm

Vor allem in den Marken und in der angrenzenden Romagna findet man noch heute zahlreiche Steinhöhlen aus Tuff- und Lehmgestein, die man früher als natürliche Kühlschränke nutzte, in der Romagna zum Lagern der Getreidevorräte.

Ein Käse und doch geschmackliche Vielfalt: Pecorino verträgt sich mit Peperoncini, aber auch mit Nüssen, Trüffeln und vielen anderen würzenden Beigaben.

Der würzige *formaggio di fossa*, der unter besonderen Bedingungen reift, verträgt sich gut mit süßen Konfitüren, Honig und Nüssen.

Spezialitäten aus der Höhle

Der *formaggio di fossa* ist wie so vieles, was später eine begehrte Spezialität wurde, durch Zufall entstanden. Während des Zweiten Weltkrieges suchten die Bauern nach einer Möglichkeit, ihre wertvollen Lebensmittelvorräte vor den deutschen Soldaten zu verstecken. So legten sie die Käse kurzerhand in eine der Höhlen und mauerten die Öffnung einfach zu.

Die Herstellung funktioniert noch immer nach demselben Prinzip: Die fertig geformten Käselaibe – es handelt sich immer um Pecorino – schichtet man in eine Höhle oder Grube, die mit Stroh und würzigen Kräutern ausgekleidet wird. Wenn die Grube voll ist, kommt ein Holzdeckel drauf und die Zwischenräume werden mit Gips luftdicht abgedichtet. Drei Monate bleiben die Käse in dieser abgeschlossenen, kühlen und feuchten Reifekammer. Dabei bildet sich ein so intensives Gas, dass Menschen die Kammer nach dem Öffnen (das traditionellerweise am letzten Sonntag im November stattfindet) erst einmal wieder verlassen müssen. Kann man die Käse schließlich entnehmen, kommen von Schimmel – genauer gesagt von Hefepilzen – überzogene Laibe zum Vorschein, die nicht mehr gleichförmig sind, sondern eingedrückt und leicht verformt. In der Regel reifen die Laibe, die sich in der Mitte der Grube befinden, am besten.

Lassen Sie sich den wunderbar aromatischen Käse bei einer Reise in die Marken keinesfalls entgehen! Probieren Sie ihn am besten am Ende eines Menüs, z. B. mit Honig oder eingekochtem Wein.

Käse aus den anderen Regionen

In den Abruzzen gibt es einen besonderen Pecorino, den *formaggella del Sannio*, für den die Milch nur auf etwa 30° erhitzt, mit Lab versetzt wird und über mehrere Stunden langsam gerinnt. Nach dem Formen wird er kurz in ein Salzbad getaucht und reift dann in Steinkellern.

Der Pecorino di Farindola kommt ebenfalls aus den Abruzzen. Seinen typischen Geschmack verdankt er der Tatsache, dass er als wohl einziger Käse Italiens mit Schweinelab hergestellt wird.

Die *casciotta di Urbino* aus den Marken ist ein Käse mit geschützter Herkunftsbezeichnung (DOP) und wird aus einer Mischung aus Schaf- und Kuhmilch hergestellt. Der Käsebruch wird vor dem Pressen gekocht, abgefüllt und gepresst. Die *casciotta* reift 15–30 Tage, ist weich und kompakt mit wenigen Löchern und schmeckt würzig und mild zugleich.

Ricotta – cremig und zart

Die Molke, die bei der Herstellung des Pecorino übrig bleibt, wird in den meisten Betrieben keinesfalls weggeschüttet, sondern findet bei der Herstellung von Ricotta Verwendung. Diese Molke wird auf 80-90° erhitzt und eventuell noch mit etwas frischer Milch angereichert. Das restliche Milcheiweiß in der Molke flockt durch die Hitze aus, manchmal wird auch noch mit etwas Säure nachgeholfen. Diese Flocken schöpft man ab, gibt sie in Plastikkörbe und lässt sie gut abtropfen. In der Toskana wie auch in den anderen Regionen Mittelitaliens wird Ricotta sowohl aus Schafmilch wie auch aus Kuhmilch ohne Salz hergestellt und ganz frisch verkauft – eine ideale Grundlage für Cremes, Desserts und die Füllung von Ravioli.

Ricotta kann nach dem Abtropfen geräuchert (*affumicata*) oder im Ofen gebacken (*al forno*) werden oder auch nach dem Einsalzen kurz oder länger reifen (*salata*). In Umbrien bekommt man einen relativ weichen Ricotta salata, der in Dinkelspreu reift und sich gut über Pasta raspeln lässt.

Im Latium kennt man eine andere Variante. Ricotta salata wird hier schon bei der Herstellung gesalzen und reift dann so lange, bis er sich reiben lässt. Man kann ihn statt Pecorino oder Parmesan auch über Pasta hobeln. Aber Vorsicht, die Ricottaspezialität aus Latium schmeckt wirklich sehr salzig.

In den kühlen Stein gegraben und gebaut: Höhlen dienten jahrhundertelang als Getreidekammer oder Lagerraum für Wurst, Käse und andere Lebensmittel. Und das nicht nur in den Marken, sondern auch in angrenzenden Regionen.

Zutaten für ein typisch rustikales Antipasto *toscano*: Schinken und Käse gibt es hier schon vor dem Essen.

Spreu, die beim Mahlen von Brotgetreide anfällt, dient dem Ricotta salata beim Reifen als natürliche Hülle.

Crostini con fagioli e acciughe

Crostini mit Bohnencreme und Sardellen

Zubereitungszeit: 20 Min.
Pro Portion ca.: 280 kcal

Zutaten für 4 Personen:
10 Sardellenfilets in Öl
1 frischer roter Peperoncino
1/2 Bund Petersilie
2 TL Zitronensaft, 4 EL Olivenöl
200 g gegarte weiße Bohnen (frisch gekocht oder aus der Dose)
1 EL grüne entsteinte Oliven
Salz, Pfeffer
8–12 Scheiben Weißbrot

Sardellenfilets abtropfen lassen und grob hacken. Peperoncino waschen, putzen, fein hacken. Petersilie waschen, Blättchen ebenfalls fein hacken. Diese Zutaten mit Zitronensaft und 1 EL Öl mischen.

Bohnen abtropfen lassen und mit Oliven, restlichem Olivenöl und 1–2 EL Wasser pürieren. Salzen und pfeffern.

Brotscheiben im Toaster oder im Backofen bei 250° (Umluft 220°) in ca. 4 Min. rösten. Mit Bohnencreme bestreichen, Sardellenmischung darauf verteilen und servieren.

Crostini con le zucche

Crostini mit marinierten Zucchini

Zubereitungszeit: 15 Min.
Marinierzeit: 1–2 Std.
Pro Portion ca.: 230 kcal

Zutaten für 4 Personen:
2 junge Zucchini (ca. 200 g)
10 Zweige Basilikum
1 Stück frischer roter Peperoncino
1 1/2 EL Zitronensaft
Salz, Pfeffer, 4 EL Olivenöl
8–12 Scheiben Weißbrot

Die Zucchini waschen, putzen und erst in dünne Scheiben, dann in feine Streifen schneiden. Basilikumblättchen in kleine Stücke zupfen. Peperoncino fein hacken.

Zitronensaft mit Basilikum, Peperoncino, Salz, Pfeffer und Olivenöl verrühren. Zucchini untermischen und 1–2 Std. ziehen lassen.

Brotscheiben im Toaster oder im Backofen bei 250° (Umluft 220°) in ca. 4 Min. rösten. Zucchini darauf verteilen und servieren.

Variante: Crostini pomodori e capperi

Für die Crostini mit Tomaten und Kapern 300 g Tomaten waschen und klein würfeln. 2 Knoblauchzehen schälen, 4 Zweige Petersilie waschen, Blättchen abzupfen und mit 2 EL Kapern und dem Knoblauch fast musig hacken. Tomaten und 4 EL Olivenöl untermischen, Salzen, pfeffern und auf geröstetem Brot verteilen.

Crostini alla crema di lardo

Crostini mit Speckcreme

Zubereitungszeit: 10 Min.
Pro Portion ca.: 230 kcal

Zutaten für 4 Personen:
60 g Lardo di Colonnata (ersatzweise fetter Speck)
2 Knoblauchzehen
1/2 Bund Petersilie
12 dünne Scheiben Weißbrot

Speck fein würfeln. Knoblauch schälen und grob hacken. Petersilie waschen, Blättchen grob hacken. Speck mit Knoblauch und Petersilie im Mixer fein pürieren oder durch den Fleischwolf drehen.

Die Brotscheiben im Toaster oder im Backofen bei 250° (Umluft 220°) in ca. 4 Min. goldgelb rösten. Mit Speckcreme bestreichen und heiß servieren.

Insalata di rucola con pecorino

Rucolasalat mit gegrilltem Pecorino

Zubereitungszeit: 25 Min.
Pro Portion ca.: 330 kcal

Zutaten für 4 Personen:
2 Bund Rucola
1 Fenchelknolle mit Grün
1/2 Bund Basilikum
1/2 unbehandelte Zitrone
1 TL Fenchelsamen, 5 EL Olivenöl
Salz, Pfeffer
1/2 TL Honig
4–8 Scheiben mittelalter Pecorino (knapp 1 cm dick, insgesamt ca. 200 g)
Backpapier für das Blech

Den Rucola verlesen, waschen und gut trockenschwenken. Größere Blätter etwas kleiner zupfen. Den Fenchel waschen, putzen und in feine Streifen schneiden oder hobeln. Zartes Grün beiseite legen.

Basilikumblättchen abzupfen und grob schneiden. Die Hälfte der Zitronenschale hauchdünn abschneiden und sehr fein hacken. Zitronenhälfte dann so schälen, dass auch die weiße Haut mit entfernt wird. Fruchtfleisch würfeln, dabei entkernen.

Basilikum mit Zitronenwürfeln, Fenchelsamen, Fenchelgrün und 4 EL Olivenöl fein pürieren. Falls die Sauce zu dickflüssig ist, ca. 1 EL kaltes Wasser unterrühren. Gehackte Zitronenschale untermischen, die Sauce mit Salz, Pfeffer und Honig abschmecken.

Den Backofengrill anheizen. Pecorinoscheiben nebeneinander auf ein mit Backpapier belegtes Backblech legen, mit dem übrigen Öl bestreichen. Pecorino unter den heißen Grillschlangen (mit ca. 10 cm Abstand) ca. 4 Min. grillen, bis er leicht gebräunt ist.

Inzwischen Rucola und Fenchel mit der Sauce mischen und auf Tellern verteilen. Jede Portion mit Pecorino belegen.

Panzanella con il tonno

Brotsalat mit Tunfisch

Zubereitungszeit: 30 Min.
Ruhezeit: 1 Std.
Pro Portion ca.: 305 kcal

Zutaten für 4 Personen:
150 g altbackenes toskanisches Weißbrot (1–3 Tage alt)
1 rote Zwiebel
je 1/2 rote und gelbe Paprikaschote
300 g Tomaten
1 Stück Salatgurke (ca. 200 g)
3 EL Weinessig
Salz, Pfeffer
6–8 EL Olivenöl
1 Dose Tunfisch (im eigenen Saft oder in Olivenöl, Abtropfgewicht 150 g)
2 EL kleine Kapern
10 Zweige Basilikum

Das Brot in Würfel schneiden. Falls es erst 1 Tag alt ist, Würfel in einer trockenen Pfanne bei mittlerer Hitze unter Rühren leicht anrösten. Älteres Brot muss nicht geröstet werden.

Die Zwiebel schälen und fein hacken. Paprikaschoten, Tomaten und Gurke waschen, putzen und in Würfel schneiden. Essig mit Salz, Pfeffer und Olivenöl verrühren. Das Brot mit dem Gemüse und der Sauce mischen und ca. 1 Std. ziehen lassen.

Dann den Tunfisch abtropfen lassen und in Stücke zerpflücken. Kapern abtropfen lassen. Basilikumblättchen abzupfen, eventuell mit Küchenpapier abreiben. Basilikum in feine Streifen schneiden und mit Tunfisch und Kapern unter den Salat mischen. Abschmecken und servieren.

Ganz klassisch wird *panzanella* nur mit Tomaten, Zwiebel und Gurke zubereitet. Paprikaschoten, Tunfisch und Kapern passen aber ebenfalls wunderbar in den Brotsalat.

Hülsenfrüchte werden in allen mittelitalienischen Regionen geliebt, besonders aber in der Toskana. Deshalb heißen die Toskaner im Volksmund sogar *mangiafagioli,* Bohnenfresser.

Tonno del Chianti – *dafür wird eingesalzenes Spanferkel mit viel frischem Lorbeer in Weißwein langsam über mehrere Stunden gekocht. Dadurch bekommt es einen feinen und würzigen Geschmack und eine Konsistenz, die tatsächlich an Tunfisch erinnert. Die traditionelle Spezialität aus dem Chianti classico hat der toskanische Metzger Dario Cecchini wiederentdeckt. Er bietet die Spezialität, die gut als Antipasto oder kleiner Imbiss schmeckt, in seiner* macelleria *in Panzano an.*

Polpo e fagioli in insalata

Oktopus-Bohnen-Salat

Quellzeit: 12 Std.
Garzeit: 1 Std. 30 Min.–2 Std.
Zubereitungszeit: 30 Min.
Ruhezeiten: insgesamt 2–3 Std.
Pro Portion ca.: 300 kcal

Zutaten für 4 Personen:
100 g getrocknete kleine weiße Bohnen
2 Lorbeerblätter, 2 getrocknete Peperoncini
1 Oktopus (ca. 800 g)
1 Möhre, 1 Zwiebel
1 Stange Staudensellerie, 1 unbehandelte Zitrone
Für die Sauce:
1/2 Bund Petersilie, 2 Knoblauchzehen
3 EL Zitronensaft, 5 EL Olivenöl
Salz, Pfeffer

Bohnen mit kaltem Wasser bedecken und über Nacht quellen lassen. Am nächsten Tag abgießen und mit frischem Wasser in einen Topf füllen. Lorbeer und leicht angedrückte Peperoncini dazugeben und Wasser zum Kochen bringen. Bohnen bei schwacher Hitze bei leicht aufgelegtem Deckel in 1–1 1/2 Std. weich kochen. Dann abgießen und abtropfen lassen.

Inzwischen den Oktopus waschen und in einen Topf legen. Möhre und Zwiebel schälen und grob wurfeln. Sellerie waschen, putzen und in Scheiben schneiden. Zitrone halbieren, eine Hälfte in Scheiben schneiden, die andere in Schnitze. Zitronenscheiben mit Möhre, Zwiebel und Sellerie zum Oktopus geben, alles mit Wasser bedecken und erhitzen. Oktopus bei schwacher Hitze ebenfalls 1–1 1/2 Std. garen, bis er schön weich ist (mit der Messerspitze prüfen), dann im Sud abkühlen lassen.

Oktopus aus dem Sud nehmen und unter fließendem Wasser die violette Haut abschrubben. Fangarme abschneiden und in dünne Scheiben schneiden. Weiche Teile vom Körper trennen und ebenfalls fein schneiden.

Petersilie waschen, Blättchen sehr fein hacken. Knoblauch schälen und fein schneiden. Zitronensaft mit Öl verrühren, mit Salz und Pfeffer abschmecken. Bohnen und Oktopus mit der Sauce, Petersilie und Knoblauch mischen und abschmecken. Salat vor dem Servieren ca. 1 Std. kühl stellen. Mit Zitronenschnitzen garniert servieren.

Tonno del Chianti

»Tunfisch« aus dem Chianti

Zubereitungszeit: 1 Std.
Ruhezeiten: 3–4 Tage und 1 Woche
Garzeit: 5 Std.
Pro Glas ca.: 410 kcal

Zutaten für 4 Gläser à 300 ml Inhalt:
2 kg Spanferkelfleisch ohne Knochen (vom Metzger entbeinen lassen)
500 g grobes Meersalz
2 l trockener Weißwein (toskanischer Trebbiano oder Malvasia)
3 Zweige frischer Lorbeer
1 1/2 EL schwarze Pfefferkörner
ca. 1/2 l Olivenöl

Das Spanferkel in große Stücke schneiden. In einer Schüssel mit dem Salz mischen und 3–4 Tage im Kühlschrank im Salz ruhen lassen. Dabei gelegentlich durchmischen.

Das Fleisch dann unter kaltem Wasser gründlich abspülen und in einen Topf geben. Mit dem Weißwein bedecken. Die Blätter von 2 Lorbeerzweigen (ca. 10 Stück) abzupfen, waschen und mit 1 EL Pfefferkörnern in den Topf geben.

Die Flüssigkeit zum Kochen bringen, das Fleisch bei schwacher Hitze und halb aufgelegtem Deckel ca. 5 Std. leise sieden lassen. Die Flüssigkeit soll nicht kochen. Bei Bedarf noch etwas Wasser nachgießen.

Das Fleisch im Sud abkühlen lassen. Die Stücke dann herausheben und von der Schwarte, allen Fettstücken und Häuten befreien. Fleisch in ca. 1 cm große Stücke schneiden. Die übrigen Lorbeerblätter waschen. Mit den Fleischstücken und den übrigen Pfefferkörnern in Gläser füllen. Die Fleischstücke mit so viel Olivenöl begießen, dass die Stücke komplett davon bedeckt sind. An einem kühlen Ort vor dem Servieren mindestens 1 Woche ziehen lassen. Das Fleisch hält sich an einem kühlen Ort mindestens 2 Monate. Dazu schmecken Weißbrot, Oliven, Tomaten und eventuell Zitronenschnitze zum Beträufeln.

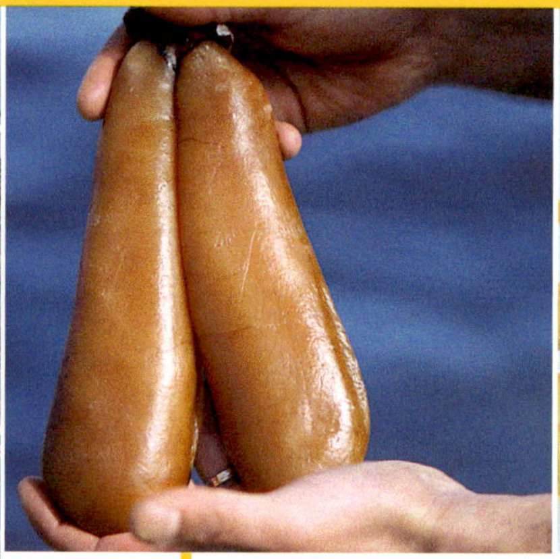

Würzig und wohlschmeckend – Bottarga ist eine besondere Spezialität, aus der sich ganz schnell ein Carpaccio herstellen lässt: Bottarga dazu in feine Scheiben schneiden, mit Zitronensaft und Olivenöl beträufeln, nach Wunsch pfeffern und mit Brot als Antipasto servieren.

Fisch frisch an Land gezogen: Die Fischer der Lagune haben keine weiten Wege.

Bottarga

Kaviar in Form

Zwischen dem reizvollen Vorgebirge Monte Argentario und der toskanischen Maremma liegt die Lagune von Orbetello – wunderschönes Naturschutzgebiet und seit vielen Jahrhunderten besonders fischreich.

Rührig sind die Fischer in der Lagune rund ums Jahr, im September ziehen sie aber eine ganz besondere Kostbarkeit an Land. Die weiblichen *cefali*, Meeräschen, tragen dann Eier, die verwendet werden, um eine einzigartige Spezialität herzustellen, die es fast nur hier und auf Sardinien gibt – den Bottarga. Die Fische sollten ein Gewicht von 3–4 Kilo haben. Nach dem Fang schneidet man ihnen ganz vorsichtig den Bauch auf, um den Sack, in dem die Eier gesammelt sind, nicht zu verletzen. Der wird behutsam herausgeholt und anschließend auf beiden Seiten von den Venen befreit. Der ganze Sack kommt jetzt für 2–4 Stunden in ein Salzbad, wird dann gründlich gewaschen und anschließend 1–2 Wochen getrocknet.

Viele Zutaten braucht man also nicht, um den Bottarga herzustellen. Doch die Arbeit muss sorgfältig erledigt werden und ist aufwändig, deshalb hat die Spezialität ihren Preis. Zum Glück braucht man nur wenig von dem würzigen Bottarga, um ein Gericht zu verfeinern. Besonders schöne und unversehrte Bottarga bekommt man im Stück angeboten, die 2. Wahl wird gleich an Ort und Stelle gerieben und im Glas oder vakuumverpackt verkauft. Natürlich hat der frisch geriebene oder gehobelte das bessere Aroma.

Und was macht man nun damit? Im Ristorante kommt er fein gehobelt statt Parmesan über frisch gekochte Pasta, die nur mit etwas Butter oder Öl vermischt wurde. Aber auch über Suppen oder einem Salat entfaltet er sein kräftiges Aroma auf raffinierte Art. Probieren Sie Bottarga mal frisch gerieben und mit Butter, Zitronensaft und Pfeffer vermischt auf geröstetem Brot!

Übrigens: Die Arbeiter der *pesca lagunare* haben nicht nur im September zu tun. Den Fang der übrigen Monate verkauft man frisch oder geräuchert, wie auch die Fische, die man vorher für die Bottargaproduktion verwendet hat. Sie werden nicht einfach weggeworfen, sondern 2 Stunden eingesalzen und so gut wie möglich von den Gräten befreit. Danach kommen sie für ca. 20 Stunden in den Räucherofen, manchmal mit einer Paste aus Tomaten und Peperoncino bestrichen.

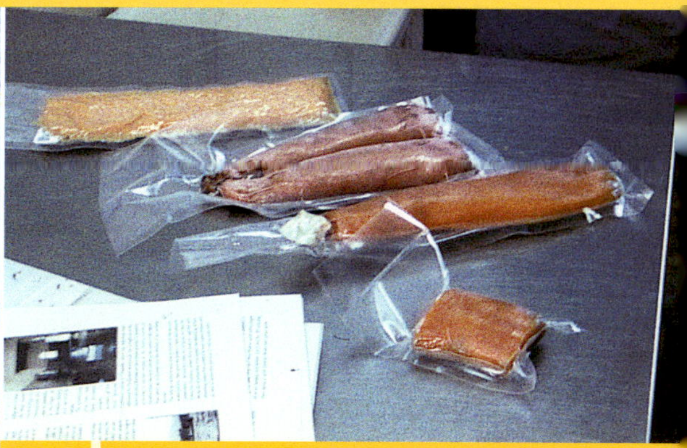

Vakuumverpackt können Sie Bottarga gut von der Toskanareise mit nach Hause nehmen. Nach dem Öffnen bleibt er in Klarsichtfolie im Kühlschrank noch ein paar Wochen frisch.

Insalata di sedano e bottarga

Selleriesalat mit Bottarga

Zubereitungszeit: 20 Min.
Pro Portion ca.: 160 kcal

Zutaten für 4 Personen:
4 Stangen zarter Staudensellerie mit Grün
1 Stück Gurke (ca. 200 g)
200 g kleine Cocktailtomaten
1 EL Zitronensaft
4 EL Olivenöl
Salz, Pfeffer
1 Stück Bottarga (ca. 30 g)
1/2 Bund Petersilie

Den Sellerie waschen, putzen und in sehr feine Scheiben schneiden. Selleriegrün waschen und fein hacken. Gurkenstück waschen oder schälen, der Länge nach vierteln und quer in hauchfeine Scheiben schneiden. Die Cocktailtomaten waschen und halbieren.

Zitronensaft mit Olivenöl, Salz und Pfeffer mit einer Gabel cremig schlagen. Sellerie, Gurke und Tomaten untermischen und auf Teller verteilen. Vom Bottarga mit dem Trüffelhobel pro Portion einige Späne über den Salat hobeln.

Petersilie waschen, Blättchen fein hacken. Salat damit bestreut servieren.

TIPP

Frisch geriebenen oder gehobelten Bottarga auch mal über Spaghetti streuen, al dente gekochte Nudeln vorher nur mit etwas Öl, Butter oder Tomatensauce mischen.

Cecina, ein Fladen aus Kichererbsenmehl, schmeckt als Schnellimbiss auf der Straße ebenso gut wie als Beilage zu Antipasti. So gut, dass auch die Südfranzosen das Rezept übernommen haben.

Torta d'erbe *ist ein traditionelles Gericht aus der bergigen Lunigiana, die im Nordosten der Toskana liegt und an Ligurien grenzt. Die würzige Torte wird in der Region auch mit Reis, Lauch oder – ebenfalls ganz köstlich – mit Kartoffeln und Lauch zubereitet. Man serviert sie in dünnen Stücken als Antipasto, sie kann aber auch ein Primo ersetzen oder ein Imbiss sein. In Ligurien bereitet man pikante Torten auf ähnliche Art zu.*

Torta d'erbe

Kräutertorte

Zubereitungszeit: 1 Std. 10 Min.
Backzeit: 40 Min.
Pro Portion ca.: 520 kcal

Zutaten für 4 Personen:
Für die Füllung:
600 g Spinat oder Mangoldblätter und Kräuter gemischt (Borretsch, Kapuzinerkresseblätter, Brennnesseln, Rucola und Petersilie)
1 Zucchino (ca. 150 g)
2 Frühlingszwiebeln
Salz, Pfeffer
100 g frisch geriebener Pecorino
1 Ei (Größe L)
2 EL Olivenöl
Für den Teig:
300 g Mehl
3 EL Olivenöl, Salz

Für die Füllung den Spinat oder Mangold und die Kräuter verlesen, waschen und gut trockenschwenken. Dann portionsweise sehr fein hacken und in eine Schüssel füllen. Den Zucchino waschen, putzen und sehr fein würfeln. Die Frühlingszwiebeln waschen, putzen und mit dem zarten Grün fein hacken. Die Kräuter mit dem Zucchino, den Frühlingszwiebeln und 2 TL Salz mischen und ca. 30 Min. ziehen lassen.

Für den Teig das Mehl mit dem Öl, 1/2 TL Salz und ca. 1/8 l Wasser zu einem glatten geschmeidigen Teig verkneten. Vom Teig gut die Hälfte abnehmen und zu einer Kugel formen. Zwischen zwei Lagen Klarsichtfolie die Teigkugel rund (ca. 35 cm ø) ausrollen. Eine Tarte- oder Springform von ca. 30 cm ø mit dem Teig auskleiden, einen Rand hochziehen. Den übrigen Teig ebenfalls zu einer Kugel formen, rund ausrollen und mit einer Gabel mehrmals einstechen.

Backofen auf 200° vorheizen. Kräutermischung abtropfen lassen und mit den Händen gut ausdrücken. Mit Pfeffer, Käse, Ei und Olivenöl mischen und auf dem Teig in der Form verteilen. Teigdeckel auflegen und an den Rändern gut andrücken. Kräutertorte im heißen Ofen (Mitte, Umluft 180°) ca. 40 Min. backen, bis sie schön gebräunt ist. Die Torte etwas abkühlen lassen, sie schmeckt warm, lauwarm oder auch kalt.

Cecina

Kichererbsenfladen

Zubereitungszeit: 10 Min.
Ruhezeit: 4 Std.
Backzeit: 25 Min.
Pro Portion ca.: 385 kcal

Zutaten für 4 Personen:
400 g Kichererbsenmehl
Salz
5 EL Olivenöl
2 Zweige Rosmarin
4 Knoblauchzehen
grobes Salz und grob gemahlener Pfeffer zum Bestreuen

Das Kichererbsenmehl mit 1 TL Salz in einer Schüssel mischen. 400 ml kaltes Wasser mit dem Schneebesen unterrühren. Den Teig bei Zimmertemperatur ca. 4 Std. quellen lassen.

Den Backofen auf 220° (Umluft 200°) vorheizen. Das Backblech mit Öl ausstreichen. Rosmarin waschen, Nadeln abzupfen. Knoblauch schälen und in feine Scheiben schneiden.

Den Teig noch einmal durchrühren und auf das Backblech gießen. Mit Rosmarin und Knoblauch belegen, mit dem übrigen Öl beträufeln und mit grob gemahlenem Salz und Pfeffer bestreuen.

Fladen im heißen Ofen (Mitte) ca. 25 Min. backen. Warm, lauwarm oder abgekühlt servieren.

Ribollita Iolanda

Aufgewärmte Bohnensuppe mit Kohl nach Art von Iolanda

Zubereitungszeit: 35 Min.
Quellzeit: 12 Std.
Ruhezeit: 24 Std.
Pro Portion ca.: 290 kcal

Zutaten für 6 Personen:
300 g weiße getrocknete Bohnen
1 Zweig Rosmarin, 2 Knoblauchzehen
2 große rote Zwiebel
400 g Cavolo nero (Schwarzkohl, ersatzweise Wirsing oder Grünkohl)
4 EL Olivenöl
1 getrockneter Peperoncino
1 TL Fenchelsamen
1 TL gemahlener Kümmel
1/2 TL geriebene Muskatnuss
1 EL Tomatenmark
4 dicke Scheiben altbackenes italienisches Weißbrot (2–3 Tage alt, am besten ungesalzenes Toskanabrot, ca. 200 g)
Salz, schwarzer Pfeffer
Olivenöl zum Beträufeln

Die Bohnen über Nacht in kaltem Wasser einweichen. Am nächsten Tag 3 l frisches Wasser in einen Topf füllen. Rosmarin waschen, Knoblauch schälen, beides zu den Bohnen geben. Alles aufkochen und bei halb aufgelegtem Deckel bei schwacher Hitze in 1 1/2 Std. weich kochen. Ein Drittel der Bohnen aus dem Topf heben. Rosmarin entfernen.

1 Zwiebel schälen und würfeln. Den Kohl waschen, ohne die dicken Blattrippen in kleine Stücke zupfen. Kohl im Öl mit der Zwiebel andünsten. Peperoncino zerkrümeln und mit den Gewürzen und dem Tomatenmark dazugeben. Gut 1 Schöpflöffel Bohnenflüssigkeit dazugeben und den Kohl zugedeckt bei schwacher Hitze ca. 20 Min. garen.

Bohnen im Topf fein pürieren. Das weiche Innere des Brotes entfernen, Rinde in Stücke brechen. Die ganzen Bohnen mit der Brotrinde und dem Kohl zum Bohnenpüree geben.

Falls nötig, noch Wasser dazugeben. Die Suppe soll schön dickflüssig sein. Salzen, pfeffern und über Nacht abkühlen lassen.

Am nächsten Tag restliche Zwiebel schälen und fein würfeln. Die Suppe erwärmen, mit Zwiebeln bestreuen und mit Öl beträufeln.

Acqua cotta

Gekochtes Wasser

Zubereitungszeit: 35 Min.
Pro Portion ca.: 275 kcal

Zutaten für 4 Personen:
1 Zwiebel
3–4 dünne Stangen Staudensellerie mit viel Grün
je 1/2 Bund Basilikum und Petersilie
200 g Cocktailtomaten
1/2–1 getrockneter Peperoncino
4 EL Olivenöl, Salz, Pfeffer
4–6 Scheiben toskanisches Weißbrot (ca. 125 g), 4 Eier (Größe M)

Die Zwiebel schälen und fein hacken. Selleriestangen waschen und putzen, mit dem Grün in feine Scheiben schneiden. Kräuter waschen, Blättchen fein hacken. Tomaten waschen. Peperoncino zerkrümeln.

Zwiebel mit Sellerie und Peperoncino im Öl andünsten, bis die Sellerieblätter zusammenfallen. Kräuter untermischen, dann die Tomaten dazugeben. Alles mit 1 l Wasser aufgießen, salzen, pfeffern und zugedeckt bei schwacher Hitze ca. 10 Min. köcheln lassen.

Inzwischen das Brot im Toaster oder im Backofen bei 250° (Umluft 220°) rösten, leicht abkühlen lassen und in Stücke brechen. In eine Suppenschüssel geben.

Eier einzeln aufschlagen und in die heiße Suppe gleiten lassen. 1–2 Min. darin ziehen, aber nicht kochen lassen, dann mit einer Gabel ganz leicht durchrühren. Suppe auf das Brot gießen, kurz stehen lassen und servieren.

Die Eier stocken in der heißen Suppe. Für besten Geschmack die einzeln aufgeschlagenen Eier nur kurz darin ziehen lassen, dann mit einer Gabel leicht durchrühren und zerkleinern.

Italiens Bäcker haben zu tun, denn alle wollen jeden Tag frisches Brot. Schließlich gibt es das zur *merenda* zwischendurch, und beim Essen begleitet es Antipasti, Primi und Secondi. Brot, das einen Tag alt geworden ist, darf noch ein *crostino* werden oder wandert in den Suppentopf oder die Salatschüssel.

Toskanisches Brot

Am besten ofenfrisch

Außen schön knusprig, im Inneren gut aufgegangen und locker, in jedem Fall ohne Salz – so muss das Brot in der Toskana sein und das schon seit vielen Jahrhunderten.

Entstanden ist das *pane toscano* wohl schon im 5. Jahrhundert, zu einer Zeit, als die Menschen in der Region in großer Armut lebten. Salz war als Luxusgut mit einer hohen Steuer belegt und für den Normalmenschen deshalb schlicht unbezahlbar. So blieb das tägliche Brot ungesalzen. Und galt trotzdem als kostbar. Es war nicht nur als einfache Mahlzeit Hauptnahrungsmittel, sondern wurde bis zum letzten Krümel auch für zahlreiche Gerichte weiterverwendet.

Was einmal einer wirtschaftlichen Notwendigkeit entsprang, hat sich schließlich zu einer Spezialität entwickelt, die sich bis heute gehalten hat. Denn ungesalzenes Brot passt ganz hervorragend zu den typischen Produkten der Toskana – zur fenchelwürzigen Wurstspezialität *finocchiona*, zu Wildschweinsalami und aromatischem Pecorino. Toskanisches Brot dient traditionell als Grundlage für Crostini und bereichert zahlreiche Suppen, so im Winter die berühmte *ribollita*, im Sommer *pappa al pomodoro*, die ebenso dicke wie köstliche Tomaten-Brot-Suppe. Eine Sommerspezialität mit Brot ist auch *panzanella*. Der Brotsalat mit Gurke und Tomaten wird meist gut gekühlt serviert.

Ungesalzenes Brot ist auch unentbehrlich, um im November und Dezember das frisch gepresste Olivenöl zu testen. Für *fettunta* wird es geröstet und mit dem neuen Öl beträufelt. Ideal, um den Geschmack ganz pur zu genießen. Manchmal wird das Brot vorher auch mit Knoblauch eingestrichen (lässt allerdings den Ölgeschmack etwas in den Hintergrund treten) oder mit weißen Bohnen oder gekochtem Gemüse belegt.

Bei einem Brot, das nur aus Mehl, Hefe und Wasser besteht, ist die hohe Qualität dieser wenigen Zutaten besonders entscheidend: Nur aus ausgezeichnetem Getreide, natürlicher Hefe und reinem Wasser kann ein gutes Brot entstehen. Das zudem am besten im Holzofen gebacken wird, der mit gesundem Holz angefeuert wurde.

Aus Brotteig backt man übrigens auch Fladen, die *schiacciate* heißen. Sie werden vor dem Backen etwa daumendick ausgerollt, gesalzen und mit Öl beträufelt. Toskanische Bäcker kneten in den Teig auch mal ein paar Nüsse oder Kräuter.

Die toskanischen Fladen aus Brotteig werden im Gegensatz zum typischen *pane toscano* manchmal auch gesalzen.

Pappa al pomodoro con gamberi

Tomaten-Brot-Suppe mit Garnelen

Zubereitungszeit: 40 Min.
Pro Portion ca.: 350 kcal

Zutaten für 4 Personen:
200 g altbackenes Weißbrot
800 g Tomaten, 1 Zwiebel
2 Knoblauchzehen
6 EL Olivenöl
1 kleines Stück getrockneter Peperoncino
1/2 l Gemüsebrühe
2 TL Tomatenmark
Salz, Pfeffer
250 g geschälte rohe Garnelen
1/2 Bund Petersilie

Das Weißbrot von den dunklen Rindenstücken befreien und in kleine Stücke brechen. In einer Schüssel mit Wasser bedecken und kurz einweichen. Tomaten überbrühen, häuten und pürieren, 1 EL davon beiseite stellen.

Zwiebel und Knoblauch schälen, fein hacken und in 2 EL Öl unter Rühren bei schwacher Hitze ca. 5 Min. andünsten. Peperoncino fein zerkrümeln und dazugeben.

Brot abtropfen lassen, ausdrücken und zu der Zwiebelmischung geben. Tomaten, Brühe und Tomatenmark untermischen und alles bei schwacher Hitze offen ca. 20 Min. garen, bis die Suppe dickflüssig ist. Dabei häufig umrühren, damit nichts anbrennt. Mit Salz und Pfeffer abschmecken.

Garnelen am Rücken einschneiden und den dunklen Darm herauslösen. Garnelen kalt abspülen und trockentupfen. Petersilie waschen, Blättchen fein hacken. Garnelen in 2 EL Öl unter Rühren 1–2 Min. braten, bis sie sich rot färben. Mit Salz und Pfeffer würzen und die Hälfte der Petersilie untermischen.

Die beiseite gestellten Tomaten mit der restlichen Petersilie unter die Tomatensuppe rühren, Suppe abschmecken und auf tiefe Teller verteilen. Mit den Garnelen garnieren, mit dem übrigen Öl beträufeln und servieren.

Tafelfreuden alla Medici: Das Rezept für die Zwiebelsuppe stammt aus der Renaissance und soll der berühmteren französischen Version Pate gestanden haben. Die Gewürze, die die Köche des 16. Jahrhunderts gern verwendeten, etwa Zimt, haben viele Köche bis heute beibehalten.

Carabaccia

Zwiebelsuppe

Zubereitungszeit: 50 Min.
Pro Portion ca.: 285 kcal

Zutaten für 4 Personen:
500 g rote Zwiebeln, 5 EL Olivenöl
50 g gehäutete Mandeln
1/4 Vanilleschote, 3 EL Rotweinessig
600 ml Gemüse- oder Fleischbrühe
200 g enthülste Erbsen (ersatzweise 200 g tiefgekühlte)
1 Prise Zimt, Salz, Pfeffer

Die Zwiebeln schälen und in sehr feine Ringe schneiden. Das Olivenöl erhitzen, die Zwiebeln darin bei schwacher Hitze unter gelegentlichem Rühren ca. 30 Min. garen.

Inzwischen die Mandeln im Mörser fein zerstoßen oder in der Nussmühle fein mahlen. Vanillestück aufschlitzen und das Mark herauskratzen. Mandeln und Vanille mit dem Essig mischen.

Wenn die Zwiebeln schön weich sind und leicht Farbe bekommen, die Mandeln untermischen und kurz mitbraten. Mit der Brühe aufgießen, die Erbsen untermischen und die Suppe mit Zimt, Salz und Pfeffer abschmecken. Zugedeckt bei schwacher Hitze noch 10–15 Min. garen, bis die Erbsen bissfest sind. Dazu schmecken geröstetes Weißbrot und frisch geriebener oder gehobelter Pecorino (Suppe auf dem Weißbrot verteilen und mit Käse bestreuen).

Zuppa frantoiana

Gemüse-Kräuter-Suppe

Zubereitungszeit: 50 Min.
Garzeit: insgesamt 1 Std. 30 Min.
Quellzeit: 12 Std.
Pro Portion (bei 6) ca.: 190 kcal

Zutaten für 4–6 Personen:
100 g kleine getrocknete weiße Bohnen
1 1/2 l Fleisch- oder Gemüsebrühe
je 2 Zweige Rosmarin, Oregano und Salbei
2 Lorbeerblätter, 1 Stück Kürbis (ca. 400 g)
1 Zwiebel, 4 Knoblauchzehen
1 Möhre, 1 Stange Staudensellerie
1 Stange Lauch
je 100 g Wirsing, Radicchio, Spinat und Mangold, 1 Hand voll Kräuterblättchen (Borretsch, Basilikum und Petersilie)
4 EL Olivenöl, 1 Schuss trockener Weißwein, Salz, Pfeffer

Die Bohnen mit Wasser bedecken und über Nacht quellen lassen. Am nächsten Tag kalt abspülen und abtropfen lassen. Die Bohnen mit der Brühe zum Kochen bringen. Kräuterzweige und Lorbeer waschen und dazugeben. Bohnen bei halb aufgelegtem Deckel in gut 1 Std. bei schwacher Hitze fast weich kochen.

Kürbis schälen, putzen und in Würfel schneiden, zu den Bohnen geben und alles noch ca. 20 Min. garen, bis der Kürbis weich ist.

Inzwischen Zwiebel und Knoblauch schälen und sehr fein hacken. Das Gemüse schälen oder waschen, putzen und kleinschneiden. Kräuterblättchen waschen und fein hacken.

Zwiebel, Knoblauch, Möhre, Sellerie und Lauch im Öl unter Rühren ca. 5 Min. braten. Restliches Gemüse dazugeben und weitere 5 Min. braten. Kräuter untermischen, mit Wein ablöschen, salzen und pfeffern.

Die Kräuterzweige aus den Bohnen fischen. Bohnen und Kürbis in der Garflüssigkeit pürieren, Gemüsemischung unterrühren und die Suppe weitere 10 Min. köcheln lassen. Mit Salz und Pfeffer abschmecken und servieren.

Pappardelle mit würzigem Hasensugo bereitet man nicht nur in der Toskana zu, man findet sie auch in Umbrien. Auf die gleiche Art kann man einen Sugo aus Enten- oder Gänsestücken garen.

Kastanien und Pilze *gibt es in der Toskana vor allem in der Garfagnaga im Überfluss. Kein Wunder, dass man dort aus diesen Zutaten zahlreiche Gerichte zubereitet – alle stammen aus der einfachen Küche und zählen heute zu den besonderen Delikatessen. Die getrockneten Pilze verwendet man im Originalrezept nicht. Bei uns dienen sie dazu, den oft weniger aromatischen Geschmack der Steinpilze, die auf unseren Märkten angeboten werden, aufzuwerten.*

Pappardelle sulla lepre

Bandnudeln mit Hasenragout

Zubereitungszeit: 25 Min.
Marinierzeit: 24 Std.
Schmorzeit: 1 Std.
Pro Portion ca.: 665 kcal

Zutaten für 4 Personen:
600 g Wildhasenstücke mit Knochen
1 Wildhasen- oder Kaninchenleber
1/4 l trockener Rotwein, 2 EL Rotweinessig
4 Zweige Rosmarin, 2 Lorbeerblätter
1 kleine Möhre, 2 Stangen Staudensellerie
1 Zwiebel, 2 Knoblauchzehen
200 g Tomaten, 4 EL Olivenöl
1 TL Fenchelsamen, 5 EL Vin santo
Salz, Pfeffer, 400 g Pappardelle

Hasenstücke abreiben. Leber waschen. Rotwein mit Essig mischen. Rosmarin waschen und etwas kleiner schneiden. Mit den Lorbeerblättern, den Hasenstücken und der Leber unter den Wein mischen. Das Fleisch im Kühlschrank ca. 24 Std. marinieren.

Dann die Möhre schälen, den Sellerie waschen und putzen, beides fein würfeln. Zwiebel und Knoblauch schälen und hacken. Tomaten überbrühen, häuten und würfeln.

Fleisch und Leber aus der Marinade nehmen und trockentupfen. Das Öl in einem Schmortopf erhitzen. Hasenstücke darin portionsweise anbraten und wieder herausnehmen. Leber anbraten. Möhre, Sellerie, Zwiebel, Knoblauch und Fenchelsamen im Bratfett kurz mitbraten. Tomaten und die Hälfte der Marinade mit dem Vin santo untermischen, das Fleisch wieder einlegen. Alles mit Salz und Pfeffer würzen und zugedeckt bei schwacher Hitze ca. 1 Std. schmoren. Bei Bedarf die übrige Marinade angießen.

Fleisch und Leber aus dem Sugo nehmen und leicht abkühlen lassen. Fleisch von den Knochen lösen, Leber klein würfeln. Wieder unter den Sugo mischen, Sugo mit Salz und Pfeffer abschmecken.

Nudeln in reichlich kochendem Salzwasser al dente kochen, abgießen und gut abtropfen lassen. Mit dem Sugo mischen und in vorgewärmte Teller verteilen.

Tagliatelle di castagne al sugo di funghi

Kastaniennudeln mit Pilzsauce

Zubereitungszeit: 1 Std. 30 Min.
Ruhezeit: 30 Min.
Pro Portion ca.: 505 kcal

Zutaten für 4 Personen:
Für die Nudeln:
150 g Kastanienmehl
200 g Weizenmehl + Mehl zum Arbeiten
Salz, 3 Eier (Größe M)
Für den Sugo:
20 g getrocknete Steinpilze
300 g frische Steinpilze
1 Zwiebel, 4 Knoblauchzehen
10 Zweige Thymian, 2–4 Zweige Oregano
300 g Tomaten, 4 EL Olivenöl
2 EL Vin santo, Salz, Pfeffer
1 EL schwarze Oliven nach Belieben

Mehlsorten mit 1 TL Salz mischen. Mit Eiern und ca. 4 EL kaltem Wasser zu einem glatten geschmeidigen Teig verkneten. Teig in ein Küchentuch wickeln und ca. 30 Min. ruhen lassen. Dann noch einmal durchkneten und in der Nudelmaschine oder auf wenig Mehl zu dünnen Platten ausrollen. In gut 1 cm breite Bandnudeln schneiden, Nudeln nebeneinander auf bemehlten Küchentüchern auslegen und leicht antrocknen lassen.

Die getrockneten Pilze in 1/8 l lauwarmem Wasser einweichen. Die frischen Steinpilze putzen und in feine Scheiben schneiden. Zwiebel und Knoblauch schälen und sehr fein hacken. Kräuter waschen, Blättchen hacken. Tomaten überbrühen, häuten und klein würfeln. Die getrockneten Pilze aus dem Wasser heben und fein würfeln. Einweichwasser durch eine Filtertüte gießen.

Alle Pilze im Öl unter Rühren ca. 5 Min. braten. Zwiebel und Knoblauch kurz mitdünsten. Mit dem Vin santo und der Pilzflüssigkeit aufgießen, Tomaten mit Kräutern untermischen. Sugo salzen, pfeffern und zugedeckt bei schwacher Hitze ca. 15 Min. schmoren lassen. Nach Belieben die Oliven untermischen und erwärmen. Die Nudeln in reichlich kochendem Salzwasser in ca. 3 Min. al dente kochen, abgießen und abtropfen lassen. Nudeln in vorgewärmte Teller verteilen, mit Sugo bedecken.

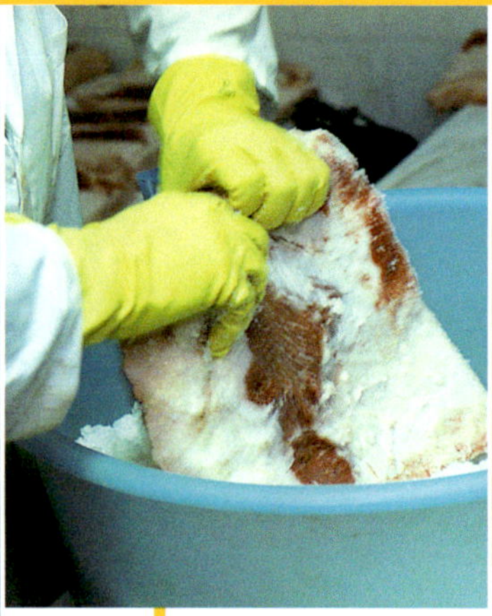

Am besten wird der Lardo, wenn der Metzger den Speck nicht nur mit grobem Meersalz bestreut, sondern die Körnchen kräftig in den Speck massiert. Schicht für Schicht kommt mit der Gewürzmischung in die Marmortruhe.

Früher teilte sich die ganze Familie die Arbeit, und das ist auch heute noch üblich. Antonio arbeitet in den Marmorbrüchen, die Hilfe beim Speckmachen ist für ihn aber ganz selbstverständlich.

Lardo di Colonnata

Genuss aus der Truhe

Fleisch von bester Qualität, Gewürze mit feinstem Aroma, Knoblauch und Rosmarin, zu guter Letzt ein »Behälter« aus Marmor – das ist das ganze Geheimnis einer wieder entdeckten Berühmtheit.

Aus dem begehrten Carraramarmor wurden nicht nur die weltbekannten Skulpturen gehauen oder Häuser errichtet. Die Arbeiter aus den Marmorbrüchen in den Apuanischen Alpen nutzten den kühlen Stein auch, um Speck darin reifen zu lassen – in einer Art Marmortruhe wurde er haltbar und noch schmackhafter. Jede Familie hatte ihren eigenen Behälter, in den einmal im Jahr nach dem Schlachten die fetten Stücke vom Schwein samt Schwarte gefüllt wurden. Nach einem Jahr konnte der fertige Speck entnommen und die Truhe erneut verwendet werden.

Noch immer gilt eine Reifezeit von knapp 1 Jahr als optimal, 6 Monate müssen es mindestens sein. Und so wird die Spezialität hergestellt: Alle Fettstücke vom Rücken des Schweins werden eingesalzen und mit Schwarte in den großen Marmorbehälter geschichtet. Vor dem Einfüllen hat sich der »Speckmeister« schon eine Gewürzmischung zusammengerührt – die genaue Zusammensetzung ist natürlich Betriebsgeheimnis, aber Nelken, Zimt, Pfeffer und Koriander sind fast immer dabei. Dazu braucht er noch Rosmarin und reichlich gehackten Knoblauch. Mit der würzigen Mischung reibt er die Marmorbox zunächst großzügig an allen Wänden ein, der Boden wird zusätzlich noch mit Salz und Gewürzen ausgestreut. Darauf legt er die erste Lage Speckscheiben, immer mit der Schwarte nach unten, die er wieder mit Gewürzen, Knoblauch und Rosmarin bestreut. Und so geht es weiter, bis die Marmortruhe gefüllt ist. Die Feuchtigkeit im Raum (früher stand die Kiste in Grotten und Kellern, heute bei den Produzenten in kühlen Räumen) und die Durchlässigkeit des Marmors garantieren eine optimale Reifung des Specks. Kenner schmecken einen Unterschied zwischen der obersten und der untersten Lage, die am meisten Druck bekommen hat. Die Gewürze sind hier ein bisschen besser eingezogen.

Der fertige Speck schmeckt – nachdem man das restliche Salz gut entfernt hat – z. B. in ganz feine Scheiben geschnitten auf ungeröstetem Brot. (Auf geröstetem geht ein Teil des feinen Aromas verloren.) Der Speck ist so zart, dass er fast auf der Zunge zergeht.

Der zarte Speck schmeckt in hauchdünnen Scheiben pur, ebenso gut aber mit Knoblauch oder Tomatenwürfelchen und eventuell getrockneten Kräutern bestreut.

Pasta con le fave

Nudeln mit dicken Bohnen

Zubereitungszeit: 30 Min.
Pro Portion ca.: 580 kcal

Zutaten für 4 Personen:
2 Tomaten
80 g Lardo di Colonnata
600 g frische dicke Bohnen (in den Hülsen, ersatzweise 200 g tiefgekühlte)
1 kleine Fenchelknolle mit viel Grün
1 EL Olivenöl
1 TL Fenchelsamen
1/8 l Milch
Salz, Pfeffer
400 g kurze Nudeln (z. B. Penne)

Die Tomaten überbrühen, häuten und in kleine Würfel schneiden. Den Speck in feine Streifen schneiden. Die dicken Bohnen aus den Hülsen lösen und auch die schrumpeligen Häutchen von den Kernen lösen. Fenchelgrün abschneiden. Fenchel waschen, putzen, vierteln und in feine Streifen schneiden. Das Grün waschen und fein hacken.

Öl erhitzen, Speck darin mit Fenchelsamen bei schwacher Hitze 3–4 Min. anbraten. Dicke Bohnen und Fenchel untermischen und 2–3 Min. weiterbraten. Fenchelgrün, Tomaten und Milch dazugeben, alles mit Salz und Pfeffer abschmecken und zugedeckt bei schwacher Hitze ca. 10 Min. schmoren.

Inzwischen die Nudeln in reichlich kochendem Salzwasser al dente kochen. Nudeln abgießen und mit dem Sugo mischen. In vorgewärmten Tellern möglichst rasch servieren.

Gnocchi ignudi

Ricotta-Brennnessel-Gnocchi

Zubereitungszeit: 45 Min.
Pro Portion ca.: 540 kcal

Zutaten für 4 Personen:
500 g zarte Brennnesselblätter (ersatzweise Spinat und Kräuter), Salz
je 3–4 Zweige Petersilie und Basilikum
250 g frischer Ricotta, 2 Eier (Größe M)
100 g frisch geriebener Pecorino + Pecorino zum Bestreuen
100 g Mehl + Mehl zum Arbeiten
Pfeffer, frisch geriebene Muskatnuss
2 Tomaten, 80 g Butter

Die Brennnesselblätter (mit Gummihandschuhen) waschen. In kochendem Salzwasser in 2–3 Min. zusammen fallen lassen, in einem Sieb kalt abschrecken und abtropfen lassen. Gut ausdrücken und sehr fein hacken. Kräuter waschen, Blättchen fein hacken.

Ricotta mit Eiern, Käse und Mehl gründlich verrühren. Brennnesseln mit Kräutern untermischen und alles mit Salz, Pfeffer und Muskat abschmecken. Aus der Masse mit leicht bemehlten Händen etwa tischtennisballgroße Bällchen formen.

In einem großen Topf Salzwasser zum Kochen bringen. Die Gnocchi darin bei schwacher Hitze in ca. 15 Min. gar ziehen lassen.

Tomaten waschen und klein würfeln. Die Butter schmelzen lassen. Die Gnocchi aus dem Wasser heben und auf vorgewärmte Teller verteilen. Mit etwas Butter beschöpfen, mit Tomatenwürfeln und wenig Käse bestreuen. Nach Belieben Käse dazureichen.

TIPP

Die Masse eignet sich ohne Mehl auch gut als Füllung für Ravioli (Nudelteig Seite 206).

Pici all'aglione

Dicke Spaghetti mit Tomaten-Knoblauch-Sauce

Zubereitungszeit: 1 Std. 30 Min.
Ruhezeit: 30 Min.
Pro Portion ca.: 430 kcal

Zutaten für 4 Personen:
Für die Pici:
400 g Hartweizenmehl (aus dem italienischen Feinkostgeschäft)
1 TL Salz
Mehl zum Arbeiten
Für die Sauce:
500 g Tomaten
6 Knoblauchzehen
1 getrockneter Peperoncino
4 EL Olivenöl, Salz

Das Mehl mit dem Salz mischen. Etwa 200 ml kaltes Wasser dazugeben und alles kräftig und ausdauernd zu einem elastischen Teig verkneten. Teig in ein Küchentuch wickeln und ca. 30 Min. ruhen lassen.

Den Teig noch einmal durchkneten, etwa haselnussgroße Portionen abnehmen und zunächst zwischen den Handflächen zu einer Schnur rollen, dann auf einem Holzbrett unter den Handflächen zu ca. 1/2 cm dicken Spaghetti. Nudeln in Mehl wälzen, nebeneinander auf bemehlte Küchentücher legen und kurz antrocknen lassen.

Für die Sauce die Tomaten waschen, würfeln und im Mixer fein pürieren. Den Knoblauch schälen und sehr fein hacken. Den Peperoncino zerkrümeln.

Nudeln in reichlich kochendem Salzwasser in 3–4 Min. al dente kochen. Schon während das Wasser heiß wird, das Öl bei mittlerer Hitze erwärmen. Knoblauch darin hellgelb braten. Tomaten und Peperoncino dazugeben, die Sauce salzen und offen bei schwacher Hitze köcheln lassen, bis die Nudeln fertig sind.

Nudeln abtropfen lassen und mit der Sauce mischen. In vorgewärmten Tellern servieren.

Pici sind eine Spezialität aus der Gegend südlich von Siena. Sie stammen aus der einfachen bäuerlichen Küche, in der die Hausfrauen sich bemühten, aus den wenigen vorhandenen Zutaten etwas Feines zu machen. Die Nudeln werden nur aus Mehl und Wasser hergestellt, ihr Geheimnis besteht im langen Kneten und dem Ausrollen der Teigportionen. Man isst sie auch mit gerösteten Brotbröseln oder mit *ragù*. *Pici* findet man auch in Umbrien, nahe an der toskanischen Grenze.

Seppie in zimino werden in einem feinwürzigen Sud geschmort. Bei der Wahl des Gemüses entscheiden italienische Hausfrauen nach Lust und Marktangebot.

Tonno con piselli *ist ein raffiniertes Gericht, das sein besonderes Aroma durch die Kombination von frühlingsfrischen Erbsen und aromatischem Tunfisch mit Peperoncini-Schärfe und etwas Zimt bekommt.*

Seppie in zimino

Geschmorte Tintenfische

Zubereitungszeit: 35 Min.
Garzeit: 1 Std.
Pro Portion ca.: 200 kcal

Zutaten für 4 Personen:
700 g kleinere Tintenfische (am besten Seppioline, küchenfertig)
100 g Cocktailtomaten
4 Knoblauchzehen
1/8 l trockener Weißwein
1 TL Fenchelsamen, Salz, Pfeffer
400 g Mangoldblätter
je 1/2 Bund Petersilie und Basilikum
1/2 getrockneter Peperoncino nach Belieben
2 EL Olivenöl

Die Tintenfische waschen. Die Cocktailtomaten waschen und halbieren, die Knoblauchzehen schälen und grob hacken.

Den Wein mit 1/4 l Wasser, den Cocktailtomaten, dem Knoblauch und den Fenchelsamen in einem Topf mischen, leicht salzen und pfeffern. Tintenfische einlegen und langsam erhitzen. Tintenfische im Sud zugedeckt bei schwacher Hitze ca. 1 Std. leise köcheln lassen, bis sie schön weich sind.

Den Mangold putzen, waschen und in Streifen schneiden. Die Kräuter waschen, die Blättchen fein hacken. Peperoncino im Mörser fein zerkrümeln.

Das Öl in einem Topf erhitzen. Den Mangold darin mit dem Peperoncino kurz andünsten. Kräuter bis auf ca. 1 EL untermischen, 1 Schöpflöffel Tintenfischsud dazugeben und den Mangold zugedeckt bei schwacher Hitze ca. 10 Min. schmoren.

Inzwischen die Tintenfische aus dem Sud fischen. Den Sud sieben und bei starker Hitze etwas einkochen lassen. 1 weiteren Schöpflöffel Sud und die Tintenfische unter den Mangold mischen, alles gut erhitzen, abschmecken und mit den übrigen Kräutern bestreut servieren. Dazu schmeckt geröstetes Weißbrot.

Tonno con piselli

Tunfisch mit Erbsen

Zubereitungszeit: 45 Min.
Pro Portion ca.: 520 kcal

Zutaten für 4 Personen:
600 g frischer Tunfisch
1/2 unbehandelte Zitrone
4 EL Olivenöl
1 kg frische Erbsenschoten (ersatzweise 300 g tiefgekühlte Erbsen)
1 Zwiebel
2 Knoblauchzehen
2 getrocknete Peperoncini
150 ml Vin santo (ersatzweise trockener Weißwein oder Fischfond)
1 TL Tomatenmark
1 winzige Prise Zimtpulver
Salz, 1/2 Bund Petersilie

Den Tunfisch kalt abspülen, trockentupfen und in gut 1 cm große Stücke schneiden. Zitronenschale hauchdünn abschneiden und fein hacken, Saft auspressen. Zitronensaft mit 1 EL Olivenöl mischen und unter die Tunfischstücke mengen.

Die Erbsen aus den Schoten brechen. Zwiebel und Knoblauch schälen und mit den Peperoncini sehr fein hacken.

In einem Topf 2 EL Öl erhitzen. Zwiebelmischung darin unter Rühren anbraten. Erbsen dazugeben und kurz mitbraten. Mit dem Vin santo ablöschen, mit Tomatenmark und Zimtpulver verrühren, salzen und zugedeckt bei schwacher Hitze ca. 10 Min. schmoren.

Inzwischen Petersilie waschen, Blättchen sehr fein hacken. Das übrige Öl erhitzen. Tunfischwürfel darin bei mittlerer Hitze unter vorsichtigem Wenden 2–3 Min. braten. Mit der Petersilie unter die Erbsen mischen, auf der abgeschalteten Herdplatte alles zugedeckt noch 2–3 Min. ziehen lassen. Abschmecken und servieren. Dazu schmecken Weißbrot oder Kartoffeln.

»Baccalà arriva dove il mare non c'è« *– der Baccalà kommt auch dahin, wo es kein Meer gibt. Denn gesalzen und getrocknet ist Kabeljau lange haltbar und gut zu transportieren. In der Toskana ist er allerdings keineswegs nur im Landesinneren beliebt, sondern wird auch an den Küsten serviert, wo ja auch genügend frischer Fisch zur Verfügung steht. Meist wird Baccalà – wie in unserem Rezept – frittiert, in florentinischen Küchen auch gern mit Kartoffeln gemischt.*

Baccalà con ceci

Baccalà mit Kichererbsen

Einweichzeit: 24 Std.
Quellzeit: 12 Std.
Zubereitungszeit: 40 Min.
Pro Portion ca.: 795 kcal

Zutaten für 4 Personen:
700 g Baccalà
100 g getrocknete Kichererbsen
4 Zweige Rosmarin
1/2 Bund Petersilie
4 Knoblauchzehen
600 g Tomaten
2 EL Olivenöl + 1/4 l Olivenöl zum Frittieren
150 ml Weißwein
Salz, Pfeffer, 1 Prise Zucker
3 EL Mehl

Den Baccalà in ein Gefäß legen und mit kaltem Wasser bedecken. Den Baccalà ca. 24 Std. einweichen, dabei das Wasser gelegentlich wechseln. Die Kichererbsen in eine Schüssel füllen, mit Wasser bedecken und über Nacht quellen lassen.

Danach die Kichererbsen abtropfen lassen und mit frischem Wasser in einen Topf füllen. Zum Kochen bringen und zugedeckt bei schwacher Hitze in 1–1 1/2 Std. weich kochen.

Den Baccalà abtropfen lassen und in einen Topf legen. Mit kaltem Wasser bedecken. Das Wasser zum Kochen bringen, gleich nach dem Aufkochen abgießen, den Fisch abtropfen lassen und in mundgerechte Stücke schneiden.

Kräuter waschen, Blättchen fein hacken. Knoblauch schälen und ebenfalls hacken. Die Tomaten überbrühen, häuten und würfeln.

Kräuter mit Knoblauch in 2 EL Öl andünsten. Tomaten dazugeben und mit dem Wein aufgießen. Mit Salz, Pfeffer und Zucker abschmecken und offen 10 Min. köcheln lassen. Kichererbsen abtropfen lassen und untermischen. Alles weitere 15 Min. zugedeckt bei schwacher Hitze schmoren.

Inzwischen das Öl zum Frittieren erhitzen. Das Mehl mit Pfeffer in einem Teller mischen. Den Baccalà im Mehl wenden, überschüssiges Mehl abklopfen. Baccalà im heißen Fett portionsweise 3–4 Min. frittieren, mit einem Schaumlöffel herausheben und auf Küchenpapier etwas abfetten lassen.

Fischstücke kurz in der Tomatensauce ziehen lassen. Alles abschmecken und servieren. Dazu passen Weißbrot und Zitronenschnitze.

Varianten:

Gut schmeckt Baccalà auch als Suppe, zum Beispiel mit *cavolo nero* (Schwarzkohl, ersatzweise Wirsing, Grünkohl oder *cime di rapa*), Knoblauch, Petersilie und Peperoncino.
Wer nicht so gerne Hülsenfrüchte mag, lässt sie einfach weg und schmort dafür etwas mehr Tomatensauce. Ebenfalls lecker: Statt Kichererbsen Kartoffeln vorgaren, würfeln und unter die Tomatensauce mischen.

Cacciucco alla livornese

Gemischter Fischtopf

Zubereitungszeit: 1 Std. 30 Min.
Pro Portion ca.: 490 kcal

Zutaten für 4 Personen:
200 g Tintenfisch (am besten kleine Seppioline, küchenfertig)
800–1000 g gemischte Mittelmeerfische (je mehr verschiedene, desto besser, vom Fischhändler ausnehmen und schuppen lassen, größere nach Belieben auch filetieren lassen)
800 g Miesmuscheln oder Vongole oder beide gemischt
1/8 l trockener Weiß- oder Rotwein
1 Zwiebel
3 Knoblauchzehen
1 frischer roter Peperoncino (nach Belieben)
1 Bund Petersilie
4 Salbeiblättchen
500 g Tomaten
4 EL Olivenöl
1/2 l milder Fischfond
Salz, Pfeffer
4 Scheiben toskanisches Weißbrot

Tintenfische waschen, alle harten Teile entfernen. Kleine Tintenfische ganz lassen, große in Ringe oder Streifen schneiden. Fische waschen und je nach Größe ganz lassen oder in Portionsstücke schneiden. Muscheln waschen, geöffnete wegwerfen.

Wein mit 1/4 l Wasser erhitzen. Muscheln einlegen und zugedeckt bei starker Hitze 3–5 Min. garen, bis sie geöffnet sind. Topf dabei immer wieder rütteln. Muscheln abgießen, geschlossene aussortieren und wegwerfen. Sud durch eine Filtertüte gießen.

Zwiebel und 2 Knoblauchzehen schälen und fein hacken. Peperoncino waschen, putzen, längs halbieren, entkernen und in feine Streifen schneiden. Kräuter waschen, Blättchen fein hacken. Etwas Petersilie zugedeckt beiseite legen. Tomaten überbrühen, häuten und würfeln.

In einem weiten Topf 2 EL Öl erhitzen, Zwiebel mit Knoblauch, Peperoncino und Kräutern darin andünsten. Tomaten dazugeben und unter Rühren bei schwacher Hitze ca. 5 Min. garen. Muschelsud mit Fischfond angießen, mit Salz und Pfeffer abschmecken. Tintenfische dazugeben und zugedeckt bei schwacher Hitze ca. 45 Min. garen, bis sie weich sind. Dann Fische in den Sud legen und bei schwacher Hitze ca. 8 Min. mitgaren. Muscheln untermischen und nochmals heiß werden lassen.

Inzwischen die Brotscheiben toasten. Übrigen Knoblauch schälen, die Brotscheiben damit einreiben, in tiefe Teller verteilen und mit restlichem Öl beträufeln. Gemischte Fische und Muscheln mit Sud darauf verteilen, mit übriger Petersilie bestreut servieren.

TIPP

Kleine Fische wie Rotbarben oder andere kleine Meerbarben können Sie gut im Ganzen im Fischtopf garen, so bleiben sie schön saftig und das Gericht sieht sogar noch schöner aus. Fragen Sie Ihren Fischhändler nach den frischesten Fischen!

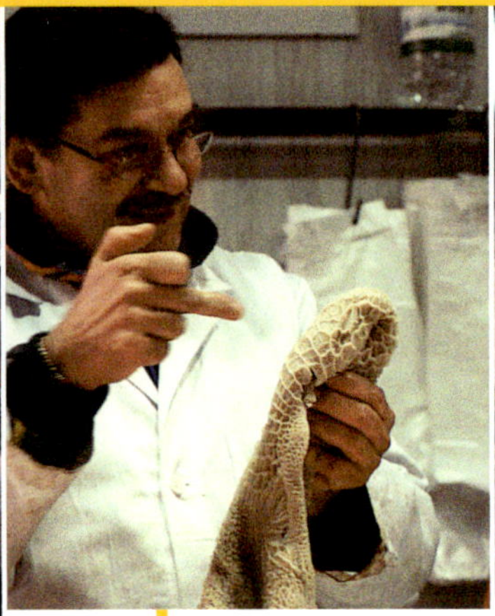

Nicht nur die bekannten Kutteln *trippa* sind hier im Angebot, sondern auch die anderen Mägen der Kuh. Trippa nennt man auch *crociera* oder *croce*. Der dritte Magen heißt *centopelli*, weil er so aussieht, als seien bei ihm hundert Hautfalten übereinander geschichtet. Der vierte Magen ist der *lampredotto*, der dunkler und größer gefaltet ist.

Der Beruf der *trippai* schien schon fast ausgestorben. Schön, dass sich das geändert hat und wieder mehr Kuttelverkäufer in Florenz ihrem Geschäft nachgehen.

Kutteln
Innereien für Kenner

Ob gekocht, geschmort, mit grüner Sauce im panino *auf der Straße verkauft oder als Salat angemacht – echte Florentiner sind verrückt nach Trippa & Co.*

Tatsächlich gibt es im Mercato centrale in Florenz nicht nur einfach Kutteln, sondern gleich eine ganze Bandbreite an unterschiedlichen Varietäten. Denn als Wiederkäuer haben Kühe ja mehrere Mägen.
Der erste und zweite Magen werden in der Toskana wie überall sonst in Italien *trippa* genannt. Diese Mägen sind besonders dick und fleischig. Der dritte Magen ist faltiger und heißt *centopelli*. Aus *centopelli* macht man in Florenz eine Suppe mit Speck, Kräutern und Gemüse. Der vierte Magen schließlich ist der *lampredotto*, er schmeckt vielen Florentinern am besten. Aus diesem Grund wurde eine Tradition wieder zum Leben erweckt: Rund um den Mercato Centrale bieten so genannte *trippai*, Kuttelverkäufer, an einem Stand oder vom Verkaufswagen aus ein Panino mit gekochtem *lampredotto* an. Die meisten verkaufen ihn pur oder mit grüner Sauce, andere *trippai* bieten das *panino* auch mit scharfer Sauce an, laut Sonia – einer waschechten Florentinerin – nur etwas für Leute, die eigentlich keinen *lampredotto* mögen. Weil man ihn mit der pikanten Sauce gar nicht mehr richtig schmecken kann.
Kutteln vorzubereiten kostet Mühe und Zeit, meist erledigen die Metzger die Arbeit. Die Kutteln müssen sehr gut gewaschen werden, auch zwischen den Falten. Danach werden sie rund 10 Stunden lang gekocht.
Geschmorte Kutteln macht man natürlich nicht nur in Florenz, sondern auch in der übrigen Toskana. In Livorno gibt man viel Knoblauch und Petersilie dazu, in Montalcino Weißwein, Vin santo und manchmal auch eine Spur Safran, in Pisa kommt mit dem Gemüse etwas Fleisch und Schinken in den Topf, in Siena Salsicce und in der Maremma auch mal etwas Hackfleisch.
Probieren Sie mal *trippa in insalata*, Kuttelsalat: Dafür vorgekochte Kutteln mit Suppengrün und Kräutern in Wasser 1 Std. kochen, abkühlen lassen, in Streifen schneiden. 1 Möhre und 1 Stange Staudensellerie in Streifen mit je 2 gehackten Peperoncini und Knoblauchzehen, 1/2 Bund gehackter Petersilie, 5 EL Zitronensaft und ca. 8 EL Olivenöl mit den Kutteln verrühren, salzen.

Gerne essen Florentiner *lampredotto in panino* als kleine Zwischenmahlzeit.

Trippa alla fiorentina

Geschmorte Kutteln

Zubereitungszeit: 30 Min.
Garzeit: 1 Std. 15 Min.
Pro Portion ca.: 400 kcal

Zutaten für 4 Personen:
800 g vorgekochte Kutteln (beim Metzger vorbestellen)
1 Zwiebel
2 Stangen Staudensellerie
1 Möhre
2 Knoblauchzehen
1 Bund Petersilie
1 Zweig Rosmarin
4 Salbeiblätter
500 g Tomaten
4 EL Olivenöl, 1 EL Butter
1/8 l trockener Weißwein
gut 1/8 l Fleischbrühe
Salz, Pfeffer
1 EL Tomatenmark
40 g frisch geriebener Parmesan

Kutteln in schmale, nicht zu lange Streifen schneiden. Zwiebel schälen, Sellerie waschen und putzen. Möhre und Knoblauch ebenfalls schälen. Kräuter waschen und von den Stielen zupfen. Ein paar Petersilienblättchen beiseite legen. Zwiebel, Sellerie, Möhre, Knoblauch und restliche Kräuter sehr fein hacken. Die Tomaten überbrühen, hauten und in kleine Würfel schneiden.

Öl mit Butter in einem Schmortopf erhitzen. Gemüse-Kräuter-Mischung darin bei mittlerer Hitze unter Rühren ca. 10 Min. andünsten. Die Tomaten, Wein und 1/8 l Brühe untermischen und mit Salz, Pfeffer und dem Tomatenmark verrühren. Offen bei schwacher Hitze ca. 30 Min. köcheln lassen.

Kutteln unter die Tomatensauce mischen und weitere 30 Min. zugedeckt schmoren. Bei Bedarf noch etwas Brühe angießen. Restliche Petersilie fein hacken. Die Kutteln abschmecken, mit der Petersilie und dem Parmesan bestreuen und servieren. Dazu schmeckt Weißbrot.

TIPP

Wer mag, kann die Kutteln nach dem Bestreuen mit dem Käse noch kurz im heißen Ofen gratinieren.

Manzo arrotolato con filetto di maiale

Rollbraten

Zubereitungszeit: 45 Min.
Bratzeit: 1 Std. 45 Min.
Pro Portion (bei 8) ca.: 320 kcal

Zutaten für 6–8 Personen:
4 Knoblauchzehen
je 6–8 Zweige Salbei, Rosmarin, Thymian
je 2 Zweige Minze und Oregano
1/4 Bund Basilikum
je 1/2 Hand voll Rucola und Borretschblätter
6 EL Olivenöl
1 große, knapp 1 cm dicke Scheibe Rindfleisch aus der Keule (ca. 800 g)
Salz, Pfeffer
1 Schweinefilet (ca. 400 g)
8 Scheiben Lardo di Colonnata (ca. 80 g, ersatzweise Pancetta)
150 ml trockener Weißwein
50 ml Vin santo nach Belieben
2 Lorbeerblätter
6 rote Zwiebeln
150 g Trauben
1 EL Zucker

Knoblauch schälen, die Kräuter waschen. Von je 2 Zweigen Salbei, Rosmarin und Thymian sowie von den übrigen Kräutern Blättchen abzupfen oder abstreifen. Rucola und Borretsch verlesen. Knoblauch und Kräuterblättchen fein hacken und mit 3 EL Öl mischen.

Den Backofen auf 140° vorheizen. Die Rindfleischscheibe mit dem Handballen etwas flacher drücken, salzen, pfeffern und mit der Kräutermischung bestreichen. Schweinefilet mit Salz und Pfeffer würzen, mit 3–4 Scheiben Speck umwickeln, in die Rindfleischscheibe einrollen und alles mit Küchengarn zum Rollbraten binden. Außen mit Salz und Pfeffer würzen.

2 EL Öl in einem Bräter erhitzen. Den Braten darin rundherum kräftig anbraten. Mit dem übrigen Speck belegen und im Ofen (Mitte, Umluft 120°) ca. 30 Min. braten. Dann den Wein und den Vin santo angießen, die übrigen Kräuterzweige und die Lorbeerblätter dazulegen und den Braten weitere 30 Min. braten.

Inzwischen die Zwiebeln schälen und vierteln. Die Trauben waschen und halbieren, Kerne nach Belieben herauslösen. Zucker in einem Topf schmelzen lassen, übriges Öl dazugeben. Zwiebeln darin unter Rühren bei starker Hitze ca. 5 Min. braten. Trauben dazugeben und noch 2–3 Min. mitbraten. Zwiebeln und Trauben zum Braten geben und alles weitere 45 Min. garen.

Braten kurz ruhen lassen, dann die Speckscheiben entfernen und den Braten in dünne Scheiben schneiden. Die Sauce abschmecken, den Braten darin mit den Zwiebeln und den Trauben servieren. Dazu passt besonders gut geschmorter Salat, außerdem schmecken dazu Weißbrot oder Rosmarinkartoffeln (Seite 55).

Dazu: Geschmorter Salat

Dafür 1 Romanasalat putzen, in Blätter teilen, waschen und in Streifen schneiden. 2 Knoblauchzehen schälen. 1 frischen roten Peperoncino waschen und putzen, beides fein hacken. 1/2 Bund Petersilie waschen, Blättchen ebenfalls hacken. 2 EL Olivenöl erhitzen, Knoblauch und Peperoncino dazugeben und unter Rühren andünsten. Salatstreifen dazugeben und so lange mitgaren, bis sie zusammenfallen. Petersilie untermischen und den Salat mit Salz, 1 Prise Zucker und 1 EL Zitronensaft abschmecken. Bei schwacher Hitze zugedeckt noch ca. 10 Min. im eigenen Saft schmoren lassen.

Lust am Genuss: *Fleischgerichte stehen in der Toskana bei den Secondi an erster Stelle. Traditionelle Gerichte wie Schweinebraten, geschmortes Wildschwein und pfefferwürziges Rindfleisch bekommt man heute vor allem in guten ländlichen Lokalen.*

Arista

Schweinebraten

Zubereitungszeit: 20 Min.
Bratzeit: 2 Std.
Pro Portion ca.: 310 kcal

Zutaten für 6 Personen:
je 6 Zweige Rosmarin und Thymian
1 unbehandelte Zitrone
2 TL Fenchelsamen, Salz, Pfeffer
1 Prise gemahlene Gewürznelken
4 EL Olivenöl
1,2 kg Schweinefleisch ohne Knochen und Schwarte (z. B. Nacken oder Schulter)
2 Lorbeerblätter, 6 Knoblauchzehen
200 ml trockener Weißwein
80 ml Vin santo

Die Kräuter waschen. Von je 3 Zweigen die Nadeln bzw. Blättchen abzupfen und fein hacken. Zitronenschale mit den Fenchelsamen ebenfalls fein hacken. Gehackte Kräuter, Zitronenschalenmischung, Salz, Pfeffer und Nelken mit 2 EL Öl verrühren.

Den Backofen auf 180° vorheizen. Den Schweinebraten rundherum mit der Kräutermischung einreiben. Das übrige Öl in einem Bräter erhitzen und den Braten darin rundherum anbraten. Die übrigen Kräuterzweige mit den Lorbeerblättern zum Braten geben. Den Braten im heißen Ofen (unten, Umluft 160°) ca. 45 Min. braten.

Den Knoblauch schälen. Den Wein und den Vin santo mischen und die Hälfte davon mit den ganzen Knoblauchzehen zum Braten geben. Den Braten weitere 1 1/4 Std. garen, dabei immer wieder mit der restlichen Weinmischung begießen. Den Braten ca. 10 Min. ruhen lassen, dann in Scheiben schneiden und mit der Sauce servieren. Dazu schmecken Rosmarinkartoffeln (rechts) oder Brot und eventuell Gemüse.

Die lange Schmorzeit macht das Pfefferfleisch wunderbar aromatisch. Das einfache Gericht wurde schon den Arbeitern serviert, die die Kuppel des Doms von Florenz bauten.

Dazu: Rosmarinkartoffeln

Vorwiegend fest kochende Kartoffeln in der Schale weich kochen, abgießen und am besten bis zum nächsten Tag abkühlen lassen. Dann schälen und je nach Größe vierteln oder achteln. 4 Zweige Rosmarin waschen und jeweils einmal durchschneiden. Kartoffeln mit Rosmarin in Olivenöl bei mittlerer Hitze 10–15 Min. braten, bis sie schön gebräunt sind. Salzen und servieren.

Bocconcini di cinghiale al chianti

Wildschweinragout mit Chianti

Zubereitungszeit: 25 Min.
Schmorzeit: 1 Std. 30 Min.
Pro Portion ca.: 520 kcal

Zutaten für 4 Personen:
800 g Wildschwein zum Schmoren (z. B. Keule)
2 Zwiebeln
4 Knoblauchzehen
1 unbehandelte Orange
2 EL Olivenöl
1/2 l Chianti
2 Gewürznelken
4 Lorbeerblätter
Salz, Pfeffer
1 TL Honig
2 EL schwarze Oliven

Das Fleisch in mundgerechte Stücke schneiden. Zwiebeln und Knoblauch schälen und sehr fein, fast musig, hacken. Orangenschale hauchdünn abschneiden. Etwa ein Drittel davon beiseite legen, den Rest fein hacken. Orange auspressen.

Das Öl in einem Schmortopf erhitzen. Wildschwein darin portionsweise anbraten und wieder herausnehmen. Wenn das Fleisch angebraten ist, Zwiebelmischung und Orangenschale im Bratfett kurz andünsten. Mit dem Wein ablöschen, Orangensaft, Nelken und Lorbeerblätter untermischen und alles mit Salz, Pfeffer und Honig würzen. Fleisch untermischen und bei schwacher Hitze zugedeckt in ca. 1 1/2 Std. weich schmoren.

Übrige Orangenschale fein hacken, mit den Oliven unter das Fleischragout mischen und erhitzen. Ragout abschmecken und servieren. Dazu schmecken Brot, Polenta oder Rosmarinkartoffeln (links).

Peposo

Pfefferfleisch

Zubereitungszeit: 30 Min.
Schmorzeit: 10 Std.
Pro Portion (bei 8) ca.: 425 kcal

Zutaten für 6–8 Personen:
1,2 kg Rinderwade oder anderes Rindfleisch zum Schmoren
1 Knoblauchknolle
1 EL grob geschroteter Pfeffer
Salz
gut 1/2 l Chianti oder anderer trockener Rotwein

Das Rindfleisch mit einem feuchten Tuch abwischen und in Stücke von 3–4 cm Größe schneiden. Knoblauchzehen ablösen und schälen.

Eine Lage Fleisch in einen Schmortopf mit Deckel schichten. Mit Knoblauchzehen belegen und mit Pfeffer und Salz bestreuen. Wieder eine Lage Fleisch einschichten, mit Knoblauch, Salz und Pfeffer würzen. Wenn alle Zutaten eingeschichtet sind, 1/2 l Rotwein angießen.

Den Schmortopf schließen und bei 120° (Umluft 100°) in den Backofen stellen. Das Fleisch ca. 10 Std. garen. Dabei zwischendurch mal den Deckel abheben und prüfen, ob noch genug Flüssigkeit im Topf ist. Eventuell noch etwas Wein nachgießen. Mit Brot und geschmortem Gemüse servieren.

Straccetti heißen in Italien die kleinen Fleischabschnitte, die beim Vorbereiten und Portionieren von Fleisch – etwa für ein Ragout oder Gulasch – anfallen. Vielleicht hat Ihr Metzger auch davon.

La Francesina: *Das frisch gekochte Fleisch isst man in der Toskana auch gerne mit einer salsa d'agresto. Dafür 500 g möglichst noch nicht ganz reife grüne Trauben entkernen. Mit 50 g Walnusskernen, 1/2 Zwiebel und 1 Knoblauchzehe, den Blättchen von 1 Bund Petersilie und dem Inneren von 1 Scheibe Brot pürieren, mit Zitronensaft, Salz und Pfeffer abschmecken und eventuell mit Brühe leicht verdünnen.*

Straccetti con farro

Rindfleischstückchen mit Dinkel

Zubereitungszeit: 30 Min.
Einweichzeit: 12 Std.
Schmorzeit: 1 Std. 45 Min.
Pro Portion ca.: 450 kcal

Zutaten für 4 Personen:
100 g Dinkelkörner
1/4 l trockener Rotwein
1 EL Zucker, 2 EL Rotweinessig
700 g Rindfleisch zum Schmoren (Hals oder Schulter)
1 Zwiebel, 2 Knoblauchzehen
2 EL Olivenöl, Salz, Pfeffer
200 g Endiviensalat, Romana oder Radicchio
1/2 Bund Petersilie

Den Dinkel mit kaltem Wasser bedecken und über Nacht einweichen. Am nächsten Tag mit frischem Wasser in einem Topf zum Kochen bringen. Den Dinkel zugedeckt bei schwacher Hitze in ca. 1 1/2 Std. weich kochen.

Inzwischen den Rotwein mit dem Zucker und dem Essig in einem Topf zum Kochen bringen und um etwa ein Drittel einkochen lassen. Das Rindfleisch in dünne Scheiben oder Streifen schneiden. Die Zwiebel schälen, vierteln und in Streifen schneiden. Den Knoblauch schälen und in feine Scheiben schneiden.

Das Öl in einem Schmortopf erhitzen, das Fleisch darin in zwei Portionen kräftig anbraten und wieder herausnehmen. Wenn das Fleisch gebraten ist, die Zwiebel mit dem Knoblauch anbraten. Mit dem eingekochten Wein ablöschen, das Fleisch wieder untermischen. Das Fleisch mit Salz und Pfeffer würzen und zugedeckt bei schwacher Hitze ca. 1 Std. schmoren.

Den Salat putzen, waschen und in Streifen schneiden. Dinkel abtropfen lassen und mit dem Salat unter das Fleisch mischen. Alles zusammen noch ca. 15 Min. schmoren. Petersilie waschen, Blättchen fein hacken. Fleischmischung abschmecken und mit der Petersilie bestreut und reichlich toskanischem Weißbrot servieren.

La Francesina

Gekochtes Rindfleisch in Zwiebel-Tomaten-Ragout

Zubereitungszeit: 20 Min.
Garzeiten: insgesamt 3 Std.
Pro Portion ca.: 430 kcal

Zutaten für 4 Personen:
800 g Suppenfleisch (Rindfleisch)
1 Möhre
2 Stangen Staudensellerie
1 Zwiebel
2 Knoblauchzehen
je 1–2 Zweige Rosmarin, Salbei, Thymian und Petersilie
Salz, Pfeffer
4 rote Zwiebeln
4 Tomaten
4 EL Olivenöl
1/4 Bund Basilikum

Suppenfleisch kalt abspülen und trockentupfen. Möhre, Sellerie, Zwiebel und Knoblauch schälen oder waschen, putzen und in grobe Stücke schneiden. Kräuter waschen.

In einem Topf 1 1/2 l Wasser mit dem Gemüse und den Kräutern zum Kochen bringen. Hitze kleiner schalten, das Fleisch in die Flüssigkeit geben und 30 Min. bei schwacher Hitze darin ziehen lassen. Die Flüssigkeit mit Salz und Pfeffer abschmecken, das Fleisch noch ca. 1 1/2 Std. darin garen, bis es weich ist. Im Sud abkühlen lassen, dann herausnehmen und in Würfel schneiden.

Die roten Zwiebeln schälen und in feine Ringe schneiden. Tomaten waschen, würfeln und im Mixer zerkleinern.

Olivenöl in einem Topf erhitzen. Zwiebeln darin bei schwacher bis mittlerer Hitze in ca. 20 Min. weich, aber nicht braun garen. Tomaten untermischen und weitere 10 Min. schmoren. Fleisch dazugeben, mit 1 Schöpflöffel Fleischbrühe aufgießen, salzen, pfeffern und nochmals zugedeckt bei schwacher Hitze ca. 20 Min. schmoren. Basilikumblättchen abzupfen und kleiner zupfen. Unter das Fleisch mischen, alles mit Salz und Pfeffer abschmecken und mit Brot oder Kartoffeln servieren.

Pollo alla diavola

Mariniertes Hähnchen

Zubereitungszeit: 15 Min.
Marinierzeit: 2 Std.
Bratzeit: 50 Min.
Pro Portion ca.: 795 kcal

Zutaten für 4 Personen:
2 kleine Brathähnchen (je ca. 1 kg)
je 4 Zweige Salbei, Rosmarin, Thymian und Oregano + Kräuterzweige zum Garnieren
2–4 getrocknete Peperoncini
2 Knoblauchzehen
3 EL Zitronensaft
Salz, Pfeffer
6 EL Olivenöl

Hähnchen kalt abspülen, trockentupfen und jeweils durch Brust und Rücken so auseinander schneiden, dass jede Hälfte einen Flügel und eine Keule hat.

Die Kräuter waschen, von je 4 Zweigen Blättchen abzupfen und fein hacken. Peperoncini im Mörser fein zerkrümeln. Den Knoblauch schälen und durch die Presse drücken. Zitronensaft mit Salz und Pfeffer verrühren. Kräuter, Peperoncini und Knoblauch mit dem Öl untermischen. Die Hähnchenhälften damit einreiben und mindestens 2 Std. kühl stellen.

Dann den Backofen auf 180° vorheizen. Die Hähnchen mit der fleischigen Seite nach oben nebeneinander in die Fettpfanne legen, mit den ganzen Kräuterzweigen garnieren und im Ofen (Mitte, Umluft 160°) ca. 45 Min. backen. Dann den Backofengrill zuschalten und die Hähnchen noch einmal ca. 5 Min. garen, bis die Haut schön gebräunt ist. Mit Salat und Brot servieren.

Paparo all'arancia

Ente mit Orangen

Zubereitungszeit: 30 Min.
Bratzeit: 2 Std. 30 Min.
Pro Portion (bei 6) ca.: 795 kcal

Zutaten für 4–6 Personen:
1 Bauernente (ca. 2,5 kg)
50 g Pancetta oder luftgetrockneter Schinken, 2 unbehandelte Orangen
1 EL Thymianblättchen
Salz, Pfeffer, geriebene Muskatnuss
2 Zweige Rosmarin, 4 Knoblauchzehen
200 ml Vin santo, 2 EL Zitronensaft
1 TL Zucker

Ente waschen und trockentupfen. Pancetta fein hacken. Schale von 1 Orange hauchdünn abschneiden und fein hacken. Thymian mit Orangenschale und Pancetta mischen.

Backofen auf 180° vorheizen. Salz, Pfeffer und Muskat mischen. Die Ente innen und außen damit einreiben. Die Pancettamischung in die Ente geben. Die Ente mit der Brust nach unten in einen Bräter legen und im heißen Ofen (unten, Umluft 160°) ca. 30 Min. braten.

Rosmarin waschen. Knoblauch schälen. Nach 30 Min. Ente umdrehen, Vin santo, Knoblauch und Rosmarin dazugeben. Ente weitere 2 Std. braten, immer wieder mit Bratfond begießen.

Schale von der übrigen Orange hauchdünn abschneiden und in feine Streifen schneiden. Beide Orangen großzügig schälen, dabei die weiße Haut entfernen. Filets herausschneiden. Saft auffangen.

Die Ente in 8–10 Stücke teilen und auf den Rost des Ofens legen. Den Grill anschalten und die Entenhaut darunter in 5–8 Min. knusprig werden lassen. Sauce sieben und in einen Topf umfüllen. Fett abschöpfen, Zitronen- und Orangensaft mit Schale und Zucker in die Sauce geben und aufkochen. Sauce leicht einkochen lassen, salzen und pfeffern. Orangenfilets einlegen, erwärmen, zur Ente servieren.

Wie manch andere berühmte französische Gerichte soll auch die Ente mit Orangen nicht in Frankreich entstanden sein, sondern am Hofe der Medici. Caterina de' Medici brachte das Rezept wohl nach ihrer Heirat mit Heinrich von Anjou aus Florenz mit nach Paris.

Al forno: *Gemüse und Kartoffeln aus dem Ofen sind nicht nur in der Toskana beliebte Beilagen, lassen sie sich doch wunderbar vorbereiten. Das Gemüse schmeckt auch lauwarm oder kalt als Antipasto.*

Verdure al forno

Gemischtes Ofengemüse

Zubereitungszeit: 35 Min.
Backzeit: 25 Min.
Pro Portion ca.: 230 kcal

Zutaten für 4 Personen:
1 Aubergine
2 Zucchini
je 1 rote und gelbe Paprikaschote
300 g Tomaten
2 rote Zwiebeln
4 Knoblauchzehen
4 Zweige Thymian
1 Zweig Salbei
1/2 Bund Petersilie
6 EL Olivenöl
Salz, Pfeffer oder 1 Stück getrockneter Peperoncino
40 g frisch geriebener Pecorino

Aubergine, Zucchini und Paprikaschoten waschen, putzen und in Würfel bzw. Stücke schneiden. Die Tomaten waschen, halbieren und in Scheiben schneiden. Zwiebeln und Knoblauch schälen. Zwiebeln halbieren und in Streifen schneiden. Knoblauch schälen und fein hacken. Kräuter waschen und trockenschütteln, Blättchen fein hacken.

Den Backofen auf 200° vorheizen. In einem Topf 3 EL Öl erhitzen. Auberginenwürfel darin unter Rühren bei mittlerer Hitze 5 Min. anbraten. Zucchini mit 1 weiteren EL Öl dazugeben und 2 Min. braten. Paprika, Zwiebeln und Knoblauch mit 1 EL Öl untermischen und 3 Min. braten. Kräuter und Tomaten untermischen und das Gemüse mit Salz und Pfeffer oder zerkrümeltem Peperoncino würzen.

Das Gemüse in eine feuerfeste Form oder in vier Portionsförmchen verteilen, mit dem Käse bestreuen und mit dem übrigen Öl beträufeln. Im Ofen (Mitte,

Frische Steinpilze geben im Herbst den Ofenkartoffeln unvergleichliches Aroma. Außerhalb der Saison nehmen Sie stattdessen frische Egerlinge, eventuell gemischt mit Austernpilzen und ein paar getrockneten und eingeweichten Steinpilzen.

Umluft 180°) ca. 25 Min. backen, bis die Oberfläche schön gebräunt ist. Das Gemüse schmeckt warm, lauwarm und auch abgekühlt.

Cipolle al forno

Gebackene Zwiebeln

Zubereitungszeit: 10 Min.
Backzeit: 55 Min.
Pro Portion ca.: 130 kcal

Zutaten für 4 Personen:
600 g junge weiße oder rote Zwiebeln
Salz, Pfeffer
1 großes Bund Petersilie
3–4 Zweige Oregano
4 EL Olivenöl

Die Zwiebeln schälen und quer halbieren. Mit den Schnittflächen nach oben nebeneinander in eine feuerfeste Form legen und mit Salz und Pfeffer würzen. Ca. 1/8 l Wasser angießen und die Zwiebeln im Ofen (Mitte, Umluft 180°) ca. 25 Min. backen.

Die Kräuter waschen, Blättchen abzupfen und sehr fein hacken. Die Kräuter über die Zwiebeln streuen, Zwiebeln mit dem Olivenöl beträufeln und noch einmal ca. 30 Min. backen, bis sie weich und gebräunt sind. Sie schmecken warm, lauwarm oder abgekühlt.

Porcini e patate al forno

Steinpilz-Kartoffeln aus dem Ofen

Zubereitungszeit: 30 Min.
Backzeit: 20 Min.
Pro Portion ca.: 250 kcal

Zutaten für 4 Personen:
700 g vorwiegend fest kochende Kartoffeln
500 g frische Steinpilze
2 Knoblauchzehen
1 Bund Petersilie
4 EL Olivenöl
1 EL Zitronensaft
Salz, Pfeffer
frisch geriebene Muskatnuss
100 ml Brühe
4 EL frisch geriebener Pecorino

Die Kartoffeln in der Schale in 20–25 Min. nicht zu weich kochen, abgießen und etwas ausdämpfen lassen.

Die Pilze mit einem Messer putzen, die Hüte mit feuchtem Küchenpapier sauber abreiben. Die Pilze in Scheiben schneiden. Knoblauch schälen und fein hacken. Petersilie waschen, Blättchen abzupfen, fein hacken, ein wenig davon beiseite legen.

Pilze mit Knoblauch und Petersilie in 2 EL Öl 3–4 Min. unter Rühren braten. Pilze mit Zitronensaft, Salz, Pfeffer und Muskat abschmecken.

Den Backofen auf 200° (Umluft 180°) vorheizen. Eine feuerfeste Form mit wenig Öl ausstreichen. Die Kartoffeln schälen und in ca. 1 cm dicke Scheiben schneiden. Abwechselnd mit den Pilzen in die Form füllen. Brühe seitlich angießen. Kartoffeln und Pilze mit dem Käse bestreuen und mit dem restlichen Öl beträufeln. Mischung im heißen Ofen (Mitte) ca. 20 Min. backen, bis die Oberfläche leicht gebräunt ist. Mit übriger Petersilie bestreut servieren.

Fagioli all'uccelletto

Geschmorte weiße Bohnen

Quellzeit: 12 Std.
Zubereitungszeit: 20 Min.
Garzeit: 1 Std. 30 Min.–2 Std.
Pro Portion ca.: 220 kcal

Zutaten für 4 Personen:
200 g kleine getrocknete weiße Bohnen (Cannellini)
2 Lorbeerblätter
2 TL schwarze Pfefferkörner
1 getrockneter Peperoncino
400 g Tomaten
3 Knoblauchzehen
4 Zweige Salbei
3 EL Olivenöl + Olivenöl zum Beträufeln
1 EL Tomatenmark
Salz, Pfeffer

Die Bohnen mit kaltem Wasser bedecken und über Nacht einweichen. Am nächsten Tag abgießen und mit frischem Wasser in den Topf füllen. Lorbeer und Pfefferkörner mit leicht angedrücktem Peperoncino dazugeben. Die Bohnen zum Kochen bringen und bei schwacher Hitze zugedeckt in 1–1 1/2 Std. fast weich garen.

Die Tomaten überbrühen, häuten, entkernen und klein würfeln. Den Knoblauch schälen und fein hacken. Den Salbei waschen, Blättchen abzupfen und in Streifen schneiden. Die Bohnen abgießen, Lorbeer, Pfeffer und Peperoncino entfernen.

Das Öl in einem Schmortopf erhitzen. Knoblauch mit Salbei darin andünsten. Bohnen und Tomaten untermischen, Tomatenmark unterrühren. Bohnen mit Salz und Pfeffer abschmecken und noch ca. 30 Min. zugedeckt bei schwacher Hitze schmoren, bis sie weich sind. Abschmecken und mit etwas frischem Öl beträufelt servieren.

Verdure stufate

Geschmortes Blattgemüse

Zubereitungszeit: 25 Min.
Pro Portion ca.: 80 kcal

Zutaten für 4 Personen:
200 g Mangoldblätter
500 g Spinat
je 1 Bund Petersilie, Minze, Rucola und Oregano
Salz
2 Knoblauchzehen
2 getrocknete Peperoncini
2 EL Olivenöl
1–2 EL Zitronensaft
frisch geriebene Muskatnuss

Mangold und Spinat verlesen, waschen und abtropfen lassen. Grob hacken. Die Kräuter waschen und Blättchen abzupfen. Ein paar Kräuterblättchen beiseite legen.

Reichlich Salzwasser zum Kochen bringen. Mangold, Spinat und Kräuterblättchen darin in ca. 2 Min. zusammenfallen lassen. In einem Sieb kalt abschrecken und abtropfen lassen.

Knoblauch schälen und fein hacken. Peperoncini im Mörser fein zerstoßen. Beides in einem Topf im Olivenöl andünsten. Spinatmischung dazugeben und unter Rühren gut heiß werden lassen. Mit Salz, etwas Zitronensaft und Muskat abschmecken.

Übrige Kräuter fein hacken und unter das Gemüse ziehen. Alles in einer vorgewärmten Schüssel servieren.

Das würzige Blattgemüse soll es in der Toskana schon seit der Renaissance als Beilage geben. Man kann es auch nur aus Mangold oder nur aus Spinat zubereiten.

Budini di riso – saftiger Reis in knusprigem Mürbeteig ist ein Dessert, wie man es in der Toskana liebt. Probieren Sie die leckeren Törtchen auch mal zum Espresso. Einfach fein!

Frischer Ricottakäse *ist in der Toskana in jedem noch so kleinen* alimentari *im Angebot. Der feine Frischkäse kommt nicht nur als Füllung für Ravioli, zarte Gnocchi oder in pikanten und süßen Torten zum Einsatz, sondern wird auch zu herrlichen Cremes verarbeitet, in diesem Rezept mit aromatischem Zuckersirup und geschmolzener Schokolade.*

Budini di riso

Reistörtchen

Zubereitungszeit: 1 Std.
Backzeit: 35 Min.
Pro Törtchen ca.: 275 kcal

Zutaten für 10 Törtchen:
Für die Füllung:
150 g Milchreis
gut 1/2 l Milch
3 Päckchen Vanillezucker
1 unbehandelte Zitrone
1 EL ungesalzene Pistazienkerne
40 g leicht kandierte Früchte nach Belieben
2 Eier (Größe M), 1 Eigelb
Für den Teig:
180 g Mehl
80 g Butter
3 EL Zucker
Salz, 1 Eigelb
Puderzucker und Kakaopulver zum Bestäuben

Für die Füllung den Reis waschen und mit 1/2 l Milch und dem Vanillezucker bei schwacher Hitze erwärmen. Zugedeckt in ca. 20 Min. körnig ausquellen lassen. Dabei immer mal wieder durchrühren, bei Bedarf noch etwas Milch oder Wasser zugießen. Den Reis in eine Schüssel füllen und abkühlen lassen.

Inzwischen für den Teig das Mehl mit der Butter in kleinen Stücken, dem Zucker, 1 Prise Salz, dem Eigelb und 2 EL kaltem Wasser zu einem glatten Teig verkneten. Zehn höhere kleine Backformen (z. B. Muffinsförmchen) oder Tartelettförmchen mit dem Teig auskleiden. Teig in den Förmchen 15 Min. ins Gefrierfach stellen.

Den Backofen auf 180° (Umluft 160°) vorheizen. Für die Füllung Zitronenschale fein abreiben. Pistazienkerne und nach Wunsch die kandierten Früchte fein hacken. Eier und Eigelbe verquirlen, Reis, Zitronenschale, Pistazien und kandierte Früchte unterheben.

Die Törtchen im heißen Ofen (Mitte) ca. 10 Min. vorbacken. Reismasse in die Törtchen füllen und wieder in den Ofen stellen. Weitere 25 Min. backen, bis die Reismasse fest und leicht gebräunt ist. Abkühlen lassen, aus den Förmchen lösen und mit Puderzucker und Kakaopulver bestäubt servieren.

Dolcino di ricotta

Ricotta-Schokoladen-Creme

Zubereitungszeit: 30 Min.
Kühlzeit: 2 Std.
Pro Portion ca.: 355 kcal

Zutaten für 4 Personen:
1 unbehandelte Orange
2 Gewürznelken
1 Stück Zimtstange
100 g Zucker
100 g Zartbitter-Schokolade
250 g frischer Ricotta
Salz
200 g gemischte Beeren
Puderzucker zum Bestreuen

Die Orangenschale hauchdünn abschneiden und mit den Gewürznelken, dem Zimt und dem Zucker in einen Topf geben. 150 ml Wasser angießen und zum Kochen bringen. Alles bei mittlerer Hitze ca. 10 Min. zu einem Sirup einkochen lassen, bis die Flüssigkeit dickflüssig wird. Abkühlen lassen.

Die Schokolade in Stücke brechen und in einer hitzefesten Tasse im heißen Wasserbad schmelzen lassen. Ebenfalls abkühlen lassen.

Zuckersirup sieben und mit dem Ricotta und 1 Prise Salz gründlich verrühren. Schokolade unterrühren. Die Creme in eine Schüssel füllen und mindestens 2 Std. kühl stellen.

Zum Servieren die Beeren verlesen, eventuell kurz kalt waschen und gut abtropfen lassen. Von der Ricottamousse Nocken abstechen und auf Teller verteilen. Mit den Beeren garnieren, diese mit Puderzucker überstäuben.

Das Kastanienmehl, das Sie für den *castagnaccio* brauchen, bekommen Sie in italienischen Feinkostgeschäften und auch im Reformhaus.

Castagnaccio

Kastanienkuchen

Zubereitungszeit: 30 Min.
Backzeit: 45–50 Min.
Pro Stück (bei 16) ca.: 165 kcal

Zutaten für 14–16 Stück:
1 unbehandelte Orange
100 g Walnusskerne
2 Zweige Rosmarin
500 g Kastanienmehl
1 EL Kakaopulver
2 TL Backpulver
Salz, 50 g Zucker
1/2 l Milch
4 EL Pinienkerne
2 EL Rosinen nach Belieben
2 EL Olivenöl + Öl für die Form
frischer Ricotta und Kastanienhonig zum Garnieren

Die Orangenschale hauchdünn abschneiden und sehr fein hacken. Die Walnusskerne mittelgrob hacken, den Rosmarin waschen, Nadeln von den Zweigen zupfen.

Den Backofen auf 180° vorheizen. Eine Tarte- oder Springform von ca. 30 cm ø mit etwas Öl ausstreichen. Das Kastanienmehl mit Kakao, Backpulver, 1 Prise Salz, Zucker, Orangenschale, der Hälfte des Rosmarins und mit den Walnusskernen mischen. Die Milch mit 300 ml Wasser verrühren und nach und nach unter das Kastanienmehl rühren.

Die Masse in die Form füllen. Übrigen Rosmarin mit den Pinienkernen und eventuell den Rosinen mischen und auf den Teig streuen. Mit dem restlichen Olivenöl beträufeln. Den Kuchen im Ofen (Mitte, Umluft 160°) ca. 44–50 Min. backen, bis der Teig fest ist.

Den Kuchen lauwarm abkühlen lassen, in Stücke schneiden und auf Tellern anrichten. Mit etwas Ricotta und Honig garniert servieren.

Rundum aromatisch: Kastanien

Im Herbst werden die nahrhaften und schmackhaften Früchte des mächtigen Baums geerntet. Für die arme Bevölkerung der Garfagnana waren sie oft Grundnahrungsmittel, mit dem man sich in schlechten Zeiten über Wasser halten konnte. Schließlich sind Kastanien ziemlich fettreich, enthalten reichlich Kohlenhydrate sowie Vitamine und Mineralstoffe.

Kein Wunder, dass man sie hier so vielseitig zubereitete. Das einfachste Rezept: Man schnitt die ganzen Früchte in der Schale ein, kochte und schmorte sie – noch heute werden Kastanien so mit Fenchelsamen gegart und unter dem Namen *ballotte* zum Wein serviert. Daneben werden sie in der Garfagnana aber auch im Feuer geröstet oder getrocknet und dann zu Mehl verarbeitet. Die bekannteste italienische Spezialität aus Kastanienmehl stammt natürlich auch aus der Garfagnana: Der *castagnaccio* ist ursprünglich eine einfache Süßigkeit aus der Bauernküche, zubereitet aus Kastanienmehl und Wasser, angereichert nur mit Zutaten, die es ebenfalls im Überfluss gab, etwa Pinienkernen, Rosmarin und manchmal auch Rosinen. Heute zeigt er sich wie hier meist raffinierter.

Ein beliebtes Gericht war auch Polenta aus Kastanienmehl, die man ca. 1/2 Std. kochte und sich mit Gemüse oder Pilzen schmecken ließ. Daneben gab es auch Nudeln aus Kastanien- und Dinkelmehl. Selbst als Suppe wurden die Kastanien zubereitet.

Mit der Rosskastanie ist die Edelkastanie übrigens nicht verwandt. Ihre Samen wachsen in der Regel in einer mit langen Stacheln bewachsenen Schale und fallen von selbst vom Baum, wenn sie im Herbst reif werden.

Zuccotto

Kuppeltorte

Zubereitungszeit: 45 Min.
Backzeit: 12 Min.
Gefrierzeit: 2 Std.
Ruhezeit: 30 Min.
Pro Portion (bei 14) ca.: 385 kcal

Zutaten für 12–14 Personen:
Für den Teig:
1 Vanilleschote
5 Eier (Größe M)
80 g Puderzucker
Salz
50 g Mehl
50 g Speisestärke
6 EL Vin santo nach Belieben
Backpapier für das Blech
Für die Füllung:
100 g abgezogene Mandeln
50 g Haselnusskerne
150 g Zartbitter-Schokolade
100 g gemischte, leicht kandierte Früchte
250 g frischer Ricotta
1/2 l Sahne
100 g Puderzucker + Puderzucker zum Bestäuben
2 EL Kakaopulver

Den Backofen auf 200° (Umluft 180°) vorheizen. Das Backblech mit Backpapier auslegen. Die Vanilleschote der Länge nach aufschlitzen und das Mark mit dem Messerrücken herauskratzen.

Die Eier trennen. Die Eiweiße mit dem Puderzucker, 1 Prise Salz und der Vanille steif schlagen. Eigelbe nacheinander vorsichtig unterziehen. Mehl mit Speisestärke mischen und mit dem Schneebesen rasch unterheben.

Teig auf dem Backblech verstreichen und im heißen Ofen (Mitte) in ca. 12 Min. goldgelb backen. Auf ein Küchentuch stürzen, das Papier abziehen und den Teig abkühlen lassen.

Für die Füllung Mandeln und Haselnüsse in einer trockenen Pfanne bei mittlerer Hitze unter Rühren goldgelb rösten, herausnehmen und abkühlen lassen, dann fein hacken. Schokolade ebenfalls hacken, kandierte Früchte in kleine Würfel schneiden.

Ricotta cremig rühren, die Sahne mit dem Puderzucker steif schlagen und unterheben. Etwa ein Drittel der Creme abnehmen und mit den kandierten Früchten mischen, Schokolade, Nüsse und Kakao unter die restliche Ricottacreme rühren.

Eine runde Schüssel von ca. 2 l Inhalt mit dem Biskuitteig in Stücken komplett auskleiden. Restlichen Teig als »Deckel« verwenden. Teig nach Belieben mit dem Vin santo beträufeln. Die helle Creme einfüllen, dann die dunkle darauf geben. Die Creme mit dem restlichen Teig abdecken. Die Torte für ca. 2 Std. ins Gefrierfach stellen. Knapp 30 Min. vor dem Servieren herausnehmen, vorsichtig auf eine Platte stürzen, mit Puderzucker oder Kakaopulver bestäuben und in Stücke schneiden.

TIPP

Am besten schmeckt die Füllung mit leicht kandierten Früchten. Die bekommen Sie im Feinkosthandel und in so genannten Fruchthäusern, wo es getrocknete und kandierte Früchte sowie Nüsse zu kaufen gibt.

Cantuccini stammen ursprünglich aus Prato, inzwischen sind die knusprigen Mandelkekse in der ganzen Toskana und auch in den angrenzenden Regionen beliebt –besonders zu einem Glas Vin santo.

Schiacciata *gab es früher vor allem im Karneval, heute ist sie das ganze Jahr über in den Bäckereien in und um Florenz im Angebot – mal ohne Belag, nur mit Zucker bestreut, im Spätsommer und Herbst auch mal mit Nüssen oder Früchten der Saison. Ein neues Geschmackserlebnis: Vermischen Sie die Trauben auch mal mit Rosmarinnadeln, Fenchelsamen oder – ganz fein – Anissamen.*

Schiacciata con l'uva

Hefeteigfladen mit Trauben

Zubereitungszeit: 30 Min.
Gehzeit: 1 Std.
Backzeit: 35 Min.
Pro Stück ca.: 450 kcal

Zutaten für 10 Stück:
30 g frische Hefe
200 ml lauwarme Milch
150 g Zucker
500 g Mehl, Salz
1 unbehandelte Orange
1 Vanilleschote
100 g Walnusskerne
100 g weiche Butter
1 Ei (Größe M)
600 g blaue Weintrauben
2 EL Pinienkerne
1 EL Zucker zum Bestreuen
Backpapier für das Blech

Die Hefe zerkrümeln und mit etwas Milch und 1 TL Zucker anrühren. Das Mehl mit dem übrigen Zucker und 1 Prise Salz mischen. In der Mitte eine Mulde formen, die Hefemilch hineingießen und zugedeckt an einem warmen Ort ca. 15 Min. gehen lassen.

Inzwischen die Orangenschale hauchdünn abreiben. Saft auspressen. Die Vanilleschote aufschlitzen, Mark herauskratzen. Die Walnusskerne hacken. Die übrige Milch, die Orangenschale und den –saft, die Vanille, die Walnüsse, die Butter und das Ei zum Mehl geben und alles zu einem glatten geschmeidigen Teig verkneten. Den Teig in der Schüssel zugedeckt ca. 1 Std. gehen lassen, bis sich sein Volumen etwa verdoppelt hat.

Dann den Teig noch einmal durchkneten und zu einem runden, ca. 1 cm dicken Fladen formen. Ein Backblech mit Backpapier auslegen, den Fladen darauf geben und zugedeckt noch einmal ca. 15 Min. gehen lassen. Den Backofen auf 180° vorheizen.

Trauben waschen und von den Stielen zupfen. Eventuell halbieren und die Kerne herauslösen. Trauben mit Pinienkernen auf dem Fladen verteilen. Fladen mit Zucker bestreuen und im Ofen (Mitte, Umluft 160°) ca. 35 Min. backen. Abkühlen lassen.

Cantuccini

Mandelgebäck

Zubereitungszeit: 25 Min.
Backzeit: 45–50 Min.
Pro Stück ca.: 70 kcal

Zutaten für ca. 50 Stück:
150 g Mandeln
1 unbehandelte Orange
2 Eier (Größe S)
3 Eigelbe
200 g Zucker
400 g Mehl
1 Päckchen Backpulver
Salz
Backpapier für das Blech
Mehl zum Arbeiten
1 Ei zum Bestreichen

Den Backofen auf 180° (Umluft 160°) einschalten. Die Mandeln auf dem Backblech verteilen und im Ofen (Mitte) ca. 10 Min. backen und rösten. Vom Blech nehmen und abkühlen lassen.

Die Orangenschale fein abreiben. Eier und Eigelbe mit dem Zucker sehr schaumig schlagen. Orangenschale untermischen. Mehl mit Backpulver und 1 Prise Salz mischen und untermengen, zum Schluss die Mandeln unterkneten.

Den Backofen wieder auf 180° (Umluft 160°) schalten. Das Backblech mit Backpapier auslegen. Den Teig halbieren und auf dem Blech mit bemehlten Händen jeweils zu einer Rolle formen. Die Rollen flacher drücken, sie sollen knapp 2 cm hoch und ca. 5 cm breit sein. Das Ei verquirlen und die Rollen damit bestreichen.

Rollen im Ofen (Mitte) ca. 20 Min. backen. Herausnehmen, ca. 10 Min. abkühlen lassen, dann mit einem scharfen Messer in gut 1 cm dicke Scheiben schneiden. Die Scheiben so auf dem Blech auslegen, dass sie seitlich liegen und im Ofen noch einmal 10–15 Min. backen, bis sie goldbraun, aber nicht zu dunkel sind. Abkühlen lassen und gleich genießen oder in Blechdosen aufbewahren.

La dolce vita
Süßes mit Tradition

Die bekanntesten Dolci der Stadt, ja geradezu Wahrzeichen von Siena, sind *ricciarelli* und *panforte*. Sehr gute bekommen Sie in den *pasticcerie* der Nanninis, aber auch kleine Geschäfte haben die Spezialitäten in ausgezeichneter Qualität im Angebot.

Gianna Nannini begeistert Rockfans mit ihrer Reibeisenstimme, ihr Vater Danilo hingegen verzückt die Menschheit seit vielen Jahrzehnten mit den berühmten Dolci Sienas. In seinen Konditoreien bietet er neben neuen Kreationen vor allem traditionsreiche Süßigkeiten, die zum Teil schon im Mittelalter bekannt waren. Ihre Rezepte wurden seither nur geringfügig verändert.
Wie in alten Zeiten backen Danilo Nannini und mit ihm viele andere Konditoren Sienas auch heute noch die rautenförmigen *ricciarelli* aus Mandeln, Eiweiß, Zucker und manchmal auch Honig. Der Legende nach soll sie Ricciardetto della Gherardesca, ein Bewohner Sienas, im 15. Jahrhundert aus dem Orient mit in seine Heimatstadt gebracht haben. Wie man sie so weich, saftig und köstlich hinbekommt wie im »Conca d'Oro« der Nanninis bleibt allerdings Betriebsgeheimnis. *Panforte* und *panpepato* sind feste flache Kuchen aus kandierten Früchten, Nüssen,

Besonders fein zum Espresso oder Cappuccino: mit feiner Schokolade überzogene Kaffeebohnen und das Nuss-Schoko-Konfekt *torrone*, das man zum Servieren in Würfel schneidet.

Kakao und Gewürzen. Der *panforte* ist bereits im Mittelalter entstanden. Damals buk man schon flache Fladen aus Mehl und Honig, die man schließlich auch mit Früchten der Saison anreicherte. Das Ganze wurde langsam und schonend gebacken, so dass der Teig nicht zu dunkel und die Früchte nicht zu trocken wurden. Aus diesem Grundteig hat sich im Laufe der Jahre der *panforte* entwickelt, den es in zwei Varianten zu kaufen gibt: Der *panforte bianco* wird zu Ehren von Margherita von Savoyen auch *panforte Margherita* genannt und besteht aus Mehl, Zucker, kandierten Früchten (vor allem Orangen), Honig, Vanille und Zimt. Der dunkle *panforte nero* hingegen wird mit Kakao und etwas Peperoncino angereichert, oft ersetzt man bei ihm die kandierten Orangen durch kandierte Melone. Nach dem Backen wird der helle mit Puderzucker, der dunkle dagegen mit Kakaopulver bestäubt. *Panforte* wird in der Toskana hauptsächlich von Oktober bis Dezember genossen, und zwar mit einem Glas Vin santo.

Den *panpepato* soll ein junger Adliger namens Nicolo de Salimbeni in der zweiten Hälfte des 13. Jahrhunderts erfunden und bei einer Pilgerfahrt zum sienesischen Kloster Montecelso den dort ansässigen Mönchen überreicht haben. Das Rezept kursierte wenig später nicht nur in den kirchlichen, sondern auch in den adligen Kreisen und wurde dabei immer mehr verändert. Zu guter Letzt setzte sich in Siena die Tradition durch, das Brot mit 17 Gewürzen anzureichern, genauso so vielen wie es in der Stadt Contraden (Stadtviertel) gibt, die am traditionsreichen Pferderennen, dem Palio, teilnehmen. Für den würzigen Kuchen rösten die sienesischen Bäcker Haselnüsse, Mandeln und Walnüsse, zerteilen sie grob und mischen sie mit fein zerkleinertem Orangeat, Pinienkernen und eingeweichten Rosinen. Dazu kommen Kakao, Mehl, erwärmter Honig und Gewürze – darunter in jedem Fall Pfeffer, *pepe*.

Italiener trinken Cappuccino nur zum Frühstück. Dazu gibt's auch mal Saft und Gebäck.

Früher wurden diese traditionsreichen Süßigkeiten übrigens oft vom Apotheker hergestellt, der mit Gewürzen – und dazu zählte damals auch der Zucker – handelte.

Ebenfalls aus Siena stammen *cavallucci*, relativ große und würzige Plätzchen. Für sie kocht man aus Zucker, Honig und Wasser einen Sirup und mischt diesen mit Mehl, etwas Hefe, kandierten Früchten, Anissamen und noch mehr Honig. Ihren Namen bekamen *cavallucci* wohl, weil man sie vor allem an den Poststationen anbot, wo auch die Pferde, *cavalli*, gewechselt wurden.

Aus der bäuerlichen und ärmeren Küche kommen Süßigkeiten aus den Zutaten, die die Natur in der Toskana seit jeher im Überfluss bereithält: Kastanien, Pinienkerne und Kräuter. Aus Kastanienmehl bereitete man ab November, wenn *farina dolce* (Kastanienmehl) frisch zu haben war, in der ganzen Toskana den *castagnaccio* (Seite 66) zu. Ebenfalls aus Kastanienmehl werden *neci* gemacht. Die rustikalen Pfannkuchen werden mit frischer gezuckerter Ricotta gefüllt. Aus frischen Kastanien gibt es *frittatine*, für die man die Kastanien kocht, schält und zerkleinert, mit Ei und wenig Zucker mischt und in Olivenöl frittiert. Ein einfacher, aber köstlicher Genuss!

Traditionellerweise um Ostern herum, inzwischen aber rund ums Jahr gibt es vor allem in Florenz und dem nahen Prato *pan di ramerino*. Dafür wird ein Brotteig nach dem Aufgehen mit Rosmarin (der im toskanischen Dialekt *ramerino* statt *rosmarino* genannt wird) und Rosinen angereichert, zu kleinen Brötchen geformt, gebacken und als Snack am Gründonnerstag und Karfreitag gegessen.

Spezialitäten in Umbrien

In Todi haben wir zwei echte Köstlichkeiten kennen gelernt: *brutti ma buoni* (Seite 131) und *sfratti*. Ob sie wirklich hier ihren Ursprung haben, bezweifeln zumindest die Bewohner der Toskana, die ihn für sich reklamieren.

Wie dem auch sei, für *sfratti* wird ein mürber Teig aus Mehl, Zucker, Olivenöl, Weißwein und Vanille geknetet. Für die Füllung lässt man Honig mit Stücken von kandierten Orangenschalen, gehackten Walnüssen, Anissamen und Gewürzen kurz kochen und wieder abkühlen. Die Füllung wird dann in den Teig eingerollt und anschließend langsam gebacken. Eine köstliche Süßigkeit, die sich zudem lange frisch hält.

Ganz anders *brutti ma buoni*, die Makronen schmecken frisch am besten. Sie werden aus gerösteten geriebenen Haselnüssen, Eiweiß, Zucker und Kakao gebacken. Weil sie nicht gleichmäßig aussehen, nennt man sie hässlich, *brutto*, in jedem Fall aber sind sie *molto buono*.

Süßer Genuss aus den Marken

Die *cavallucci* aus den Marken haben dagegen mit denen aus der Toskana nur die lange Tradition, nicht aber die Zubereitung gemein. Für die Version der Marken wird eine Füllung aus Wal- und Haselnüssen, Orangenschale, Espresso, Zucker, geriebenem Brot und Alkohol wie dem würzigen Anisschnaps Mistrà geknetet, in dünnen Teig gehüllt und als größere Plätzchen gebacken. In den verschiedensten Varianten backt man *ciambelle* und *ciambellone*, Hefeteig mit unterschiedlichen Zutaten und immer als Ring.

Eine Mischung aus Süßigkeit und Brot ist das *pan nociato* (Seite 129), das aus Brotteig mit Nüssen und Pecorinostücken zubereitet wird. *Sapa* nennt man in den Marken einen stark konzentrierten roten Most, den man für die Zubereitung von Füllungen für Plätzchen und Torten braucht oder auch für *sughetti*, eine Süßigkeit aus eingekochtem Most und Mehl, die man traditionell bei der Weinlese zubereitet.

Selbstverständlich haben die *pasticcerie* Mittelitaliens sowie Danilo Nannini auch Köstlichkeiten wie kleine Törtchen mit Cremefüllung, Torten und Plätzchen in allen Varianten anzubieten: *La dolce vita* zum Aufessen!

Confetti nennen Italiener die bunt gefärbten Süßigkeiten aus Sulmona. Sie dürfen auf keiner italienischen Hochzeit fehlen.

Bar, Treffpunkt und beste Einkaufsquelle für das traditionsreiche *torrone* ist das »Caffè Nurzia« an der Piazza Duomo in L'Aquila.

In der »Pasticceria Mazzuoli« in Todi werden *brutti ma buoni* mindestens einmal pro Woche frisch gebacken.

143
fotoemporio
ZEPPADORO DADDI

Umbrien

Dem Ideal ganz nah

Auf der Suche nach der idealen Stadt: Nicht zu groß soll sie sein, aber auch nicht zu klein. Lebendig, aber nicht hektisch. Einigermaßen wohlhabend, aber nicht protzig. Natürlich gewachsene Traditionen soll sie haben. Und schön soll sie sein, aber um Gottes Willen kein Museum.

Umbrien
Dem Ideal ganz nah

In Todi führen alle Wege nach oben zum Zentrum, der Aufstieg wird vielerorts durch eine besonders schöne Aussicht belohnt.

Die ideale Stadt sucht der Mensch seit vielen Jahrhunderten. Die Wissenschaftler der Universität Lexington in Kentucky sind in Umbrien fündig geworden: Todi gehört für sie zu den lebenswertesten Orten der Welt, erfüllt alle Voraussetzungen für die ideale Stadt und ist zudem noch von einer heilen Natur umgeben. Auf einem Hügel in 400 Metern Höhe liegt die Altstadt mit ihrer schönen und offenen Piazza del Popolo, mit Palästen, Kirchen und engen Gassen, die von allen Seiten her nach oben zur Piazza führen. In dem Städtchen mit den rund 17000 Einwohnern sind die Gebäude rundweg gut erhalten und dennoch gibt es keinen Anklang von musealem Charakter. Den Menschen merkt man an, dass es sich hier gut leben lässt, sie wirken ausgeglichen und sind einfach freundlich. In einer *pasticceria* müssen wir nur erwähnen, dass unser Interesse an den köstlichen Süßigkeiten auch beruflicher Natur ist und schon dürfen wir *brutti ma buoni* (Makronen), *sfratti* (Mürbeteigstangen mit einer Füllung aus Honig, Nüssen und Orangenschale), *pan dolce Tuderti* (der aristokratische Name für die Einwohner Todis) und die kleinen *ciambelline* (Teigkringel mit Wein und Anis) probieren. Und im Ristorante »Pane & Vino« werden wir bei unserem zweiten Besuch schon fast wie gute Freunde empfangen. Hier kann man sich wirklich wohlfühlen!

Fein im Kleinen

Immer wieder wird Umbrien mit der Toskana verglichen. Sie haben Ähnlichkeiten und in manchem kann die Region sehr wohl mit der großen und berühmten Nachbarin konkurrieren. In Umbrien ist zwar alles kleiner, und die Städte sind eher Städtchen. Dafür sind sie beschaulich und schön. Die Landschaft ist bis auf wenige Ausnahmen wenig zersiedelt und hat viel zu bieten: Man findet wie in der Toskana sanft gewellte Hügel, aber auch die hohen und beeindruckenden Sibillinischen Berge, reizvolle Seen und fischreiche Flüsse. Das alles ist manchmal unspektakulär, aber vor allem im Frühjahr, wenn der Mohn blüht und im Herbst, wenn die Landschaft in fein abgestimmte Schattierungen von Braun- und Ockertönen gehüllt daliegt, von einem stillen und bezaubernden Charme. Umbrien ist eine Region ohne Zugang zum Meer und eine, die zwar in der Ebene von Perugia und Spoleto fast überfüllt wirkt, aber keine einzige wirkliche Großstadt beherbergt. Gerade etwas mehr als 800000 Menschen leben hier im grünen Herzen Italiens.

Inzwischen suchen viele Menschen gerade hier das Italien, das sich in den Herzen und Köpfen von uns »Nordländern« spätestens seit Goethes erster Italienreise einen sehnsuchtsvollen Platz erobert und bewahrt hat. Das Olivenöl ist auch in Umbrien fantastisch, der Wein ebenso kräftig und besonders der Weiße vielleicht sogar interessanter als in der Toskana. Vor allem: Man kann hier alles noch in Ruhe genießen.

Nicht nur die Landschaft, sondern auch viele der kleinen hübschen Orte der Region lohnen einen Besuch.

Orvieto: Stadt auf Tuff

Orvieto war im Mittelalter kurzzeitig Sitz des Papstes, zu dieser Zeit (1288) wurde auch mit dem Bau des Doms begonnen. Die kleine Stadt schmückt den Felsen von Orvieto seit 2500 Jahren und wurde wie so viele andere Ortschaften und Städte von den Etruskern gegründet. Sie liegt auf Tuffstein und wurde auch zum großen Teil aus Tuffstein erbaut. Sie ist sowohl von weitem als auch in ihrem Inneren von besonderer Schönheit.

Assisi: Auf den Spuren des Heiligen

Assisi hat nicht nur bei Gläubigen Berühmtheit erlangt. In dem kleinen Städtchen auf dem Hügel wurde Franziskus von Assisi geboren. Er sprach mit den Vögeln und den Wölfen und entschied sich für ein Leben mit der Natur statt sich hinter abgeschiedenen Klostermauern zurückzuziehen.

Maximal sechs Meter tief ist der Lago di Trasimeno, größter See Mittelitaliens.

Trotz vieler Touristen, die den Lago di Trasimeno alljährlich besuchen, ist der See ursprünglich geblieben. An den meisten Stellen ist er gar nicht zugänglich, und die Natur kann sich von ihrer schönsten Seite zeigen.

Todi liegt auf einem Hügel inmitten von Weingärten und Blumenwiesen.

Er verstand Gott nicht als ein fernes und rein geistiges Wesen, sondern predigte, dass man ihn in jedem Tier und jeder Pflanze sehen könne. 1209 gründete der 1181 geborene Heilige einen Bettelorden, der sich rasch vergrößerte. Einen Tag nach der Heiligsprechung des Franziskus von Assisi wurde in seiner Heimatstadt – zwei Jahre nach seinem Tod – am 17. Juli 1228 der Grundstein für eine der beeindruckendsten Kirchen Umbriens gelegt, der Doppelkirche San Francesco. Sie wird das ganze Jahr über von Pilgern und Kunstbegeisterten besucht. Zwar wurde die Oberkirche der Basilika von San Francesco bei einem schweren Erdbeben 1997 in Mitleidenschaft gezogen, doch ist vieles restauriert worden, und man kann wieder einen Teil der Fresken Giottos im Gewölbe bewundern. Wer Zeit hat, sollte auch dem Kloster San Damiano, der urspünglichen Kirche San Francescos, in einem Olivenhain bei Assisi einen Besuch abstatten.

Perugia: Küsschen aus der Provinz

Perugia ist die Hauptstadt der Provinz und wurde wie viele andere Orte der Region von den Etruskern gegründet. Das mittelalterliche Zentrum auf dem Hügel der Stadt bezaubert mit einem weiten Platz und ist nicht nur im Sommer von Studenten belebt. Vor allem die Sprachstudiengänge sind bei ausländischen Gästen begehrt und genießen hohes Ansehen.

Der Lago di Trasimeno, der größte See Mittelitaliens, liegt ganz in der Nähe. Er ist nicht tief und bietet Lebensraum für viele einheimische Fische wie Seebarsch, Schleien, Forellen, Aale und

Das Ende der abschüssigen Piazza ziert der romanische Dom von Spoleto.

In der Mittagszeit ist der Domplatz oft wie ausgestorben. Mußestunden, um sich im Schatten zu erfrischen.

Die sanften Hügel im »grünen Herzen« Italiens haben schon manchen Reisenden bezaubert und zum Wiederkommen eingeladen.

Muntere Stadt ohne Hektik – in Todi lässt es sich gut leben.

Die kleinen Städtchen – wie etwa Norcia am Fuße der Monte Sibillini – sind Umbriens besondere Anziehungspunkte.

Keine noch so kleine mittelitalienische Stadt kommt ohne ein Garibaldi-Denkmal aus.

Durch hohe Berge von den Marken getrennt – in Umbrien ist Schnee auf den Gipfeln keine Seltenheit.

In den Weihnachtskrippen italienischer Kirchen liegt das Jesuskind im Stroh, und drumherum findet das pralle Leben statt – wie hier in einer Kirche in Montefalco.

besonders aromatische Karpfen. Wie die Landschaft um Perugia und den See herum früher ausgesehen hat, kann man auf den Bildern von Pietro Vannucci bewundern, der unter dem Namen »Perugino« berühmt wurde. Aus Perugia können Sie Ihren Freunden übrigens ein begehrtes Präsent mitbringen: *Baci*, Küsse aus Perugia, sind köstliche Kugeln aus Schokolade und Nüssen, einzeln verpackt und jeweils mit einem Zettel versehen, auf dem eine mehr oder weniger sinnige Weisheit zum Thema Liebe geschrieben steht, und das schon seit 1922.

In den Sibillinischen Bergen

Wir machen einen Abstecher nach Norcia und in die Sibillinischen Berge mit ihrer faszinierenden Hochebene von Castelluccio. Auf einer Höhe von 1452 Meter liegt der gleichnamige Ort, und noch im Mai kann man ahnen, wie streng die Winter hier oben sein können. Noch vor etwa 50 Jahren wohnten ungefähr 800 Menschen in Castelluccio, im Winter zogen die Männer mit ihren Schafen in die Maremma, da die Tiere den harten Winter auf der Hochebene nicht überlebt hätten. Schon einige Zeit vor dem erwarteten Wintereinbruch musste der Lebensmittelvorrat für die kalten Monate gesichert werden. Denn manchmal schneite es hier so viel, dass man kaum mehr den Weg von einem Haus zum nächsten fand. Heute hat der Ort gerade noch 15 Einwohner. Im Sommer kommen außer den Schäfern und den Bauern, die die Linsen und die wilden Erbsen anbauen und ernten, noch ein paar mehr dazu, die sich um die Touristen kümmern. Sie reisen an, um die Schönheit und Stille der Landschaft zu gießen.

Città di Castello ist unsere letzte Station auf der Reise. Wir schauen uns die Bilder und Skulpturen von Alberto Burri an, der aus der kleinen Stadt stammt. Und anschließend lassen wir uns im »Il Postale« von einer innovativen Küche mit festen Wurzeln in der umbrischen Regionalküche verwöhnen. Marco Bistarelli hat sein Ristorante in einer alten Autowerkstatt eröffnet – die Speisekarte hängt in einer Zapfsäule – und sich mit seiner jungen feinen Küche einen Stern beim Guide Michelin erkocht.

Küche mit bäuerlichen Wurzeln

Oliven gedeihen in der umbrischen Landschaft ebenso gut wie Weintrauben. Schwarze Trüffeln haben der Region auch bei Feinschmeckern einen gewissen Ruhm gesichert, und die Würste Umbriens gehören seit jeher zu den besten Italiens. Berühmt sind auch die kleinen würzigen Linsen von der Hochebene von Castelluccio und die zarten Fische aus dem Lago di Trasimeno und den Flüssen. Auf den fruchtbaren Böden der Region wächst eine bunte Mischung von Gemüse und Früchten. Genug, um eine Küche zu zaubern, die ihren Reiz im Einfachen sucht und vor allem auch findet!

Wie in der Toskana röstet man in Umbrien Brot und serviert die Crostini als Antipasto oder zum Aperitif. In Umbrien ist der Belag meist schnell gemacht und dabei sehr edel: Steinpilze oder eine Paste aus schwarzen Trüffeln.

Getreide und Hülsenfrüchte isst man in der Region schon seit den Zeiten der Etrusker gern. Noch heute wird in Umbrien Dinkel geschmort und mit Gemüse serviert oder als Suppe zubereitet, werden Nudeln aus Dinkelmehl gemacht und mit Kichererbsen gereicht.

An der Grenze zur berühmten Nachbarregion findet man auch hier gelegentlich *pici*, die dicken Spaghetti aus der südlichen Toskana.

Außer dem Schwein, das die Metzger Umbriens so berühmt gemacht hat, kommen auch Tauben, Enten, Lamm, Rind, Hase und Kaninchen auf den Tisch, vieles mit den Hauptzutaten der Region, nämlich *salsicce* als Füllung, Linsen als Beilage oder Trüffelspäne als kostbare Ergänzung. Auch die *porchetta*, ein manchmal mit den Innereien gefülltes und mit wildem Fenchel und Fenchelsamen gewürztes Spanferkel, das am Spieß gebraten und auf allen Märkten Mittelitaliens im *panino* angeboten wird, soll seinen Ursprung in Umbrien haben. Die Güte und Berühmtheit der umbrischen Schweine, die sich früher hauptsächlich von Eicheln in den Wäldern ernährten, spricht für diese Annahme.

Vor allem die Hügellandschaft um Perugia und Orvieto ist fruchtbar und wasserreich durch den Lago di Trasimeno und den Tiber. Hier wächst besonders viel Gemüse, im Frühjahr auf den Feldern auch wilder Spargel, der schon mal am Straßenrand zum Kauf angeboten wird. Man gart ihn nur ganz kurz und serviert ihn mit Olivenöl, Salz und Pfeffer als Antipasto oder Beilage oder mischt ihn auch mit frisch gekochter Pasta. In den vielen Kastanien- und Buchenwäldern Umbriens findet man immer noch viele Steinpilze, die gebraten oder gegrillt am besten schmecken.

Norcia ist berühmt für seine exzellenten Würste und seinen hervorragenden Schinken.

Rom und Latium

Grandios und schön

Brunnen in Tuscania, einer geschichtsträchtigen, kleinen Stadt im Latium.

Rom. Wer hat die Ewige Stadt nicht schon im Film bewundert, etwa in Federico Fellinis »La Dolce Vita« mit Marcello Mastroianni und Anita Ekberg, die so effektvoll im Fontana di Trevi badete, oder in »Ein Herz und eine Krone« mit Gregory Peck und Audrey Hepburn, die zusammen auf der Vespa durch die Stadt brausten. Wer hat die Spanische Treppe und den Petersdom, die Engelsbrücke und das Colosseum noch nie gesehen? Mit großer Wahrscheinlichkeit kennen Sie Rom aus Filmen und Büchern, waren sogar schon persönlich dort und haben vielleicht wie Audrey Hepburn Ihre Hand mit einem leichten Zögern in die *bocca della verità*, den Mund der Wahrheit, in der Kirche Santa Maria in Cosmedin gehalten, der der Legende nach zubeißen soll, wenn man gelogen hat.

Im Schatten der bekannten Schönheit

Aber kennen Sie die Region rundherum? Seit Urzeiten steht sie im Schatten der Hauptstadt. Das Latium bereist kaum jemand, man fährt durch, um nach Rom zu kommen. Schade, denn hier gibt es den Lago di Bolsena, den Skulpturengarten von Bomarzo, das berühmte Kloster Montecassino, den pittoresken Küstenort Sperlonga ebenso wie die Sabiner Berge mit ihrem berühmten Olivenöl. Es gibt mittelalterliche Dörfer und Baukunstwerke von faszinierender Schönheit, ruhige Landschaften und ein reges Treiben auch in den anderen Städten der Region.

Küche mit vielen Wurzeln

Eine einheitliche Küche Roms gibt es nicht. Zu viele Kulturen trafen hier zusammen. Zu viele Päpste regierten die Stadt, brachten ihren eigenen Koch und damit die Küche einer anderen Region oder sogar eines anderen Landes mit.

Die Bevölkerung Roms war immer zahlreich und zum größten Teil arm. Viele traditionelle Gerichte sind deshalb sehr einfach. Mit *bucatini all'amatriciana*, Spaghetti *alla carbonara* oder *aglio olio* konnte man auch eine größere Schar hungriger Mäuler mit wenig Geld und Aufwand stopfen. An den Schlachthöfen verkaufte man nicht nur die feinen Stücke des Fleisches, sondern verteilte an die Armen der Stadt und die Arbeiter auch das so genannte *quinto quarto*, das fünfte Viertel eines Schlachttiers. Diese Teile, die man den reicheren Kunden nicht mehr zum Kauf anbot, waren vor allem Innereien oder Ochsenschwanz und andere fleischarme Stücke.

Einen großen Einfluss hatte auch die Küche aus dem jüdischen Viertel Roms. Hier wurden nicht nur die frittierten Artischocken, sondern auch Salat mit Sardellen oder Kräuter-Pizza erfunden. Alle diese Küchen haben sich vermischt und so entstand eine riesige Menge an Rezepten.

Schafe weiden überall im Latium, in Rom bereitet man sie besonders gern ganz jung zu, als *abbacchio*, Milchlamm. Aber auch Schweine liebt man im Latium sehr. Der Grund dafür liegt unter anderem daran, dass man sie früher in Rom hielt, um das Müllproblem in der großen Stadt zu beseitigen. Tatsächlich liefen die Schweine frei in der Stadt herum und fraßen Unrat und Abfälle. Durch die reichhaltige Nahrung vermehrten sie sich allerdings so stark, dass sie zur Plage wurden. Papst Klemens VIII. (1592–1605 im Amt) ersann eine List. Er erlaubte allen Einwohnern die Schweine, die sie auf den Straßen antrafen, mit nach Hause zu nehmen. Das Problem hatte sich relativ schnell erledigt!

Fische kommen aus dem Mittelmeer und aus den Seen wie dem Lago di Bolsena. Gemüse gedeiht auf dem fruchtbaren Boden im Latium ebenso prächtig wie Obst.

Dass es in Rom noch heute so viele Restaurants gibt und ein echter Römer sie auch häufig besucht, mag seinen Ursprung in der Antike haben. Damals war es per Dekret verboten, in einem privaten Haus eine Feuerstelle zu entzünden. In der damals schon riesigen Stadt hätte das ein zu großes Sicherheitsrisiko dargestellt. So waren schon die alten Römer auf gute Küche außerhalb des heimischen Herds angewiesen.

Die heilige Stadt ist nah, überall wacht eine Madonna über die Menschen.

An heißen Tagen bleibt nur eins: im Schatten sitzen, ein Gläschen kühlen Weißen trinken und dem Treiben rundherum ganz entspannt zusehen.

Der Lago di Bolsena hat einen besonderen Reichtum an feinen Süßwasserfischen.

Salumi & Salsicce

Ein Himmel voller Würste

Die *salsicce* Mittelitaliens werden zum größten Teil aus Schweinefleisch hergestellt, oft auch aus dem noch würzigeren Wildschweinfleisch und manchmal in eigenwilligen Formen.

Am Rande der Region, in einer fruchtbaren Ebene am Fuße der Monte Sibillini liegt das kleine Norcia. Schon seit dem Mittelalter genießen die Metzger aus dem Städtchen weit über die umbrischen Grenzen hinaus einen so ehrenvollen Ruf, dass ihre Geschäfte nicht – wie überall sonst in Italien *macelleria* heißen, sondern als *norcineria* bezeichnet werden. Ein Name, der bald auch in anderen Regionen Einzug gehalten hat – kein Wunder, da Norcias Metzger ihr Handwerk nicht nur zu Hause erledigten, sondern in den Wintermonaten, in denen traditionell geschlachtet wurde, auch mit geschärften Messern durch die Lande reisten und an Ort und Stelle Schweine schlachteten und Würste machten. Und so heißt auch heute noch jemand, der Schweinefleisch verarbeitet und *salsicce* herstellt, in Umbrien *norcino*. *Nursino* hingegen nennt man die Bewohner Norcias. Eine *norcineria* nach der anderen ziert den Corso Sertorio in Norcia.

Ob Schinken oder Salami, ein kleiner Imbiss mit Brot und Olivenöl ist immer willkommen. Übrigens werden Schinken und Salami in Umbrien nicht ganz so hauchdünn geschnitten wie im Norden Italiens.

Besonders anziehend finden wir den Laden Brancaleone da Norcia. Hier hängt der Himmel wirklich voller Schinken und Würste. Doch der Besitzer will erst nichts wissen von Fotos und Fragen. Zu oft ist es ihm passiert, dass er fotografiert wurde und dann handelte der Artikel doch wieder nur von Ansuini, dem bekanntesten *norcino* der Stadt, dessen Namen sich sogar von Schwein, *suino*, ableitet.
Dass Norcias Schweine auf natürliche Weise im Freien oder auf kleinen Höfen aufwachsen und sich von Eicheln, Kastanien und anderen Köstlichkeiten ernähren, war früher eine Selbstverständlichkeit und hat den Ruhm der Wurstwaren Umbriens wohl mitbegründet. Dass auch heute noch alle Schweine so artgerecht und in direkter Umgebung von Norcia gezüchtet werden, darf bezweifelt werden.

Achten Sie auf Qualität!

Bei einem Produkt wie den *salsicce fresche*, die aus nichts anderem als aus frischem Schweinefleisch,

Picknick auf Italienisch: Brot, Schinken und feine Wurst bilden die Basis.

In der *norcineria* »Brancaleone« wetzt der *signore* seine Messer. Ein Könner schneidet auch den Schinken per Hand!

Die »Antica Macelleria Falorni« im toskanischen Greve ist berühmt für ihre fantastischen Wildschweinwürste.

Kulinarisches Traumpaar aus Umbrien: *salsicce* aus Norcia und Linsen aus Castelluccio.

Salz, Pfeffer und wenigen weiteren Würzzutaten wie Knoblauch und Wein bestehen, muss die *materia prima*, also das Ausgangsprodukt, in diesem Fall das Schweinefleisch, von bester Qualität sein, damit die Würste ihrem Ruhm gerecht werden. Dafür spielt sowohl die Rasse des Tieres wie auch seine Aufzucht und nicht zuletzt das Schlachten eine entscheidende Rolle. Leider werden auch in Italien viele Tiere schnell und auf engem Raum gemästet und über weite Wege in die Schlachthäuser transportiert. Es lohnt sich, auch in Norcia nach einem *norcino* Ausschau zu halten, der für die artgerechte Aufzucht und handwerkliche Verarbeitung garantiert.

Natürlich gutes Fleisch

Lässt man einem Schwein ausreichend Zeit, um auf natürliche Weise sein Schlachtgewicht zu erreichen, vergehen 10–11 Monate. In dieser Zeit sollte das Tier wie früher einen natürlichen Lebensraum haben, mit der Möglichkeit sich im Freien aufzuhalten, sich im Schlamm und auf der Erde zu wälzen und sich zu bewegen. Solch natürliche Schweinehaltung zusammen mit einer artgerechten Ernährung und einer für die Tiere möglichst stressfreien Schlachtung ohne weite Transporte stellt sicher, dass wir später ein Fleisch mit hervorragendem Geschmack und ohne unerwünschte Inhaltsstoffe genießen.

Salsicce, Schinken & Salami

Salsiccia fresca wird in Umbrien wie in den anderen Regionen Mittelitaliens gebraten, gegrillt und auch roh probiert. Typisch für die Region ist die Verbindung von saftigen Würsten und aromatischen Linsen aus dem nahen Castelluccio. Gut schmeckt sie auch aus der Haut gedrückt und zerkleinert mit anderen Zutaten wie Tomaten oder mit Sahne und Trüffeln als Sugo geschmort.

Neben den frischen Würsten findet man in den *norcinerie* der Stadt auch gereifte Salami – nicht nur aus Schweinefleisch und Gewürzen, sondern auch mal, wie in der Toskana und in den Marken, aus Wildschweinfleisch oder – kein Wunder in dieser damit verwöhnten Gegend – mit Trüffeln. Und hinter dem seltsam anmutenden Namen *coglioni di mulo* verbirgt sich schlichte Salami aus Schweinefleisch, allerdings in Form von Hammelhoden!

Besonders begehrt ist der *prosciutto di Norcia*, der an Orten in etwa 500 m Höhe über dem Meeresspiegel aus den Keulen von ausgewachsenen weißen Schweinen hergestellt wird. Auf traditionelle Art zubereitet werden die Keulen mit Salz eingerieben und ruhen 20–25 Tage. Danach waschen die Metzger das Salz ab, reiben die Keulen mit Pfeffer und Knoblauch ein und räuchern sie etwa 15 Tage lang ganz leicht, bevor sie sie für etwa 22 Monate an einem trockenen und luftigen Ort zum Reifen aufhängen. Im Gegensatz zu den industriell hergestellten Schinken tragen solch traditionell gefertigte den Zusatz *antico*. Probieren Sie den würzigen und dabei nicht zu salzigen Schinken zu Melone und auch mal zu Zwetschgen oder frischen Feigen. Ein Gedicht!

Spezialitäten aus anderen Regionen

Guanciale, geräucherte Schweinebacke, gibt es zwar überall in Mittelitalien, besonders bekannt ist aber *guanciale amatriciano*, der im Latium wie auch in den Abruzzen (in den Provinzen von Rieti, Amatrice, Campotostato und L'Aquila) in besonders guter Qualität hergestellt wird. Für *guanciale* wird die Backe des Schweins ausgelöst, für 4–5 Tage in Salz gelegt, gewaschen und noch feucht mit reichlich Pfeffer und Peperoncino bestäubt. Dann kommt sie für etwa einen Monat in einen Raum, in dem ein Feuer aus Eichenholz brennt und die Schweinebacke bei einer Temperatur von 10–15° leicht räuchert. Wenn sie trocken ist, lässt man sie anschließend für ein paar Monate in einem luftigen Raum reifen.

Salsiccia di fegato heißt eine weitere Spezialität aus den Abruzzen. Für sie werden Schweineleber und je nach Region zusätzlich Herz und Lunge, Milz sowie Bauch- oder Backenfleisch durch den Fleischwolf gedreht und mit Salz, Pfeffer oder Peperoncino, Orangenschale, sehr fein gehacktem Lorbeer und Knoblauch gewürzt. Das Ganze wird dann in den Darm gefüllt, zu Würsten portioniert und in der Nähe des Feuers für 4–5 Tage zum Trocknen aufgehängt. Anschließend kommt sie für etwa einen Monat an einen luftigen Ort. Die würzige, aber nicht zu kräftige Wurst sollten Sie in den Abruzzen unbedingt probieren.

Ebenfalls mit Leber, außerdem mit Speck und Fleisch aus der Schulter macht man in den Marken, nahe an der Grenze zu den Abruzzen *fegatino*. Die relativ dünne, lange Wurst wird mit Salz, Pfeffer, etwas Peperoncino, Orangenschale, Knoblauch, Muskat und etwas Zimt gewürzt, kurz geräuchert und dann für ca. 2 Wochen zum Reifen aufgehängt. Die delikate *fegatino* kann

Lassen Sie sich zu Brot und Wurstspezialitäten am besten einen kräftigen Sangiovese schmecken.

man in Scheiben mit Brot essen, aber auch grillen oder braten.

In den Marken besuchen wir Signore Beltrami, Besitzer eines paradiesischen Feinkostgeschäfts in Cartoceto. Er macht eine besonders gute *pancetta*. Das Bauchfleisch der Schweines wird bei ihm in Wein gebadet, mit Fenchel aufgerollt und über dem Feuer von Olivenholz zum Reifen gebracht.

Er verkauft auch *ciauscolo*, eine Wurst aus fein zerkleinertem Schweinefleisch und einem relativ hohen Fettgehalt, die so weich ist, dass man sie streichen kann. Aromatisiert wird sie mit *vino cotto*, gekochtem Wein, Knoblauch und verschiedenen Gewürzen. Über ihren Ursprung streiten sich die Marken übrigens mit Umbrien, sie stammt wohl aus den Marken, genauer gesagt vor allem aus den Provinzen Ascoli Piceno und Macerata, mit denen die umbrische Provinz Norcia in guter Verbindung stand und steht. Die weiche Wurst schmeckt am besten in Scheiben auf geröstetem Weißbrot als Antipasto oder zu einem Glas Wein.

Ebenfalls zum Teil aus Innereien wird die toskanische *biroldo della Garfagnana* gemacht, eine würzige und traditionsreiche Wurst aus der Garfagnana. Die weniger edlen Teile des Schweins wie Kopffleisch, Lungen, Herz und Zunge werden gekocht, in Stücke geschnitten und mit Salz, Pfeffer, Nelken, Anis, Zimt, Muskat und Fenchelsamen gewürzt. Alles wird mit Schweineblut gemischt, in den Magen des Schweins gepackt und noch einmal etwa 4 Stunden gekocht.

Die *finocchiona*, eine der bekanntesten Würste der Toskana wird mit Fenchelsamen aromatisiert. Man schneidet sie im Original in dicke Scheiben und isst sie als Antipasto zusammen mit (Wildschwein-)Salami und Schinken.

Seit etwa 20 Jahren wieder entdeckt und genossen wird die *mortadella di Prato*, die im gleichnamigen Ort im 19. Jahrhundert erfunden wurde. Feinen Geschmack und schön rötliche Farbe verleiht ihr Alchermes, ein roter Likör.

Berühmt ist die *soppressata* oder *soppressata*, vor allem die aus den Provinzen von Arezzo und Siena. Für diese Spezialität werden Kopf, Zunge und Schweineschwarte gekocht, ausgelöst und in Stücke geschnitten. Mit Salz, Pfeffer, Gewürzen wie Muskat und Zimt, Zitronenschale, Knoblauch und manchmal auch Petersilie gewürzt, kommt das Ganze in Säcke gefüllt in kühle Räume zum Reifen und Durchziehen. Am besten schmeckt sie mit ungesalzenem toskanischem Brot und einem kräftigen Rotwein. Wie übrigens die anderen köstlichen Würste Mittelitaliens auch. Lassen Sie sie sich schmecken!

Im Mercato Centrale in Florenz gibt es mehr als nur *salsicce*: Hier kauft die italienische Hausfrau auch Fleisch, Innereien und Geflügel ein.

Gleichmäßig portioniert kommen die frischen *salsicce* aus der Maschine, an ihrer geschmacklichen Güte ändert das nichts.

Seit die Bestimmungen der EU strenger geworden sind, müssen viele *norcini* umdenken. Was der Metzger früher per Hand machte, übernimmt heute zum großen Teil eine Maschine.

Am ersten Sonntag im Monat findet in Panzano ein größerer Markt statt. Dann offeriert der Metzger Dario Cecchini toskanische Spezialitäten.

Schinken und Speck vom Fachmann: Der Name des Familienbetriebs »Ansuini« leitet sich sogar von Schwein, *suino*, ab.

Petto d'anatra al caramello

Entenbrust mit Karamellsauce

Zubereitungszeit: 40 Min.
Marinierzeit: 2 Std.
Pro Portion ca.: 590 kcal

Zutaten für 4 Personen:
2 kleinere Entenbrüste mit Haut
(je ca. 230 g)
1 unbehandelte Zitrone
1 Zweig Rosmarin
2 Salbeiblättchen
2 Knoblauchzehen
gut 1/8 l trockener Weißwein
4 EL Olivenöl
Salz, Pfeffer
2 getrocknete Peperoncini
60 g Zucker
1 großes Bund Rucola
1 junger Zucchino

Entenbrüste kalt abspülen und trockentupfen. Die Haut rautenförmig bis zum Fleisch einschneiden. Zitronenschale fein abreiben, 1/2 Zitrone auspressen. Die Kräuter waschen, Blättchen fein hacken. Knoblauch schälen und in Scheiben schneiden, mit 2 EL Wein und der Zitronenschale zu den Kräutern geben. Entenbrüste mit der Mischung einreiben, in Folie wickeln und mindestens 2 Std. kühl stellen.

Dann die Marinade etwas abstreifen. Entenbrüste in 2 EL Öl mit der Haut nach unten scharf anbraten. Die Entenbrüste wenden und bei starkerHitze in ca. 10 Min. nicht ganz durchgaren. Dabei immer wieder wenden und nach der Hälfte der Zeit mit Salz und Pfeffer würzen. Entenbrüste in Alufolie wickeln und lauwarm oder ganz abkühlen lassen.

Für die Sauce die Peperoncini sehr fein zerkrümeln oder hacken. Den Zucker in einem Pfännchen erhitzen, bis er goldbraun ist und zu schäumen beginnt. Peperoncini untermischen. Mit restlichem Wein ablöschen und alles bei mittlerer Hitze köcheln lassen, bis sich der Karamell wieder gelöst hat und die Sauce dickflüssig wird. Mit 1 Prise Salz abschmecken.

Während die Sauce köchelt, den Rucola verlesen, waschen und trockentupfen. Zucchino waschen, putzen und längs in sehr feine Scheiben hobeln. 1 EL Zitronensaft mit Salz und 2 EL Olivenöl cremig verrühren. Mit Rucola und Zucchini mischen und auf Teller verteilen.

Die Entenbrüste auspacken, nach Wunsch von der Haut befreien und in feine Scheiben schneiden. Entenscheiben neben dem Salat anrichten, mit der warmen Karamellsauce überziehen und rasch servieren.

Salsicce al vino rosso

Wurststücke in Rotwein

Zubereitungszeit: 25 Min.
Pro Portion ca.: 215 kcal

Zutaten für 4 Personen:
2–3 frische Salsicce (italienische Schweinswürstchen, ca. 250 g, ersatzweise rohe Bratwürste)
2 Knoblauchzehen
100 g kleine weiße oder rote Trauben
80 ml trockener Rotwein (z. B. Rosso di Montefalco)
Pfeffer

Die Salsicce in 1–2 cm großen Stücken aus der Haut drücken. Knoblauch schälen und sehr fein hacken. Trauben waschen und halbieren. Wenn nötig, Kerne entfernen.

Eine Pfanne bei mittlerer Hitze erhitzen, Wurststücke darin unter Rühren braten, bis sie leicht braun sind und Fett ausgetreten ist. Knoblauch und Trauben 2–3 Min. mitbraten.

Wein angießen und verdampfen lassen. Alles mit Pfeffer würzen und warm servieren.

Original *salsicce fresche* bleiben beim Braten schön saftig. Durch Wein und Trauben bekommen sie eine raffinierte Note. Reichen Sie Weißbrot dazu.

Trüffeln werden nach dem Ausgraben zuerst mit einem Messer von Erdresten befreit und anschließend unter dem fließenden Wasser mit einer kleinen Bürste sauber geputzt – waschen sollte man sie immer erst unmittelbar vor der Zubereitung. Zerkleinert werden sie mit einem speziellen Trüffelhobel.

Frisch ausgegrabene Trüffeln bleiben etwa 1 Woche frisch und aromatisch. Dazu die Knollen am besten in Küchenpapier wickeln und ins Gemüsefach legen.

Trüffeln
Delikatessen aus der Erde

Besondere Genüsse, die im Verborgenen wachsen: Schwarz und edel haben die Trüffeln Norcia und das Valnerina berühmt gemacht, weiß und hochbegehrt kommen sie aus den Marken, wo aber auch alle anderen Sorten wachsen.

Eigentlich braucht ein *cavatore*, ein Trüffelsucher, ein Patent, damit er seinem Geschäft nachgehen kann. Doch diese Vorschrift besteht nur auf dem Papier. Weil jeder Trüffeln finden kann und will, ist aus dem Handel mit den teuren Knollen ein gefährliches Geschäft geworden. So wird schon mal ein besonders findiger Trüffelhund eines Konkurrenten vergiftet, der Autoreifen eines Trüffelsuchers aufgeschlitzt.

Hunde haben die Arbeit der Schweine, die man früher zur Trüffelsuche einsetzte, übernommen. Ihr Vorteil: Sie haben genauso gute Nasen, sind aber selbst nicht scharf auf den teuren Pilz. Der gedeiht als Schmarotzer an den Wurzeln bestimmter Bäume (vor allem Eichen, Haselnusssträuchern, Hainbuchen), und zwar das ganze Jahr über, Sommertrüffeln haben aber viel weniger Aroma als Wintertrüffeln.

Eine gute Ernte gibt es nur, wenn sich von Mai bis August (wenn die schwarze Edeltrüffel »geboren« wird) Sonnen- und Regentage abwechseln. Alle Versuche, die teure Delikatesse zu züchten, haben bis heute wenig Erfolg gezeigt.

Grob gesagt, gibt es vier Trüffeltypen: die kostbare schwarze Edeltrüffel (Tuber Melanosporum Vitt.), die vom 1. Dezember bis 15. März gehandelt wird, und die von Feinschmeckern besonders geschätzte weiße Trüffel (Tuber Magnatum Pico) vom 1. Oktober bis 31. Dezember. Weniger aromatisch und deshalb nicht ganz so teuer ist die Sommertrüffel (Tuber Aestivum Vitt.), die in Italien auch *scorzone* heißt und die es vom 1. Juni bis 31. August gibt, und die so genannte Märztrüffel *marzuolo* (Tuber Borchii Vitt. oder Tuber Albidum Pico) vom 15. Januar bis 30. April, die im Aussehen eher an eine weiße Trüffel erinnert, im Inneren aber dunkler ist.

Die weißen Trüffeln aus Acqualagna in den Marken haben im Vergleich zu denen aus dem Piemont nicht weniger Geschmack, liegen aber nicht ganz so makellos auf der Theke. Der Grund: Sie wachsen in einem härteren und kalkhaltigeren Boden, der sie weniger ansehnlich werden lässt.

Trüffeln am besten frisch genießen. Man kann sie zwar auch einfrieren, sie verlieren dabei allerdings an Geschmack.

Frische Steinpilze aus den umbrischen Wäldern werden nicht nur für Crostini verwendet. Italiener lieben sie gebraten oder gegrillt als Antipasto oder zusammen mit dampfender Pasta.

Crostini umbri

Crostini mit Trüffel- und Pilzcreme

Zubereitungszeit: 35 Min.
Pro Portion ca.: 385 kcal

Zutaten für 4 Personen:
Für die Pilzcrostini:
300 g frische Steinpilze
1 Knoblauchzehe
1/2 Bund Petersilie
1 EL Olivenöl
1/8 l trockener Weißwein
1 kleiner Zweig Minze
Salz, Pfeffer
1 TL Zitronensaft
12 Scheiben Weißbrot
Für die Trüffelcrostini:
2 Sardellenfilets in Öl
1 mittelgroße schwarze Trüffel aus Norcia oder 1 mittelgroße weiße Trüffel aus Acqualagna
4 EL Olivenöl
Salz, Pfeffer
8 Scheiben Weißbrot

Für die Pilzcreme Pilze mit einem Messer putzen, die Köpfe mit Küchenpapier abreiben. Pilze in Würfel schneiden. Knoblauch schälen und fein hacken. Petersilie waschen, Blättchen ebenfalls fein schneiden.

Öl in einem Topf erhitzen, Pilze darin andünsten. Knoblauch und Petersilie kurz mitdünsten. Wein angießen und die Pilze offen bei mittlerer Hitze ca. 10 Min. köcheln lassen.

Minze waschen, Blättchen fein hacken. Pilze mit der verbliebenen Flüssigkeit fein pürieren, mit Minze, Salz, Pfeffer und dem Zitronensaft abschmecken. Brote rösten und mit der Paste bestrichen servieren.

Für die Trüffelcrostini die Sardellenfilets abtropfen lassen und fein hacken. Trüffel putzen und fein reiben. Beides mit dem Öl verrühren und mit Salz und wenig Pfeffer abschmecken. Brote rösten, dünn mit der Trüffelmasse bestreichen und gleich servieren.

Die würzige *crema di pesce* aus geräuchertem Fisch ist eine Spezilität vom Lago di Trasimeno und vom Lago di Bolsena. Versuchen Sie sie auch einmal mit knusprigen Grissini.

Crema di pesce affumicato

Räucherfischmousse

Zubereitungszeit: 10 Min.
Pro Portion ca.: 210 kcal

Zutaten für 4 Personen:
1 gute Hand voll Spinat
Salz
4 Zweige Petersilie
200 g geräucherte Forelle, Saibling oder ein anderer geräucherter Süßwasserfisch
100 g Mascarpone
2–3 EL Fischfond oder Sahne
1 EL Zitronensaft
Salz, Pfeffer

Den Spinat verlesen, waschen und in kochendem Salzwasser in 1–2 Min. zusammenfallen lassen. In einem Sieb kalt abschrecken und gut abtropfen lassen. Mit den Händen gut ausdrücken und sehr fein hacken.

Petersilie waschen, Blättchen ebenfalls sehr fein hacken. Den Fisch von der Haut und den Gräten befreien und in kleine Stücke zupfen.

Fischstücke mit Mascarpone und Fischfond oder Sahne fein pürieren. Spinat mit Petersilie und Zitronensaft unterrühren und die Mousse mit Salz und Pfeffer abschmecken. Mousse mit geröstetem Weißbrot servieren.

Bruschette al caviale

Kaviar-Tomaten-Crostini

Zubereitungszeit: 20 Min.
Pro Portion ca.: 175 kcal

Zutaten für 4 Personen:
je 2 Zweige Minze, Basilikum, Dill und Petersilie
3 EL Ricotta
1 TL Zitronensaft
Salz, Pfeffer
150 g Tomaten
1 EL Olivenöl
150 g Süßwasserfischkaviar (von Karpfen oder Schleie, ersatzweise von Forelle, Lachsforelle oder roter Seehasenrogen)
8 Scheiben Weißbrot

Die Kräuter waschen, Blättchen sehr fein hacken. Ricotta mit Kräutern und Zitronensaft verrühren, mit Salz und Pfeffer abschmecken.

Tomaten überbrühen, häuten, entkernen und würfeln. Im Mixer fein pürieren und in einem dünnmaschigen Sieb etwas abtropfen lassen.

Das Öl erhitzen, Tomaten und Kaviar untermischen und nur erwärmen, leicht pfeffern.

Brote rösten, mit Ricottacreme bestreichen, mit Kaviar bedecken und gleich servieren.

TIPP

Der Kaviar von Süßwasserfischen ist bei uns nur in ausgewählten Fischgeschäften zu bekommen. Fragen Sie nach, vielleicht kann Ihr Fischhändler ja Karpfenkaviar besorgen. Er ist kleiner und etwas würziger als der von der Forelle.

Wer nach Città di Castello kommt, *kann nicht nur zwei Museen mit Kunst von Alberto Burri besuchen, sondern auch bei einem jungen, begabten Koch einkehren. Im »Il Postale«, einem Restaurant in einer ehemaligen Autowerkstatt, haben wir die Anregung für dieses feine Antipasto bekommen.*

Tortini di ricotta con insalata di asparagi

Ricottatörtchen mit Spargelsalat

Zubereitungszeit: 35 Min.
Backzeit: 25 Min.
Pro Portion ca.: 470 kcal

Zutaten für 6 Personen:
Für den Salat:
400 g zarter grüner Spargel
1 Hand voll gemischte Kräuter (z. B. Minze, Petersilie, Estragon und Borretsch)
2 EL Zitronensaft
4 EL Olivenöl
Salz, Pfeffer
Für die Törtchen:
3 Eier (Größe M)
400 g frischer Ricotta
50 g frisch geriebener Pecorino
Salz, Pfeffer
frisch geriebene Muskatnuss
Butter für die Förmchen
Für die Sauce:
6 Knoblauchzehen
2 EL Butter
1 EL Pinienkerne
1/8 l trockener Weißwein oder Gemüsebrühe
Salz

Für den Salat Spargel waschen, holzige Enden abschneiden. Die Stangen am unteren Ende dünn schälen und schräg in sehr dünne Scheiben schneiden. Die Kräuter waschen und abzupfen. Blättchen mit dem Zitronensaft und dem Olivenöl im Blitzhacker zerkleinern und unter den Spargel mischen. Spargel mit Salz und Pfeffer abschmecken und zugedeckt etwas ziehen lassen.

Für die Törtchen den Backofen auf 180° (Umluft 160°) vorheizen. Sechs feuerfeste Förmchen von je etwa 1/8 l Inhalt mit Butter ausstreichen.

Die Eier leicht verquirlen. Den Ricotta mit dem Pecorino verrühren, die Eier unterrühren. Mit Salz, Pfeffer und Muskat abschmecken. Ricottamasse in die Förmchen füllen und die Törtchen im heißen Ofen (Mitte) ca. 25 Min. backen, bis die Masse fest und leicht gebräunt ist.

Inzwischen für die Sauce den Knoblauch schälen und fein hacken. Die Hälfte der Butter bei schwacher Hitze zerlassen, den Knoblauch mit den Pinienkernen darin 3–4 Min. andünsten. Mit dem Wein oder der Brühe aufgießen und 5 Min. kocheln lassen. Die Sauce fein pürieren, die übrige Butter in kleinen Stückchen unterschlagen. Sauce mit Salz abschmecken.

Spargelsalat noch einmal durchrühren, die Törtchen aus dem Ofen nehmen und vorsichtig aus den Förmchen lösen. Törtchen auf Tellern anrichten, den Salat daneben verteilen. Knoblauchsauce über die Törtchen geben und die Vorspeise rasch servieren. Dazu schmeckt Weißbrot.

TIPP

Fetten Sie die Förmchen sehr gut ein, damit sich die Törtchen nach dem Backen herauslösen lassen. Wenn es doch einmal nicht klappt, die Sauce einfach getrennt dazureichen, über die Törtchen in der Form gießen und die Ricottamasse herauslöffeln.

Bunte Gemüse und Salate *gedeihen in Mittelitalien ebenso prächtig wie im Süden des Landes und kommen als Vorspeise oder Beilage bei jedem Essen auf den Tisch. Und Hülsenfrüchte werden hier ebenfalls angebaut und sind daher auch frisch im Angebot.*

Catalogna ai fagioli

Löwenzahn mit Bohnen

Zubereitungszeit: 40 Min.
Quellzeit (getrocknete Bohnen): 12 Std.
Garzeit (getrocknete Bohnen): 1 Std. 30 Min.
Pro Portion ca.: 250 kcal

Zutaten für 4 Personen:
150 g getrocknete oder 300 g frisch enthülste Borlottibohnen (ca. 600 g in den Hülsen)
Salz, 400 g kultivierter Löwenzahn (Catalogna)
1/2 unbehandelte Orange oder Zitrone
je 1/4 Bund Minze und Petersilie
2 Knoblauchzehen
100 g Cocktailtomaten
4 EL Olivenöl
Pfeffer
1 EL kleine schwarze Oliven oder Kapern

Die getrockneten Bohnen über Nacht quellen lassen. Am nächsten Tag in frischem Wasser zum Kochen bringen und bei halb aufgelegtem Deckel bei schwacher Hitze in 1–1 1/2 Std. weich kochen. Frische Borlottibohnen in Salzwasser ca. 20 Min. garen. Bohnen abgießen, kalt abschrecken und abtropfen lassen.

Den Löwenzahn putzen und waschen, in grobe Stücke schneiden. Salzwasser zum Kochen bringen und das Gemüse darin in 4–5 Min. bissfest garen. Ebenfalls in einem Sieb kalt abschrecken und abtropfen lassen.

Orangen- oder Zitronenschale hauchdünn abschneiden und fein hacken, Saft auspressen. Kräuter waschen und trockenschütteln, Blättchen ebenfalls fein hacken. Knoblauch schälen, sehr fein würfeln. Tomaten waschen und je nach Größe halbieren oder vierteln.

Mit dem sardellenwürzigen Dressing ist der Salat eine sommerliche Vorspeise, passt aber auch gut als Beilage zu Schmorbraten, Kaninchen oder Huhn.

)rangen- oder Zitronenschale und Saft nit Kräutern, Knoblauch und Öl gut ·errühren und mit Salz und Pfeffer ıbschmecken. Locker mit den Bohnen, len Tomaten und dem Löwenzahn vernengen und mit Oliven oder Kapern ›estreut servieren.

Pomodori alla menta

Tomaten mit Minze

Zubereitungszeit: 15 Min.
Backzeit: 30 Min.
Pro Portion ca.: 145 kcal

Zutaten für 4 Personen:
1/2 unbehandelte Zitrone
1/2 Bund Minze
4 Knoblauchzehen
2 EL Pinienkerne
5 EL Olivenöl
Salz, Pfeffer
6 Eiertomaten

Den Backofen auf 180° vorheizen. Zitronenschale hauchdünn abschneiden. Die Minze waschen, Blättchen abzupfen. Knoblauchzehen schälen.

Zitronenschale, Minze und Knoblauch mit den Pinienkernen sehr fein hacken, mit dem Öl verrühren und mit Salz und Pfeffer abschmecken. Die Tomaten waschen und der Länge nach halbieren. Die Stielansätze herausschneiden.

Tomaten mit den Schnittflächen nach oben nebeneinander in eine feuerfeste Form legen. Minzemischung darauf verteilen. Tomaten im Ofen (Mitte, Umluft 160°) ca. 30 Min. backen. Aus dem Ofen nehmen und abkühlen lassen.

Insalata con salsa di acciughe

Salatstreifen mit Sardellensauce

Zubereitungszeit: 20 Min.
Pro Portion ca.: 140 kcal

Zutaten für 4 Personen:
1 kleinerer Romana- oder Endiviensalat oder kultivierter Löwenzahn (Catalogna)
8 Sardellenfilets in Öl
2 Knoblauchzehen
2 EL Rotweinessig
4 EL Olivenöl
Salz, Pfeffer
150 g Cocktailtomaten
1/2 Bund Petersilie

Den Salat in die einzelnen Blätter teilen, waschen und in feine Streifen schneiden. In einer Schüssel mit kaltem Wasser mischen, ca. 10 Min. darin ruhen lassen.

Inzwischen die Sardellenfilets abtropfen lassen und grob hacken. Knoblauch schälen und ebenfalls hacken. Beides mit dem Essig, dem Öl und 1 EL kaltem Wasser im Mixer fein pürieren. Die Sauce mit Salz und Pfeffer abschmecken.

Die Tomaten waschen und halbieren. Die Petersilie waschen, Blättchen ebenfalls fein hacken. Die Salatstreifen abtropfen lassen und trockenschwenken. Salat, Tomaten und Petersilie mit der Sauce mischen und auf einer Platte anrichten.

Kichererbsen sind in Umbrien ebenso beliebt wie in der Toskana, den Marken und den Abruzzen – ob mit Fisch oder Fleisch, als Salat, mit Pasta oder in der Suppe.

Dinkel, die Urform des Weizens, *gedeiht in der Mitte Italiens besonders gut. Das Getreide wird für die Zubereitung von Pasta ebenso verwendet wie für Schmorgerichte, Salate oder Suppen – als ganzes Korn, gemahlen oder auch geschrotet. In Umbrien können Sie Dinkel geschrotet und luftdicht verpackt kaufen. Bei uns ist Ihnen beim Schroten der Naturkosthändler behilflich, wenn Sie selbst keine Getreidemühle haben.*

Zuppa di ceci e porcini

Kichererbsensuppe mit Steinpilzen

Quellzeit: 12 Std.
Zubereitungszeit: 30 Min.
Garzeit: 1 Std. 45 Min.
Pro Portion ca.: 300 kcal

Zutaten für 4 Personen:
200 g getrocknete Kichererbsen
2 Knoblauchzehen
1 Möhre
1 Stange Staudensellerie
300 g Steinpilze (ersatzweise 30 g getrocknete Steinpilze, 30 Min. in lauwarmem Wasser eingeweicht)
2 Tomaten
je 3–4 Zweige Rosmarin, Thymian, Oregano und Borretsch
4 EL Olivenöl
1 l Gemüsebrühe
2 TL Tomatenmark
Salz, Pfeffer

Die Kichererbsen mit Wasser bedecken und über Nacht quellen lassen. Am nächsten Tag abgießen und mit frischem Wasser in einen Topf füllen. Zum Kochen bringen und bei schwacher Hitze zugedeckt in ca. 1 1/2 Std. weich kochen.

Nach ca. 1 Std. den Knoblauch schälen und sehr fein hacken. Die Möhre schälen, den Sellerie waschen und putzen, beides in sehr kleine Würfel schneiden. Die Pilze putzen, die Hüte mit feuchtem Küchenpapier sauber abreiben. Die Pilze in feine Scheiben schneiden. Die Tomaten überbrühen, häuten und würfeln. Die Kräuter waschen, Blättchen sehr fein hacken.

Das Öl in einem Suppentopf erhitzen. Knoblauch, Möhre und Sellerie darin unter Rühren ca. 2 Min. dünsten. Pilze dazugeben und weiterbraten, bis die Flüssigkeit, die sich dabei bildet, wieder verdampft ist. Kräuter und Tomaten kurz mitbraten.

Alles mit der Brühe aufgießen, Tomatenmark untermischen. Die Kichererbsen abtropfen lassen und in die Brühe geben. Suppe mit Salz und Pfeffer abschmecken und bei schwacher Hitze zugedeckt noch ca. 15 Min. köcheln lassen. Mit gerösteten Weißbrotscheiben servieren.

Farretto

Dinkelsuppe

Zubereitungszeit: 25 Min.
Garzeit: 45 Min.
Pro Portion ca.: 320 kcal

Zutaten für 4 Personen:
1 Zwiebel
2 Knoblauchzehen
je 3–4 Zweige Basilikum und Petersilie
2–3 Zweige Oregano
2 Möhren
1 fest kochende Kartoffel
2 Stangen Staudensellerie
4 Tomaten
4 EL Olivenöl + Olivenöl zum Beträufeln
125 g geschroteter Dinkel
50 g Linsen
1 EL Tomatenmark
Salz, Pfeffer
4 EL frisch geriebener Pecorino

Zwiebel und Knoblauch schälen und fein hacken. Kräuter waschen, Blättchen sehr fein hacken. Möhren und Kartoffel schälen, Sellerie waschen und putzen, alles in sehr kleine Würfel schneiden. Die Tomaten überbrühen, häuten, entkernen und in kleine Würfel schneiden.

Das Olivenöl im Suppentopf erhitzen. Zwiebel, Knoblauch, Möhren, Kartoffel und Sellerie darin andünsten. Dinkel mit Kräutern dazugeben und kurz mitbraten. Linsen und Tomaten untermischen und mit 1 1/2 l Wasser aufgießen, Tomatenmark unterrühren.

Die Suppe zugedeckt bei schwacher Hitze ca. 45 Min. garen, bis Dinkel und Linsen weich sind. Die Suppe mit Salz und Pfeffer abschmecken. In Teller verteilen, mit etwas Olivenöl beträufeln und mit Pecorino bestreut servieren.

Ob auf traditionelle oder moderne Art *zubereitet, Pasta kommt bei fast jedem Essen als Primo auf den Tisch, kann aber auch einmal ein Secondo ersetzen. Hier zwei Nudelklassiker aus dem Latium und Neues aus Umbrien.*

Spaghetti all'amatriciana

Nudeln mit Tomaten-Speck-Sauce

Zubereitungszeit: 25 Min.
Pro Portion ca.: 510 kcal

Zutaten für 4 Personen:
100 g Pancetta (ersatzweise luftgetrockneter Schinken)
1 Zwiebel
400 g Tomaten
2 EL Olivenöl
50 ml trockener Weißwein
1 getrockneter Peperoncino
Salz
400 g Spaghetti oder Bucatini (dicke Spaghetti)
3–4 Zweige Petersilie

Pancetta in feine Streifen oder Würfel schneiden. Die Zwiebel schälen und fein hacken. Die Tomaten überbrühen, häuten, entkernen und würfeln.

Das Olivenöl in einem Topf erhitzen, Pancetta und Zwiebel darin bei schwacher Hitze ca. 5 Min. andünsten. Tomaten und Wein dazugeben, Peperoncino zerkrümeln und untermischen. Die Sauce mit Salz würzen und offen bei schwacher Hitze ca. 10 Min. köcheln lassen. Inzwischen Nudeln in reichlich kochendem Salzwasser nach Packungsangabe al dente kochen. Die Petersilie waschen, Blättchen fein hacken. Die Nudeln abgießen, mit dem Sugo mischen und mit der Petersilie bestreuen. Mit Pecorino servieren.

Variante: Spaghetti alla carbonara

100 g Pancetta in kleine Würfel oder feine Streifen schneiden. 1 Knoblauchzehe schälen und fein hacken. 400 g Spaghetti in Salzwasser al dente kochen. Inzwischen Pancetta mit Knoblauch und 1 EL

Pasta al prezzemolo sind ein ebenso einfaches wie köstliches Pastagericht aus Spoleto. Probieren Sie es auch mal mit Kichererbsen – gekochte Hülsenfrüchte einfach zusammen mit der Petersilie erhitzen.

Olivenöl bei mittlerer Hitze leicht knusprig braten. 2 Eier mit 4 EL Sahne, 60 g frisch geriebenem Pecorino und 1 kräftigen Prise Pfeffer in einer vorgewärmten Schüssel verrühren. Spaghetti abgießen und mit der Pancettamischung in der Pfanne verrühren. Beides in die Schüssel geben und alles so lange gut durchrühren, bis die Eier gestockt, aber noch glänzend sind. Die Spaghetti eventuell leicht salzen.

Pasta pomodori e limone

Nudeln mit Zitronentomaten

Zubereitungszeit: 25 Min.
Pro Portion ca.: 560 kcal

Zutaten für 4 Personen:
500 g Tomaten
1 große unbehandelte Zitrone
200 g nicht zu salziger Ricotta salata
400 g Tagliarini oder Linguine
Salz
1/4 Bund Rucola
4 EL Olivenöl, Pfeffer

Die Tomaten überbrühen, häuten, halbieren, entkernen und in Streifen schneiden. Die Zitronenschale hauchdünn abschneiden und in feine Streifen schneiden. 1/2 Zitrone auspressen. Den Ricotta salata von der Rinde befreien und in feine Streifen hobeln.

Nudeln in reichlich kochendem Salzwasser nach Packungsangabe al dente kochen. Den Rucola waschen, putzen und fein hacken oder kleiner zupfen.

Etwa nach der Hälfte der Zeit das Öl in einer kleineren Pfanne erhitzen. Tomaten darin bei mittlerer Hitze unter Rühren 3–5 Min. braten. Zitronenschale und ca. 1 EL Saft untermischen und die Sauce mit Salz und Pfeffer abschmecken.

Die Nudeln abtropfen lassen und mit den Zitronentomaten und dem Rucola mischen. In vorgewärmte Teller verteilen, mit dem Ricotta garnieren und servieren.

Pasta al prezzemolo

Petersiliennudeln mit Käse

Zubereitungszeit: 20 Min.
Pro Portion ca.: 580 kcal

Zutaten für 4 Personen:
400 g schmale Dinkelbandnudeln (ersatzweise Weizennudeln)
Salz
1 großes Bund Petersilie
2 Knoblauchzehen
2 Sardellenfilets in Öl nach Belieben
100 g mittelalter Pecorino am Stück
6 EL Olivenöl, Pfeffer

Nudeln in reichlich kochendem Salzwasser nach Packungsangabe al dente kochen.

Schon während das Wasser heiß wird, Petersilie waschen, Blättchen fein hacken, zarte Stiele ebenfalls hacken. Knoblauch schälen und erst in Scheiben, dann in Stifte schneiden. Nach Belieben Sardellenfilets abtropfen lassen und fein hacken. Pecorino in kleine Stücke brechen.

4 EL Öl erhitzen und die Petersilienstiele darin mit dem Knoblauch bei schwacher Hitze 3–4 Min. braten. Sardellenfilets und gehackte Petersilie dazugeben und nur erwärmen. Mit Pfeffer und wenig Salz würzen.

Nudeln abgießen, mit der Sauce, dem Käse und dem übrigen Olivenöl mischen und gleich servieren.

Strangozzi alla norcina

Bandnudeln mit Wurst-Sahne-Sugo

Zubereitungszeit: 25 Min.
Pro Portion ca.: 700 kcal

Zutaten für 4 Personen:
2 Knoblauchzehen
200 g frische Salsicce (italienische Schweinswürstchen, ersatzweise rohe Bratwürste)
150 g Steinpilze (ersatzweise 10 g getrocknete Steinpilze, 30 Min. in lauwarmem Wasser eingeweicht, oder Egerlinge)
400 g Strangozzi oder nicht zu breite Tagliatelle
Salz, 1 EL Olivenöl
150 g Sahne
50 g frisch geriebener Parmesan oder Pecorino
5 g frisch geriebene schwarze Trüffeln nach Belieben
Pfeffer

Für den Sugo den Knoblauch schälen und fein hacken. Die Wurst aus den Häuten drücken und in kleine Stücke zerkrümeln. Die Pilze putzen und würfeln.

Nudeln in reichlich kochendem Salzwasser nach Packungsangabe al dente kochen.

Gleichzeitig das Öl in einem Topf erhitzen. Knoblauch und Pilze darin unter Rühren einige Minuten braten. Wurststücke dazugeben und gut anbraten. Dabei mit dem Kochlöffel noch feiner zerkleinern. Sahne untermischen und heiß werden lassen. Käse und eventuell Trüffel untermischen. Sugo mit Pfeffer und eventuell etwas Salz abschmecken.

Nudeln abgießen und mit dem Sugo mischen. Sofort in vorgewärmten Tellern anrichten.

Fettuccine alla romana

Bandnudeln mit Hühnerlebersugo

Zubereitungszeit: 25 Min.
Quellzeit: 30 Min.
Pro Portion ca.: 655 kcal

Zutaten für 4 Personen:
10 g getrocknete Steinpilze
1/8 l trockener Weißwein
300 g Hühnerlebern
2 Frühlingszwiebeln
1 Knoblauchzehe
400 g Tomaten
1 EL Olivenöl
1/8 l Hühnerbrühe
400 g Fettuccine (nach Belieben grüne oder mit Steinpilzen aromatisierte)
Salz, 2 EL Butter
Pfeffer

Die Pilze ca. 30 Min. im Wein einweichen, abtropfen lassen und in kleine Würfel schneiden. Wein durch eine Filtertüte gießen.

Hühnerlebern waschen, putzen und in kleine Stücke schneiden. Frühlingszwiebeln waschen, putzen und mit dem zarten Grün fein hacken. Knoblauch schälen und ebenfalls hacken. Tomaten überbrühen, häuten und in kleine Würfel schneiden.

Öl in einem Topf erhitzen. Pilze, Zwiebeln und Knoblauch darin andünsten. Mit Tomaten, Wein und Brühe aufgießen und offen bei schwacher Hitze ca. 15 Min. schmoren.

Nudeln in reichlich kochendem Salzwasser nach Packungsangabe al dente kochen.

Inzwischen die Butter erhitzen, die Hühnerlebern darin unter Rühren bei mittlerer Hitze 3–5 Min. braten. Unter den Sugo mischen, mit Salz und Pfeffer abschmecken. Nudeln abgießen, mit dem Sugo mischen und auf vorgewärmte Teller verteilen.

Ursprünglich wurde die Sauce zu Fettuccine mit allen Innereien des Huhnes zubereitet. Wer mag, kann auch heute noch Magen und Herz des Huhnes mitverarbeiten, diese dann mit dem Sugo ca. 1 Std. schmoren, die Hühnerleber wie im Rezept links braten und zum Schluss untermischen.

Nicht nur frisch, sondern auch geräuchert sind die Fische aus dem Lago di Trasimeno im Angebot. Und schmecken kalt, aber auch warm wie hier mit frisch gekochter Pasta, ganz ausgezeichnet.

Taglierini con trota affumicata

Nudeln mit geräucherter Forelle

Zubereitungszeit: 25 Min.
Pro Portion ca.: 605 kcal

Zutaten für 4 Personen:
300 g geräucherte Forelle oder ein anderer geräucherter Süßwasserfisch
4 Frühlingszwiebeln
2 Knoblauchzehen
50 g gemischte Kräuter (z. B. Petersilie, Borretsch, Basilikum, Dill und Rucola)
400 g schmale Bandnudeln
Salz, 6 EL Olivenöl
1 Stück unbehandelte Zitronenschale
Pfeffer

Die Forelle von Haut und Gräten befreien und in kleine Würfel schneiden. Frühlingszwiebeln waschen, putzen und mit dem zarten Grün in feine Ringe schneiden. Den Knoblauch schälen und fein hacken. Die Kräuter waschen, Blättchen ebenfalls sehr fein hacken.

Nudeln in reichlich kochendem Salzwasser nach Packungsangabe al dente kochen.

Inzwischen 2 EL Öl in einer Pfanne erhitzen. Frühlingszwiebeln, Knoblauch und Kräuter darin bei schwacher Hitze unter ständigem Rühren ca. 3 Min. garen. Fisch untermischen und erwärmen.

Zitronenschale fein hacken und mit 2–3 EL heißem Nudelkochwasser untermischen. Sugo mit Salz und Pfeffer abschmecken. Nudeln abgießen und mit dem Sugo und dem übrigen Öl in der Pfanne mischen. In vorgewärmten Tellern rasch servieren.

Pasta con asparagi

Nudeln mit Spargel

Zubereitungszeit: 30 Min.
Pro Portion ca.: 435 kcal

Zutaten für 4 Personen:
400 g dünne grüne Spargelstangen
2 Knoblauchzehen
1 getrockneter Peperoncino
2 EL Olivenöl
1 kleine Dose geschälte Tomaten (400 g)
Salz, Pfeffer
400 g kurze Nudeln oder Strangozzi
3–4 Zweige Petersilie

Die Spargelstangen waschen, die holzigen Enden abschneiden. Den Spargel – falls nötig – am unteren Ende dünn schälen, die Stangen in 3–4 cm lange Stücke schneiden. Den Knoblauch schälen und in feine Scheiben schneiden, den Peperoncino fein zerkrümeln.

Das Öl in einem Topf erhitzen, den Knoblauch mit dem Peperoncino kurz darin anbraten. Spargel dazugeben und kurz mitbraten. Tomaten abtropfen lassen, klein würfeln (Saft wegschütten) und zum Spargel geben. Spargel mit Salz und Pfeffer würzen und zugedeckt bei schwacher Hitze in 6–8 Min. gar, aber nicht zu weich schmoren.

Inzwischen Nudeln in reichlich kochendem Salzwasser nach Packungsangabe al dente kochen. Petersilie waschen, Blättchen fein hacken. Nudeln abgießen und mit dem Sugo in einer vorgewärmten Schüssel vermengen. Mit der Petersilie bestreut servieren. Dazu schmeckt frisch geriebener Pecorino, zerkrümelter Ricotta oder etwas gehobelter Bottarga (Seite 28).

Saftig-lockere Klößchen *mit einem würzigen Sugo, den Sie auch hervorragend zu breiten Nudeln, etwa Pappardelle, servieren können. Auch die selbst gemachten Kartoffelnudeln aus den Marken (Seite 175) schmecken gut dazu.*

Gnocchi al sugo d'oca

Kartoffel-Ricotta-Gnocchi mit Gänsesugo

Zubereitungszeit: 45 Min.
Schmorzeit: 2 Std.
Pro Portion (bei 6) ca.: 530 kcal

Zutaten für 4–6 Personen:
Für den Sugo:
1 Zwiebel, 1 Möhre
1 Stange Staudensellerie
2 Tomaten
4 Knoblauchzehen
1 Zweig Salbei
je 3 Zweige Thymian, Majoran und Petersilie
1 EL Olivenöl
2 Gänsekeulen
10 g getrocknete Steinpilze
gut 150 ml trockener Weißwein
2 Lorbeerblätter, Salz, Pfeffer
Für die Gnocchi:
700 g mehlig kochende Kartoffeln
1/2 Bund Petersilie
1/4 Bund Oregano
150 g Hartweizengrieß
200 g frischer Ricotta
80 g frisch geriebener Pecorino
2 Eier (Größe M), Salz, Pfeffer

Für den Sugo Zwiebel und Möhre schälen und klein würfeln. Sellerie waschen, putzen und in Scheiben schneiden. Tomaten waschen und würfeln. Knoblauch schälen und halbieren. Kräuter waschen.

Öl erhitzen, die Gänsekeulen darin rundherum kräftig anbraten. Gemüse, Zwiebel, Knoblauch und Kräuter mit den Steinpilzen dazugeben. Mit 150 ml Wein ablöschen, Lorbeer einlegen und alles mit Salz und Pfeffer würzen. Gänsekeulen zugedeckt bei schwacher Hitze ca. 2 Std. schmoren, bis sie schön weich sind. Dabei ab und zu umrühren und bei Bedarf noch etwas Wein oder Wasser hinzufügen.

Wenn das Fleisch weich ist, die Gänsekeulen aus dem Sugo heben und abkühlen lassen. Die Haut entfernen, das Fleisch vom Knochen lösen und in kleine Stücke schneiden. Sugo passieren.

Für die Gnocchi die Kartoffeln waschen und in der Schale in Wasser weich kochen. Die Kartoffeln etwas ausdämpfen lassen, noch heiß schälen und durch die Kartoffelpresse drücken.

Kräuter waschen, Blättchen fein hacken. Kräuter mit Grieß, Ricotta, 50 g Pecorino und Eiern zu den Kartoffeln geben, salzen, pfeffern und gut durchrühren. Die Mischung ca. 15 Min. quellen lassen.

Dann in einem großen Topf reichlich Salzwasser zum Kochen bringen. Vom Kartoffelteig Nocken abstechen, oval formen und ins leise siedende Wasser gleiten lassen. Gnocchi bei schwacher Hitze darin in ca. 10 Min. gar ziehen lassen. Das Wasser soll dabei nicht kochen.

Das Gänsefleisch mit dem Sugo mischen und bei schwacher Hitze noch einmal erwärmen. Sugo mit Salz und Pfeffer abschmecken.

Gnocchi abtropfen lassen und in vorgewärmte Teller verteilen. Mit etwas Sugo beschöpfen und mit restlichem Pecorino servieren.

Varianten:

Statt Gänsekeulen eignen sich Entenkeulen und auch mit Lamm oder Wildschwein schmeckt der Sugo gut. Dann ebenfalls ein größeres Fleischstück schmoren und erst nach dem Garen zerkleinern.

TIPP

Für eine magerere Version Sugo schon am Vortag zubereiten, über Nacht abkühlen lassen und vor dem Aufwärmen das erkaltete Fett entfernen.

Anguilla, Flussaal wird im Meer geboren und wandert später zum Laichen auch wieder dorthin zurück. In unserem Rezept bereiten wir den Fisch ohne Haut und mit viel Gemüse zu.

Nicht nur aus Meeresfischen, *auch aus gemischten Süßwasserfischen lässt sich ein köstlicher Eintopf zubereiten – das beweisen die Ristoranti rund um den Lago di Trasimeno, aber auch am Lago di Bolsena im Latium. Mit aromatischen Tomaten, knackigem Stangensellerie und würzigen Kräutern schmecken die Fische besonders gut.*

Anguilla in umido

Geschmorter Aal

Zubereitungszeit: 1 Std. 10 Min.
Pro Portion ca.: 590 kcal

Zutaten für 4 Personen:
1 kleines Bund Petersilie
je 1 Zweig Rosmarin und Salbei
je 3–4 Zweige Thymian und Oregano
je 1 rote und gelbe Paprikaschote
500 g Tomaten
1 Zwiebel
4 Knoblauchzehen
2 EL Olivenöl
800 g küchenfertiger Aal (ohne Haut)
2 EL Rotweinessig
1/8 l trockener Weißwein
Salz, Pfeffer
1/4 Bund Basilikum

Kräuter waschen, Blättchen fein hacken. Paprika waschen, halbieren, putzen und in Würfel schneiden. Tomaten überbrühen, häuten, entkernen und in kleine Würfel schneiden. Zwiebel und Knoblauch schälen und fein hacken.

Das Öl in einem Topf erhitzen. Den Aal in ca. 4 cm lange Stücke schneiden. Aalstücke darin rundherum anbraten. Zwiebel und Knoblauch mit Kräutern dazugeben und kurz mitbraten. Mit dem Essig ablöschen.

Paprikawürfel dazugeben, dann die Tomaten und den Wein angießen. Mit Salz und Pfeffer würzen und bei schwacher Hitze offen ca. 30 Min. köcheln lassen.

Basilikumblättchen abzupfen und in Streifen schneiden. Unter den Aal mischen, servieren. Dazu passen Rosmarinkartoffeln (Seite 55) oder Brot.

Tegamaccio di pesce

Fischtopf

Zubereitungszeit: 1 Std.
Pro Portion ca.: 280 kcal

Zutaten für 4 Personen:
3 Stangen Staudensellerie, 2 Zwiebeln
4 Knoblauchzehen
je 2 Zweige Thymian, Rosmarin und Oregano
2 Lorbeerblätter (am besten frisch)
1/4 l trockener Weißwein
1,2 kg ganze Süßwasserfische (Schleie, Forelle, Renke, Saibling; vom Fischhändler filetieren lassen und die Abschnitte mitnehmen)
400 g Tomaten, 1/2 Bund Petersilie
1 Bund Rucola, 1 Hand voll Spinat
4–6 Blätter Borretsch nach Belieben
Salz, Pfeffer
2 EL Olivenöl

1 Stange Staudensellerie, 1 Zwiebel und 2 Knoblauchzehen waschen bzw. schälen und grob schneiden. Thymian, Rosmarin und Oregano waschen und in grobe Stücke schneiden. Alles mit dem Lorbeer und dem Wein erhitzen und 15 Min. leise köcheln lassen. Fischabschnitte kalt abspülen und mit 1 l Wasser dazugeben. Alles bei schwacher Hitze weitere 20 Min. sieden lassen. Die Flüssigkeit soll nicht kochen.

Inzwischen Tomaten überbrühen, häuten, entkernen und würfeln. Übrigen Sellerie waschen, putzen und klein würfeln. Selleriegrün mit Petersilie waschen, Blättchen fein hacken. Rucola, Spinat und Borretsch verlesen, waschen und grob hacken. Restliche Zwiebel und übrigen Knoblauch schälen und fein hacken.

Fischfond durch ein mit einem Mulltuch ausgelegtes Sieb gießen und um etwa ein Drittel einkochen lassen, dann salzen und pfeffern. Fische kalt abspülen, trockentupfen und in mundgerechte Stücke schneiden.

Sellerie mit Zwiebel und Knoblauch im Öl kurz andünsten. Tomaten mit Kräutern, Spinat und Fischfond dazugeben und erhitzen. Fischstücke in den Sud legen und zugedeckt bei schwacher Hitze ca. 10 Min. darin ziehen lassen. Eintopf mit Salz und Pfeffer abschmecken. Dazu schmeckt geröstetes, mit Öl beträufeltes Weißbrot.

Carpa regina in porchetta

Karpfen aus dem Ofen

Zubereitungszeit: 20 Min.
Garzeit: 35–40 Min.
Pro Portion ca.: 290 kcal

Zutaten für 4 Personen:
1 Karpfen (ca. 1,2 kg)
Salz, Pfeffer
Saft von 1 großen Zitrone
1/2 Bund Petersilie
2 Zweige Rosmarin
3–4 Zweige Dill
4 Salbeiblättchen
1 EL Fenchelsamen
4 Knoblauchzehen
4 EL Olivenöl

Karpfen waschen und abtrocknen, auf beiden Seiten mehrmals schräg leicht einschneiden. Innen und außen mit Salz und Pfeffer würzen und innen mit etwas Zitronensaft beträufeln.

Die Kräuter waschen. Die Blättchen abzupfen und fein hacken, die Kräuterstiele in den Karpfen legen.

Den Backofen auf 200° vorheizen. Fenchelsamen grob hacken. Knoblauch schalen und sehr fein hacken. Beides mit den gehackten Kräutern und 2 EL Olivenöl verrühren. Den Karpfen auf beiden Seiten mit der Mischung einreiben, den Rest davon in den Karpfen geben.

Den Karpfen in die Fettpfanne des Backofens legen, in den heißen Ofen (Mitte, Umluft 180°) schieben und 35–40 Min. backen. Dabei nach der Hälfte der Zeit den übrigen Zitronensaft mit dem restlichen Öl verrühren und auf dem Karpfen verteilen. Karpfen filetieren, die Filets jeweils halbieren und auf vorgewärmten Tellern servieren. Dazu schmecken gemischter Salat und Brot oder Rosmarinkartoffeln (Seite 55).

Carpa regina farcita

Gefüllter Karpfen

Zubereitungszeit: 30 Min.
Garzeit: 35–40 Min.
Pro Portion ca.: 360 kcal

Zutaten für 4 Personen:
1 kleine Aubergine, 300 g Tomaten
2 Knoblauchzehen, 4 EL Olivenöl
2 getrocknete in Öl eingelegte Tomaten
1/2 Bund Basilikum
2 TL Kapern, 4 EL Semmelbrösel
Salz, Pfeffer, 2 TL Zitronensaft
1 Karpfen (ca. 1,2 kg)
je 2 Zweige Salbei, Rosmarin und Oregano, 1/4 l trockener Weißwein

Die Aubergine mit dem Sparschäler schälen und in kleine Würfel schneiden. Tomaten überbrühen, häuten, entkernen und fein würfeln. Knoblauch schälen und sehr fein hacken.

Auberginenwürfel in 2 EL Öl anbraten, Tomatenwürfel mit Knoblauch dazugeben und alles zugedeckt bei schwacher Hitze in ca. 10 Min. weich schmoren.

Den Backofen auf 200° vorheizen. Getrocknete Tomaten würfeln. Basilikumblättchen fein hacken. Beides mit den Kapern und Semmelbröseln unter die Auberginen mischen, mit Salz, Pfeffer und Zitronensaft abschmecken. Karpfen waschen, abtrocknen, nach Belieben mehrmals leicht einschneiden und salzen und pfeffern. Auberginenfüllung im Karpfen verteilen.

Die Fettpfanne des Backofens mit etwas Öl ausstreichen, den Karpfen hineinlegen und mit dem übrigen Öl bepinseln. Kräuterzweige waschen und auf dem Fisch verteilen.

Den Karpfen im Ofen (Mitte, Umluft 180°) 35–40 Min. backen. Dabei nach der Hälfte der Zeit den Wein seitlich angießen. Karpfen aus dem Ofen nehmen, mit einem elektrischen Messer quer in Medaillons schneiden oder Füllung herausnehmen, den Fisch filetieren und mit der Füllung servieren.

Am Lago di Trasimeno kommt Karpfen oft auf den Tisch, kein Wunder, dass man dort zahlreiche Rezepte kennt. Bei uns ist er eher ein Weihnachtsessen, bestellen Sie den Fisch also besser bei Ihrem Fischhändler vor.

Nello Perla ist der Presidente der Linsencooperative von Castelluccio, die die würzigen kleinen Hülsenfrüchte vermarktet.

Castelluccio ist das höchstgelegene Dorf des Apennin. Hierher kommen die Touristen im Sommer auch zum Reiten und zum Drachenfliegen.

Linsen

Klein und fein mit Auszeichnung

Im Herzen des Nationalparks der Monte Sibillini und etwa eine halbe Autostunde von Norcia entfernt, liegt ein kleines, bezauberndes Paradies: die Hochebene von Castelluccio.

Doch nicht nur die Schönheit der Hochebene, auch die Linsen von Castelluccio sind berühmt. Schon vor vielen Jahrhunderten baute man hier Hülsenfrüchte an, brachte sie – wie auch den Weizen, den man hier ebenfalls anpflanzt – nach Norcia und tauschte sie gegen Wein und Öl.

Auch heute noch ernten die Bauern in Castelluccio Linsen und wilde Erbsen. Einheitlich sind die kleinen Hülsenfrüchte nicht, sie haben unterschiedliche Farben und Formen. Begehrt sind sie aber vor allem wegen ihres unvergleichlichen Aromas. Die würzigen Linsen haben eine so dünne Schale, dass sie vor dem Garen nicht eingeweicht werden müssen. Und weil sie so gut schmecken, haben sie die Auszeichnung IGP (*indicazione geografica protetta*), geschützte Herkunftsbezeichnung, bekommen.

Im April oder Mai werden die Samen für die Linsen in die Erde gebracht und schon im Juli oder August geerntet. In Symbiose mit den Linsen gedeihen noch einige andere Pflanzen, die dem Boden Nährstoffe geben und außerdem für eine unvergleichliche Farbenpracht sorgen: gelber Raps, roter Mohn, blaue Kornblumen. Nach dem Schneiden liegen die Pflanzen zum Nachreifen etwa 15 Tage auf dem Feld, bevor man sie zu großen Hügeln auftürmt. Nach ein paar erneuten Ruhetagen werden die Linsen von den anderen Pflanzen aussortiert. Auch wenn das auf den Packungen nicht extra betont wird, die Linsen wachsen hier ganz biologisch – und das nicht aufgrund einer Modeerscheinung, sondern aus Tradition. Schon um die Böden zu schonen, werden die Felder nicht jedes Jahr bewirtschaftet, sondern im Fruchtwechsel mit Getreide bepflanzt oder als Weide für die Schafe genutzt, die ganz nebenbei für natürlichen Dünger sorgen. Insektenvernichtungsmittel sind unnötig, denn in einer Höhe von 1300–1600 m gibt es keine für die Linsen gefährlichen Insekten.

Traditionell gelten Linsen als Symbol für Wohlstand und Reichtum und kommen deshalb auch in ihrer Heimat zur Jahreswende auf den Tisch. Ihr wirklicher Reichtum liegt aber in ihren Inhaltsstoffen: wertvolles Eiweiß, viele Vitamine und Mineralstoffe und nur sehr wenig Fett.

In Norcia in der Loggia delle misure können Besucher noch heute die Behälter sehen, in denen Linsen und Getreide zum Tausch abgemessen wurden.

Lenticchie con salsicce

Linsen mit Wurst

Zubereitungszeit: 1 Std.
Pro Portion ca.: 870 kcal

Zutaten für 4 Personen:
400 g Linsen
3 Knoblauchzehen
3 Stangen Staudensellerie
400 g Tomaten
1–2 getrocknete Peperoncini
4 EL Olivenöl
Salz
8 frische Salsicce (italienische Schweinswürstchen, ca. 600 g, ersatzweise rohe Bratwürste)

Die Linsen in einem Topf mit Wasser bedecken und zum Kochen bringen. Die Linsen zugedeckt bei schwacher Hitze in ca. 40 Min. weich kochen.

Inzwischen den Knoblauch schälen und fein hacken. Den Sellerie waschen, putzen und in sehr kleine Würfel schneiden. Die Tomaten überbrühen, häuten und ebenfalls sehr fein hacken, die Peperoncini fein zerkrümeln. Die Linsen abtropfen lassen, das Kochwasser dabei auffangen.

Das Öl in einem Topf erhitzen, Knoblauch und Sellerie darin mit den Peperoncini andünsten. Tomaten dazugeben und alles bei schwacher Hitze offen ca. 10 Min. garen. Linsen untermischen, nach Wunsch mit etwas Garflüssigkeit verrühren und mit Salz abschmecken.

Inzwischen die Würste mehrmals einstechen und in einer Pfanne bei mittlerer Hitze rundherum 6–8 Min. braten. Die Linsen mit den Würsten servieren. Dazu schmeckt außerdem Weißbrot.

Saltimbocca sind zart, dünn und so lecker, dass die kleinen Schnitzelchen tatsächlich fast von selbst in den Mund springen wollen.

Quinto quarto, *das fünfte Viertel, nannte man in Rom die weniger begehrten Teile der Schlachttiere, mit denen sich die Helfer der Metzger, die Angestellten im Schlachthof und auch die ärmere Bevölkerung oft zufrieden geben mussten. Dazu zählte auch der Ochsenschwanz, den die Metzgergehilfen fast immer selbst mit nach Hause nahmen, da an ihm zumindest ein bisschen Fleisch war.*

Saltimbocca

Kalbsschnitzel mit Salbei und Schinken

Zubereitungszeit: 15 Min.
Pro Portion ca.: 340 kcal

Zutaten für 4 Personen:
8 kleine dünne Kalbsschnitzel
(je ca. 80 g)
4 Scheiben luftgetrockneter Schinken
8–16 Salbeiblättchen
Salz, Pfeffer
4 EL Butter
50 ml trockener Weißwein

Die Kalbsschnitzel mit dem Handballen etwas flacher drücken. Schinken halbieren. Jedes Schnitzel mit 1 Schinkenstück und 1–2 Salbeiblättchen belegen, mit Zahnstochern fest stecken. Die Schnitzel auf der unbelegten Seite leicht salzen und pfeffern.

Den Backofen auf 70° schalten. Die Hälfte der Butter in einer Pfanne zerlassen. Die Hälfte der Schnitzel mit der Salbeiseite nach unten hineinlegen und bei mittlerer Hitze 2 Min. braten. Wenden und nochmals 1 Min. braten, dann auf einem Teller im Ofen warm halten.

Übrige Butter in der Pfanne schmelzen, restliche Schnitzel wie beschrieben braten und in den Ofen geben. Wein in die Pfanne gießen und den Bratsatz damit loskochen. Sauce über die Schnitzel gießen und rasch servieren. Dazu schmeckt Weißbrot.

TIPP

Wer den römischen Klassiker etwas abwandeln möchte: dünne Auberginen- oder Zucchinischeiben oder auch mal in Öl eingelegte Tomaten mit dem Salbei auf die Schnitzel legen und feststecken.

Coda alla vaccinara

Geschmortes Ochsenschwanzragout

Zubereitungszeit: 30 Min.
Garzeit: 2 Std. 45 Min.
Pro Portion ca.: 460 kcal

Zutaten für 4 Personen:
1,2 kg Ochsenschwanz in Portionsstücken
Salz, Pfeffer
2 Zwiebeln, 1 Knoblauchzehe
3 Möhren
8 Stangen Staudensellerie
400 g Tomaten
1 getrockneter Peperoncino
2 EL Olivenöl
1/4 l trockener Rotwein
1 Prise Zimtpulver, 1 EL Rosinen
1 EL Tomatenmark, 1 Bund Petersilie
1 TL Kakaopulver

Ochsenschwanz mit einem feuchten Tuch abreiben und mit Salz und Pfeffer würzen. Zwiebeln, Knoblauch und Möhren schälen und fein hacken. Sellerie waschen und putzen. 3 Stangen ebenfalls würfeln, die übrigen Stangen und das Selleriegrün beiseite legen. Die Tomaten überbrühen, häuten, entkernen und klein würfeln. Den Peperoncino fein zerkrümeln.

Das Öl in einem Schmortopf erhitzen. Ochsenschwanzstücke darin rundherum anbraten. Zwiebeln, Knoblauch, Möhren und zerkleinerten Sellerie hinzufügen und andünsten. Mit dem Rotwein ablöschen, mit Salz, Peperoncino und Zimt würzen. Rosinen, Tomaten und Tomatenmark untermischen und alles zugedeckt bei schwacher Hitze ca. 2 1/2 Std. schmoren. Dabei immer mal wieder durchrühren und bei Bedarf etwas Flüssigkeit nachgießen.

Den übrigen Sellerie in gut 5 cm lange Stücke schneiden. Sellerie in kochendem Salzwasser ca. 5 Min. blanchieren, kalt abschrecken und abtropfen lassen. Die Petersilie waschen, Blättchen mit dem Selleriegrün fein hacken.

Sauce vom Ochsenschwanz bei Bedarf etwas einkochen lassen. Mit Kakaopulver, Salz und Pfeffer abschmecken, Sellerie und Petersilie untermischen und alles noch ca. 10 Min. ziehen lassen. Dazu schmeckt Weißbrot oder Polenta.

Ob Braten oder Ragout – *In der Mitte Italiens gart man Lamm gern mit Gemüse und Wein, mit frischen Kräutern und feinen Gewürzen. Deshalb schmeckt es so wunderbar aromatisch. Hier drei typische Gerichte aus dem Herzen Italiens: ein feiner Braten mit Artischocken, ein sanft in Sagrantino geschmortes Ragout sowie kräuterwürziges Lamm aus der römischen Küche.*

Brasato d'agnello

Lammbraten mit Artischocken

Zubereitungszeit: 30 Min.
Garzeit: 1 Std. 45 Min.
Pro Portion ca.: 540 kcal

Zutaten für 4 Personen:
800 g Lammkeule oder magere Schulter ohne Knochen
1/2 unbehandelte Zitrone
2 Zweige Thymian
2 Knoblauchzehen
1 TL Fenchelsamen
4 EL Olivenöl
Salz, Pfeffer
8 kleine zarte Artischocken
250 g kleine Champignons oder andere Pilze
1/8 l trockener Weißwein
1/2 Bund Petersilie

Backofen auf 180° vorheizen. Lammbraten trockentupfen. Zitronenschale hauchdünn abreiben, Saft auspressen. Thymian waschen, Blättchen abstreifen, Knoblauch schälen und durch die Presse drücken. Zitronenschale mit Thymian, Knoblauch, Fenchelsamen, 2 EL Öl, Salz und Pfeffer verrühren und das Fleisch damit einreiben. Braten in einen Bräter legen und im Ofen (unten, Umluft 160°) ca. 1 Std. garen.

Inzwischen die Artischocken putzen und halbieren, Heu eventuell mit einem kleinen Messer herausschneiden. Pilze mit Küchenpapier sauber abreiben, Stielenden abschneiden. Restliches Öl in einer Pfanne erhitzen, Artischocken und Pilze darin gut anbraten. Mit dem Wein und 1–2 EL Zitronensaft ablöschen, mit Salz und Pfeffer würzen und neben dem Braten verteilen. Lamm weitere 45 Min. garen, dabei ab und zu mit Garflüssigkeit beschöpfen.

Sagrantino ist ein dunkelroter kräftiger Wein aus Montefalco. Sie können zum Schmoren des Lamms auch einen Rosso di Montefalco nehmen und den teureren Sagrantino später zum Essen trinken.

Abbacchio alla romana

Lammragout mit Kräutern

Zubereitungszeit: 20 Min.
Garzeit: 1 Std.
Pro Portion ca.: 375 kcal

Zutaten für 4 Personen:
1 kg Milchlamm ohne Knochen
1 Zwiebel
4 Knoblauchzehen
je 4 Zweige Rosmarin und Thymian
je 1/2 Bund Oregano und Petersilie
2 EL Olivenöl
1 EL Butter
4 EL Weinessig
1/8 l trockener Weißwein
Salz, Pfeffer

Das Lammfleisch in gulaschgroße Würfel schneiden. Zwiebel und Knoblauch schälen und fein hacken. Kräuter waschen, Blättchen sehr fein zerkleinern.

Olivenöl mit Butter in einem Schmortopf erhitzen, Fleisch darin in zwei Portionen gut anbraten und wieder herausnehmen. Wenn das Fleisch gebraten ist, Zwiebel, Knoblauch und Kräuter im Fett andunsten.

Das Fleisch wieder dazugeben und mit dem Essig mischen. Wein dazugeben, das Fleisch salzen und pfeffern und zugedeckt bei schwacher Hitze ca. 1 Std. schmoren, bis es schön weich ist. Dabei gelegentlich durchrühren und bei Bedarf noch etwas Wein angießen. Abschmecken und servieren. Dazu schmecken Weißbrot und gefüllte Artischocken (Seite 127).

Agnello al Sagrantino

Lamm in Rotwein

Zubereitungszeit: 20 Min.
Garzeit: 1 Std. 15 Min.
Pro Portion ca.: 750 kcal

Zutaten für 4 Personen:
800 g nicht zu fette Lammschulter oder Lammbrust
Salz, Pfeffer
2 EL Olivenöl
400 g kleine rote oder weiße Zwiebeln
8 Knoblauchzehen
1 Zweig Rosmarin
2 Lorbeerblätter
100 g Rosinen
350 ml Sagrantino oder Rosso di Montefalco

Das Lammfleisch in gulaschgroße Stücke schneiden und mit Salz und Pfeffer würzen. Das Öl in einem Schmortopf erhitzen, das Lamm darin rundherum leicht anbraten. Das Fleisch zugedeckt bei schwacher Hitze ca. 30 Min. im eigenen Saft schmoren lassen.

Inzwischen die Zwiebeln und den Knoblauch schälen. Rosmarin waschen. Ganze Zwiebeln und Knoblauchzehen, Lorbeer, Rosmarin und Rosinen zum Lamm geben.

Alles mit dem Wein ablöschen, mit Salz und Pfeffer würzen und zugedeckt bei schwacher Hitze noch einmal ca. 45 Min. schmoren, bis das Fleisch schön weich ist.

Petersilie waschen, Blättchen fein hacken. Braten aufschneiden, mit Gemüse und Sauce auf einer Platte anrichten und mit Petersilie bestreut servieren. Dazu schmecken Weißbrot und geschmorte kleine Tomaten.

Piccioni alla ghiotta

Tauben mit Hühnerlebersauce

Zubereitungszeit: 50 Min.
Pro Portion ca.: 960 kcal

Zutaten für 4 Personen:
Für die Tauben:
4 küchenfertige Tauben (je ca. 400 g)
Salz, Pfeffer, 1 TL abgeriebene unbehandelte Zitronenschale
2 Zweige Salbei, 1 Zweig Rosmarin
50 g fetter Speck im Stück + 8 dünne Scheiben fetter oder durchwachsener Speck, 2 EL Olivenöl
Für die Sauce:
1 Stange Staudensellerie, 1 Möhre
1 kleine Zwiebel, 2 Knoblauchzehen
1/2 unbehandelte Zitrone
je 1 Zweig Rosmarin und Salbei
100 g Hühnerlebern, 40 g fetter Speck
1 EL Olivenöl
1/4 l trockener Weiß- oder Rotwein
Salz, Pfeffer

Backofen auf 200° vorheizen. Die Tauben kalt waschen, abtrocknen und mit Salz, Pfeffer und der Zitronenschale einreiben. Kräuter waschen und von den Stielen zupfen. Speckstück würfeln, mit den Kräutern mischen und in die Tauben füllen.

Öl in einem Bräter erhitzen. Tauben darin auf der Brustseite kurz anbraten, wenden und mit den Speckscheiben belegen. Im heißen Ofen (Mitte, Umluft 180°) ca. 45 Min. weiterbraten.

Für die Sauce Sellerie, Möhre, Zwiebel und Knoblauch putzen und sehr fein würfeln. Zitronenhälfte in Scheiben schneiden. Kräuter waschen, Blättchen hacken. Hühnerlebern klein würfeln, Speck ebenfalls würfeln.

Speck mit Gemüse und Kräutern im Öl unter Rühren 4–5 Min. anbraten. Hühnerlebern kurz mitbraten. Wein angießen, Zitronenscheiben einlegen und die Sauce bei mittlerer Hitze offen sämig einkochen lassen, salzen und pfeffern. Tauben halbieren und mit der Sauce servieren.

Pollo in padella

Hähnchen in Tomatensauce

Zubereitungszeit: 30 Min.
Schmorzeit: 40–45 Min.
Pro Portion ca.: 570 kcal

Zutaten für 4 Personen:
1 Poularde (ca. 1,2 kg)
Salz, Pfeffer
1/2 Bund Oregano
2 Knoblauchzehen
50 g Pancetta (ersatzweise luftgetrockneter Schinken)
600 g Tomaten
2 EL Olivenöl oder Schweineschmalz
1/8 l trockener Weißwein

Die Poularde waschen, trockentupfen und in 8 Stücke teilen. Die Teile mit Salz und Pfeffer einreiben.

Oregano waschen, Blättchen sehr fein hacken. Knoblauch schälen und ebenfalls fein hacken. Pancetta in Streifen schneiden. Tomaten überbrühen, häuten, entkernen und würfeln.

Fett in einem Schmortopf erhitzen, Pancetta darin kurz anbraten und wieder herauslöffeln. Poulardenteile portionsweise im Fett rundherum anbraten und ebenfalls wieder herausnehmen. Wenn alle Teile gebraten sind, Oregano und Knoblauch im Fett anbraten. Tomaten mit dem Pancetta dazugeben, mit dem Wein ablöschen und mit Salz und Pfeffer abschmecken.

Hühnerteile in die Sauce legen und bei schwacher Hitze zugedeckt 40–45 Min. schmoren. Mit einem Messer in die dickste Stelle eines Schenkels stechen. Tritt klarer Saft aus, ist das Geflügel fertig. Ist er rötlich, noch etwas länger schmoren. Sauce abschmecken und mit den Hühnerteilen servieren. Dazu schmecken Weißbrot oder Rosmarinkartoffeln (Seite 55).

In der aromatischen Tomatensauce bleiben die Hähnchenstücke beim Garen besonders saftig. Würzen Sie sie auch einmal mit Peperoncino oder anderen Kräutern wie Salbei. Auch gut: Gemüse wie Paprika, Zucchini, Auberginen oder Fenchel mitschmoren.

Coniglio alla cacciatora

Geschmortes Kaninchen

Zubereitungszeit: 40 Min.
Schmorzeit: 45 Min.
Pro Portion ca.: 530 kcal

Zutaten für 4 Personen:
1 Kaninchen (ca. 1,2 kg)
1/2 unbehandelte Zitrone
1 Zweig Rosmarin, 2 Knoblauchzehen
4 EL Olivenöl, Salz, Pfeffer
2 kleine Fenchelknollen mit viel Grün
200 g Tomaten, 1 TL Fenchelsamen
1/8 l Weißwein, 1 EL Tomatenmark
100 g grüne Oliven, 1 EL Kapern

Das Kaninchen waschen und trockentupfen. In 8–10 Stücke teilen. Die Zitronenschale fein abreiben, den Saft auspressen. Den Rosmarin waschen, Nadeln abzupfen. Knoblauch schälen und mit dem Rosmarin fein hacken. Mit der Zitronenschale, 2 EL Öl, Salz und Pfeffer verrühren. Kaninchen damit einreiben.

Den Fenchel waschen, das Grün abschneiden und beiseite legen. Die Knollen der Länge nach vierteln, vom Strunk befreien und in ca. 1/2 cm dicke Scheiben schneiden. Die Tomaten waschen und würfeln.

Das restliche Öl in einem Schmortopf erhitzen. Die Kaninchenteile darin portionsweise gut anbraten und wieder herausnehmen. Danach den Fenchel mit den Fenchelsamen im Bratfett andünsten. Tomaten untermischen, mit dem Wein und dem Zitronensaft ablöschen und das Tomatenmark unterrühren. Die Sauce mit Salz und Pfeffer würzen, die Kaninchenteile einlegen und zugedeckt bei schwacher Hitze ca. 20 Min. schmoren.

Das Fenchelgrün grob hacken, mit den Oliven und den Kapern untermischen und das Kaninchen weitere 20–25 Min. schmoren, bis es gar ist. Sauce abschmecken und das Kaninchen darin servieren. Dazu schmeckt Weißbrot.

Lepre in agrodolce

Hase in süßsaurer Sauce

Zubereitungszeit: 35 Min.
Marinierzeit: 12–24 Std.
Schmorzeit: 1 Std. 30 Min.–2 Std.
Pro Portion ca.: 540 kcal

Zutaten für 6 Personen:
1 Zwiebel, 1 Möhre
1 Stange Staudensellerie
1/2 l trockener Rotwein
200 ml Rotweinessig
1 TL Pfefferkörner, 2 Gewürznelken
1 Stück Zimtstange, Salz
1 Lorbeerblatt, 4 Zweige Thymian
1 küchenfertiger (Wild-)Hase (ca. 1,8 kg vom Händler in 10–12 Stücke teilen lassen)
100 g Rosinen oder getrocknete Feigen
Pfeffer, 4 EL Olivenöl
1 Stück frischer roter Peperoncino
1 Stück unbehandelte Zitronenschale
1 Zweig Rosmarin, 1 EL Kakaopulver

Zwiebel und Gemüse putzen und grob schneiden. Mit Rotwein und Essig, Pfeffer, Gewürznelken, Zimt und 1 TL Salz mischen, Lorbeer und Thymian dazugeben. Hasenstücke waschen und mit der Marinade begießen. Zugedeckt 12–24 Std. an einem kühlen Ort ziehen lassen.

Stücke aus der Marinade nehmen, trockentupfen. Marinade sieben. Rosinen oder Feigen mit 1 Schöpflöffel Marinade begießen. Die Hasenstücke mit Salz und Pfeffer würzen und im Öl gut anbraten. Mit der Hälfte der Marinade aufgießen und zugedeckt bei schwacher Hitze ca. 1 Std. schmoren.

Den Peperoncino mit der Zitronenschale und dem Rosmarin sehr fein hacken. Mit Rosinen oder Feigen zum Hasen geben und noch einmal ca. 1/2–1 Std. schmoren, bis das Fleisch weich ist. Bei Bedarf Marinade angießen.

Hasenstücke aus der Sauce nehmen, warm stellen. Sauce mit Kakao mischen, salzen, pfeffern und mit dem Hasen servieren.

Hase und anderes Wild in süßsaurer Sauce hat sowohl in Umbrien wie auch in der Toskana eine lange Tradition. Manchmal trägt das Gericht auch den Beinamen *dolce e forte*, süß und stark.

Damit man die Artischocken füllen kann, dürfen sie nicht zu klein sein. Trotzdem müssen sie zart sein, die großen französischen aus der Bretagne sind nicht geeignet.

Artischocken *genießt man in der Toskana ebenso wie in Umbrien und in den Marken. Im Latium, genauer gesagt in Rom, kennt man aber nicht nur eine besonders große Anzahl von Zubereitungsarten, sondern findet auf den Märkten auch gleich mehrere Sorten des schmackhaften Distelgewächses. Besonders viele Rezepte – wie etwa auch die frittierten Artischocken* alla giudia *– stammen ursprünglich von den jüdischen Bewohnern Roms.*

Carciofi alla romana

Gefüllte geschmorte Artischocken

Zubereitungszeit: 20 Min.
Garzeit: 1 Std.
Pro Portion ca.: 115 kcal

Zutaten für 4 Personen:
8 mittelgroße Artischocken
1 Zitrone
1 Bund Minze
1 Bund Petersilie
4 Knoblauchzehen
Salz, Pfeffer
4 EL Olivenöl
150 ml trockener Weißwein

Die Artischocken waschen und die äußeren Blätter entfernen. Den Stiel spitz zulaufend schälen, die Spitzen der übrigen Blätter mit einer Küchenschere abschneiden. Die Blätter auseinander biegen und das Heu in der Mitte der Artischocken mit einem kleinen scharfen Messer herausschneiden (Steps Seite 226). Die Zitrone halbieren und die Artischocken innen und außen damit einreiben.

Den Backofen auf 200° vorheizen. Die Kräuter waschen, Blättchen sehr fein hacken. Den Knoblauch schälen und ebenfalls fein hacken. Kräuter und Knoblauch mischen, mit Salz und Pfeffer würzen und zwischen den Artischockenblättern und im Inneren der Artischocken verteilen.

Die Artischocken mit dem Stiel nach oben nebeneinander in eine feuerfeste Form setzen. Öl und Wein mischen, leicht salzen und pfeffern und neben die Artischocken gießen. Die Artischocken mit Alufolie abdecken und im Backofen (Mitte, Umluft 180°) ca. 1 Std. backen, bis sie schön weich sind. Sie schmecken warm, lauwarm oder abgekühlt als Beilage, aber auch als Vorspeise.

Carciofi alla giudia

Frittierte Artischocken

Zubereitungszeit: 40 Min.
Pro Portion ca.: 145 kcal

Zutaten für 4 Personen:
8 kleine zarte Artischocken
1 Zitrone
Salz, Pfeffer
1/2 l Olivenöl zum Frittieren
Zitronenschnitze zum Garnieren

Die äußeren harten Blätter der Artischocken entfernen, die Stiele spitz zulaufend schälen und die übrigen Blätter mit der Küchenschere kürzen. Die Blätter auseinander biegen und das Heu in der Mitte der Artischocken mit einem kleinen scharfen Messer herausschneiden (Steps siehe Seite 226). Zitrone halbieren und die Artischocken damit einreiben. Die Artischocken zwischen den Blättern salzen und pfeffern.

Das Olivenöl in einem weiten Topf bei mittlerer Hitze erwärmen. Die Artischocken hineingeben und unter Wenden ca. 10 Min. im Öl garen. Dann mit einem Schaumlöffel herausheben und gut abtropfen lassen. Die Artischocken 10 Min. ruhen lassen.

Das Öl wieder erhitzen und die Artischocken nochmals ca. 5 Min. frittieren, bis die äußeren Blätter knusprig sind. Abtropfen lassen und heiß mit Zitronenschnitzen servieren.

TIPP

Durch den Gehalt an Bitterstoffen passen Artischocken nicht zu vielen Weinen, vor allem in Verbindung mit säurereichen Weinen hat man leicht ein pelziges metallisches Gefühl im Mund. Trinken Sie am besten einen säurearmen Wein dazu.

Für Gnocchi alla romana wird gekochter Hartweizengrieß nach dem Abkühlen mit Förmchen ausgestochen. Die Grießtaler kommen dann zum Überbacken in den Ofen.

Die würzigen Nussbrötchen, *die Sie gut als Beilage zu Antipasti, Salat oder Gemüse, aber auch zu würzigen Fleischgerichten und zu Käse servieren können, werden in Umbrien am liebsten mit frischen grünen Walnüssen zubereitet. So wird es gemacht: frische Nüsse schälen und auch von der dünnen Haut befreien, dann grob hacken. Brechen lassen sich die weichen Nusskerne noch nicht.*

Pan nociato

Nussbrötchen

Zubereitungszeit: 30 Min.
Gehzeit: 30–60 Min.
Backzeit: 20 Min.
Pro Stück ca.: 325 kcal

Zutaten für 8 Stück:
30 g frische Hefe
350 g Mehl
Salz
100 g Walnusskerne
100 g alter oder mittelalter Pecorino
4 EL Olivenöl
Backpapier für das Blech

Die Hefe zerkrümeln und in 200 ml lauwarmem Wasser verrühren. Mit dem Mehl und 1/2 TL Salz zu einem glatten Teig verkneten, in einer Schüssel 30–60 Min. gehen lassen, bis sich sein Volumen verdoppelt hat.

Inzwischen Walnusskerne und Pecorino in kleine Stücke brechen. Beides mit dem Öl unter den Hefeteig kneten, zu ca. 8 Brötchen formen und auf ein mit Backpapier belegtes Backblech legen. Zugedeckt nochmals ca. 15 Min. gehen lassen.

Den Backofen auf 200° (Umluft 180°) vorheizen. Die Brötchen darin ca. 20 Min. backen. Abkühlen lassen.

Variante: Pizza bianca

Den Teig ohne Nüsse und Käse zubereiten und gehen lassen, dann auf dem Blech zu einem runden, ca. 1/2 cm dicken Fladen formen, dessen Ränder etwas dicker sind. Teig nochmals 15 Min. gehen lassen. Mit einer Gabel mehrmals einstechen, mit 4 EL Olivenöl beträufeln, mit etwas grobem Salz und eventuell ein paar Rosmarinnadeln bestreuen und im Ofen bei 250° (Umluft 220°) ca. 10 Min. backen, bis die Pizza schön gebräunt ist. In Stücke brechen und servieren.

Gnocchi alla romana

Gratinierte Grießtaler

Zubereitungszeit: 30 Min. (ohne Abkühlzeit)
Backzeit: 25 Min.
Pro Portion ca.: 420 kcal

Zutaten für 4 Personen:
Salz, Pfeffer
200 g Hartweizengrieß
4 EL Butter
2 Eigelbe
1 Tomate
100 g frisch geriebener Pecorino

In einem Topf 1/2 l Wasser mit Salz und Pfeffer zum Kochen bringen. Den Grieß unter Rühren einrieseln lassen und bei schwacher Hitze zugedeckt 5 Min. garen.

Grieß in eine Schüssel füllen und etwas abkühlen lassen, 2 1/2 EL Butter und die Eigelbe unterrühren. Die Masse ca. 1 cm hoch auf ein Plastik- oder Marmorküchenbrett streichen und abkühlen lassen.

Den Backofen auf 220° vorheizen. Eine feuerfeste Form mit 1/2 EL Butter ausstreichen. Mit einem runden Ausstecher oder einem Glas aus der Grießmasse Taler ausstechen und leicht überlappend in die Form legen.

Die Tomate waschen und in sehr kleine Würfel schneiden. Mit dem Käse mischen und auf den Grießtalern verteilen. Mit der übrigen Butter in Flöckchen belegen. Grießtaler im heißen Ofen (Mitte, Umluft 200°) ca. 25 Min. gratinieren, bis sie leicht gebräunt sind.

TIPP

Statt Tomate Kräuter fein hacken, Oliven klein schneiden oder ein paar klein gehackte Sardellen nehmen.

Cassata pontecorvese

Ricottatorte

Zubereitungszeit: 30 Min.
Backzeit: 45 Min.
Pro Stück ca.: 315 kcal

Zutaten für 12 Stück:
Für den Teig:
300 g Mehl
2 Eier (Größe M)
50 g Zucker
4 EL Olivenöl + Öl für die Form
Salz
Für den Belag:
100 g leicht kandierte Früchte
100 g Zartbitter-Schokolade
1 unbehandelte Zitrone
400 g frischer Ricotta
100 g Zucker
4 Eier (Größe M)
1 Prise Zimtpulver

Für den Teig Mehl mit Eiern, Zucker, Olivenöl und 1 Prise Salz glatt verkneten.

Für die Füllung die kandierten Früchte und die Schokolade in kleine Stücke schneiden. Die Zitronenschale fein abreiben. Ricotta mit Zucker, Eiern und Zimt gut verquirlen. Kandierte Früchte, Schokolade und Zitronenschale unterrühren.

Den Backofen auf 180° vorheizen. Eine Tarteform von 30 cm ø mit Öl ausstreichen. Gut die Hälfte vom Teig zu einer Kugel formen und zwischen zwei Lagen Klarsichtfolie zu einem Kreis von ca. 34 cm ø ausrollen. Form damit auslegen. Füllung darauf verstreichen. Aus dem restlichen Teig einen Teigdeckel von 30 cm ø und nach Belieben auch Ornamente ausrollen, auf die Füllung legen und die Teigränder zusammendrücken.

Die Torte im Ofen (Mitte, Umluft 160°) ca. 45 Min. backen, kurz abkühlen lassen, aus der Form lösen und vor dem Servieren am besten einige Stunden durchziehen lassen.

Brutti ma buoni

Haselnussmakronen

Zubereitungszeit: 40 Min.
Backzeit: 2 x 18 Min.
Pro Stück ca.: 130 kcal

Zutaten für ca. 35 Stück:
500 g Haselnusskerne
300 g Zucker
1/2 unbehandelte Orange
1 Vanilleschote
6 Eiweiße
Salz
2 TL Kakaopulver
Backpapier für das Blech

Den Backofen auf 200° (Umluft 180°) vorheizen. Zwei Backbleche mit Backpapier auslegen. Haselnusskerne darauf verteilen und im heißen Ofen (Mitte) ca. 10 Min. rösten. In ein Tuch geben, gegeneinander reiben und so die braunen Häute entfernen.

Die Haselnüsse abkühlen lassen, dann mit dem Zucker im Mixer fein zerkleinern. Die Orangenschale fein abreiben. Die Vanilleschote der Länge nach aufschlitzen und das Mark mit dem Messerrücken herauskratzen.

Eiweiße mit 1 Prise Salz zu steifem Schnee schlagen. Haselnüsse mit Orangenschale, Vanillemark, Kakaopulver und Eiweißen mischen, in eine Metallschüssel geben und über einem heißen Wasserbad mit dem Handrührgerät auf mittlerer Stufe ca. 10 Min. kräftig durchrühren.

Von der Masse jeweils knapp 1 EL abnehmen und nebeneinander auf die Bleche setzen. Makronen in zwei Portionen im Ofen bei 180° (Umluft 160°) ca. 18 Min. backen. Jeweils vom Blech lösen und abkühlen lassen. Schmecken frisch am besten.

Hässlich, aber gut – das heißt *brutti ma buoni* auf Deutsch. Die saftigen Makronen werden so genannt, weil sie beim Backen ihre Form nicht ganz behalten, sondern etwas zerlaufen.

Von der Pflanze bis zum Genuss ist ein weiter Weg: Kaffeebohnen sind eigentlich hellbraun und werden erst durch das Rösten dunkel. Am besten kauft man ganze Bohnen, mahlt sie frisch und bereitet sie in einer italienischen Espressomaschine zu.

In einer professionellen Espressomaschine wird der Wasserdruck so perfekt kontrolliert, dass der Espresso wunderbar aromatisch schmeckt und die feine Schaumkrone bekommt, die einen guten *caffè* auszeichnet.

Caffè

Schwarz, stark, süß!

Kein Espresso ohne Muße und keine Pause ohne Espresso, und sei sie noch so kurz. Mit drei Schlucken sollte er getrunken werden, damit er Energie bringen, anregen und die Kreativität beflügeln kann.

Zwei Typen bestimmen das Geschehen: Der Arabica begeistert Kaffeetrinker mit feinem, rundem, nicht zu säurebetontem und an Schokolade erinnerndem Aroma mit angenehm bitterer Note. Der Robusta stellt – wie der Name vermuten lässt – weniger Ansprüche an Boden, Klima und Anbau, schmeckt nicht ganz so harmonisch und enthält mehr Koffein.

Für die Güte des *caffès,* wie Espresso in Italien heißt, ist jedoch nicht nur die Sorte entscheidend. Auch der Umgang mit der Pflanze spielt eine wichtige Rolle. Kaffeebäume tragen gleichzeitig Blüten und Beeren. Für gute Qualitäten werden nur die vollreifen – sprich leuchtend roten – Kirschen, wie man Kaffeebeeren auch nennt, Stück für Stück einzeln abgepflückt. Wenn es schneller und billiger gehen soll, werden alle Beeren abgestreift. Nach dem Auslösen wäscht man die Bohnen gründlich, um sie vom Schleim zu befreien. Nach ein paar Tagen Fermentation kommen sie zum Trocknen in die Sonne, werden dann verlesen und in Säcke verpackt. Beim anschließenden Rösten, der *torrefazione,* sollen die Bohnen möglichst langsam und gleichmäßig erhitzt werden. In der Regel liegt die Endtemperatur bei ungefähr 220°, das Rösten dauert dann ca. 12 Minuten. Ein *caffè,* dessen Bohnen nur bei 218° geröstet wurden, ist weniger bitter, dafür enthält er mehr Säure (so schätzt man ihn im Norden Italiens). Bohnen, die bis 225° erwärmt wurden, liefern bittereren und säureärmeren Geschmack.

Kaum ein *caffè* wird aus nur einer Bohnensorte zubereitet, die meisten werden aus einer *miscela,* einer Mischung, hergestellt.

Am besten schmeckt Espresso aus frisch gemahlenen Bohnen. Pulver darf nicht lange lagern, vor allem Feuchtigkeit bekommt ihm schlecht. Bohnen nicht zu fein mahlen, am besten erst kurz vor der Zubereitung! Für optimalen Geschmack soll die Espressomaschine das Wasser mit Druck so durch das Pulver treiben, dass es reichlich Aroma aufnimmt.

Und jetzt sollte dem Genuss und seiner guten Wirkung nichts mehr im Wege stehen. Gönnen Sie sich die kleine Pause!

Starker Espresso gibt dem sahnigen Eis eine herb-aromatische Note. Sie können die Eismasse statt in einer großen Form auch in kleinen Förmchen gefrieren lassen. Förmchen vor dem Servieren in heißes Wasser tauchen, dann stürzen.

Gelato al caffè

Espressoeis

Zubereitungszeit: 20 Min.
Gefrierzeit: 4 Std.
Pro Portion ca.: 370 kcal

Zutaten für 4 Personen:
6 Eigelbe
100 ml starker Espresso
100 g Zucker
200 g Sahne
2 TL Kakaopulver + Kakaopulver zum Bestäuben
Kaffeebohnen (nach Belieben mit Schokolade überzogen) zum Garnieren

Die Eigelbe mit dem Espresso und dem Zucker gut schaumig rühren. Die Sahne steif schlagen und mit dem Kakaopulver unterziehen.

Die Masse in eine Schüssel füllen und im Gefrierfach in ca. 4 Std. fest werden lassen. Dabei häufig durchrühren, damit die Masse gleichmäßig gefriert.

Vom Eis Nocken abstechen und auf Desserttellern anrichten. Mit Kaffeebohnen garnieren und leicht mit Kakaopulver bestäuben.

Die Sprache des Caffè

Espresso heißt in Italien schlicht *caffè*

Caffè lungo:	mit etwas mehr Wasser gekochter Espresso
Caffè doppio:	doppelter Espresso
Caffè ristretto:	mit etwas weniger Wasser gekochter Espresso
Caffè corretto:	Espresso mit Likör (etwa Sambuca) oder anderen Alkoholika wie Grappa
Caffè con la panna:	Espresso mit einem Schuss Sahne
Caffè con il latte (oder *macchiato*):	Espresso mit einem Schuss Milch oder ganz wenig Milchschaum
Cappuccino:	Espresso mit Milch und Milchschaum (je etwa 1/3)
Caffè latte:	Espresso, der mit heißer Milch ohne Schaum aufgegossen wird

Rund um Canneto, wo die Früchte der vielen Olivenbäume das berühmte *olio della Sabina* hervorbringen, wachsen auch besonders aromatische Pfirsiche. Sie schmecken pur oder als Dessert.

Frittelle, *ob aus Reis, Hefeteig oder anderen Mischungen, fehlen in Italien bei keinem Dorffest und sind vor allem auch an Karneval beliebte Dolci. Sie werden am liebsten frisch aus dem Öl ganz knusprig serviert, in einer Serviette oder auf einem Stück Papier. Wer mag, kann noch getrocknete oder frische Früchte in kleinen Stücken mit unter den Teig mischen.*

Frittelle di riso

Frittierte Reisbällchen

Zubereitungszeit: 40 Min.
Pro Portion (bei 6) ca.: 570 kcal

Zutaten für 4–6 Personen:
300 g Milchreis
300 ml Milch
80 g Zucker
1 große unbehandelte Zitrone
3 Eier (Größe M)
4 EL Mehl
1/4 TL Zimtpulver
2 EL Rum, Grappa oder Vin santo
1/2 l Olivenöl zum Frittieren
Puderzucker zum Bestäuben

Den Reis ungewaschen mit der Milch, 400 ml Wasser und dem Zucker in einem Topf erhitzen. Zugedeckt bei schwacher Hitze in ca. 20 Min. ausquellen lassen. Dabei, falls nötig, noch etwas Wasser angießen.

Den Reis in eine Schüssel füllen und ganz auskühlen lassen. Die Zitronenschale fein abreiben und mit den Eiern, dem Mehl, dem Zimt und dem Rum, Grappa oder Vin santo zum Reis geben. Alles gründlich durchmischen.

In einem Topf das Olivenöl erhitzen. Aus der Reismasse jeweils etwa tischtennisballgroße Bällchen formen und portionsweise im heißen Fett goldbraun ausbacken. Mit einem Schaumlöffel herausnehmen, auf Küchenpapier abfetten lassen und mit Puderzucker bestäubt warm oder abgekühlt servieren.

Pesche ripiene

Gefüllte Pfirsiche

Zubereitungszeit: 30 Min.
Backzeit: 15 Min.
Pro Portion ca.: 235 kcal

Zutaten für 4 Personen:
4 große reife Pfirsiche
60 g Makronen (z. B. Haselnussmakronen, Seite 131)
100 ml Weißwein, 2 EL Honig
1 EL Zitronensaft
1 Eiweiß, 2 EL Puderzucker
40 g Pinienkerne, 2 EL Kakaopulver

Die Pfirsiche häuten und halbieren. Die Kerne herauslösen, die Vertiefung noch etwas weiter aushöhlen. Das ausgehöhlte Pfirsichfleisch sehr fein hacken. Die Makronen in kleine Stücke brechen.

Wein mit Honig und Zitronensaft in einem weiten Topf erhitzen. Pfirsichhälften darin bei schwacher Hitze zugedeckt in 5 Min. pochieren. Mit dem Sud und der Öffnung nach oben nebeneinander in eine feuerfeste Form setzen. Den Backofen auf 200° (Umluft 180°) vorheizen. Das Eiweiß steif schlagen, dabei den Puderzucker einrieseln lassen.

Makronen, Pinienkerne und Kakaopulver mit dem gehackten Pfirsichfleisch unter den Eischnee mischen. Pfirsichhälften mit der Makronenmasse füllen. Gefüllte Pfirsiche im heißen Ofen (Mitte) ca. 15 Min. backen, bis sie leicht gebräunt sind. Am besten lauwarm servieren. Dazu schmeckt Espressoeis (Seite 133).

TIPP

Wenn sich die Pfirsiche nicht gut häuten lassen, Früchte kurz mit kochendem Wasser überbrühen, kalt abschrecken und dann die Haut abziehen.

Olivenöl

Assolutamente extra vergine!

Seit Jahrtausenden reifen die Oliven jeden Herbst heran und werden zu Öl gepresst. Früher war diese Arbeit allerdings um vieles mühsamer, der Mensch setzte beim Zermahlen der Oliven Tiere ein, die den Mahlstein drehten.

»Erschöpft und dem Tode sehr nahe erreichte der Schiffbrüchige eine kleine unbewohnte Insel. Einziger Zeuge seiner Rettung: ein Olivenbaum, der selbst schon bessere Tage gesehen haben musste, dürr und vertrocknet stand er da. Und dennoch fühlte der Mann sich zu dem einzigen lebendigen Wesen auf der Insel hingezogen, legte sich unter den Olivenbaum und schlief ein. Im Traum sprach er mit dem Baum, und weil die Unterhaltung so angenehm war, näherten sich Wolken, um den Worten der beiden zu lauschen. Nicht lange und auch der Wind zeigte sich. Vertrieb er sonst die Regenwolken, blieb auch er und die Wolken hatten genügend Zeit, dem Baum ihr Wasser zu schenken. Er erholte sich und erblühte. Als die Wolken keinen Regen mehr hatten, war auch der Traum zu Ende. Der Wind machte sich wieder auf den Weg, nicht ohne Olivensamen mit sich zu nehmen und den wundersamen Baum auf der Welt zu verteilen.«

Der Mammut unter den Olivenbäumen Europas steht in der Sabina, dem Gebiet Latiums, das das beste und feinste Olivenöl der Region produziert. Am reinsten lässt sich der Geschmack des Öls auf einem Stück Weißbrot testen.

Mit dieser Geschichte empfängt das Olivenmuseum von Castelnuovo di Farfa seine Besucher. Wer sich für die kleinen, glänzenden Früchte interessiert, ist hier an der richtigen Adresse. Der Besucher kann Kunstwerke von internationalen Künstlern bewundern, die sich alle um das Thema Olivenbaum und Olivenöl drehen – unter anderem eine Installation von Gianandrea Gazzola, in der mit Olivenöl Musik produziert wird. Und er erfährt, wie sich die Produktion des Öls im Laufe der Zeit geändert hat.

Geschichte und Geschichten

Dass es in der Sabina schon seit vielen Jahrhunderten Olivenbäume gibt, beweist nicht zuletzt der Olivenbaum-Gigant in Canneto in Farfa in der Sabina. Der Baum von der Sorte Olivastro soll über 1500 Jahre alt und somit der älteste Olivenbaum Europas sein, sein Umfang misst sieben Meter. Er hat die Anfänge des Römertums ebenso miterlebt wie die Zeit der Karolinger, die Macht der Herzöge der Region und der Benediktiner im Kloster von Farfa.

Schafe weiden überall im Latium zwischen den Olivenbäumen.

Strenger Frost schadet ihnen sehr, aber ein bisschen Kälte oder Schnee für kurze Zeit können Olivenbäume gut aushalten.

Die Benediktinerabtei Abbazia di Farfa stammt aus dem 16. Jahrhundert und strahlt klösterliche Ruhe aus.

Den besten Ertrag haben Olivenbäume zwischen dem 20. und 40. Lebensjahr.

Aus den Früchten des silbern glänzenden Baums stellte man Öl her, das in großen Terracottagefäßen aufbewahrt wurde. Es wurde nicht nur als Nahrung verwendet, sondern auch für viele andere Zwecke. Licht wurde aus ihm ebenso gemacht wie Seife und Kosmetik, in der Medizin hat man es ebenso gebraucht wie in der Kunst und in der christlichen Kirche. Mit Olivenöl wurde ein neuer Erdenbürger auf der Welt empfangen und bei seinem Ende mit der Salbung wieder verabschiedet. Aus dem Holz des wertvollen Baumes schnitzte man nicht nur Gegenstände für den täglichen Gebrauch, sondern auch Instrumente und kunstvolle Möbelstücke.
Man erfand auch zahlreiche Methoden, die Oliven selbst haltbar zu machen. Man legte sie in Salzlake ein, zerkleinerte sie mit verschiedenen Gewürzen und mischte sie mit Honig oder trocknete sie, bevor man sie einlegte.
War das Öl aus der Sabina schon in der Antike bekannt und begehrt – Horaz hat ebenso darüber geschrieben wie Plinius, und der Arzt Galeno, der am Hofe von Marc Aurel tätig war, schätzte seine therapeutischen Eigenschaften besonders hoch – gilt es heute nicht nur bei italienischen Feinschmeckern als eines der besten Italiens: Es ist fruchtig und dabei von mildem bis mittelkräftigem Geschmack mit Anklängen von frischen Kräutern und Mandeln.

Vom Baum in die Flasche

Wie überall kommt es auch in der Sabina vor allem auf die sorgfältige Produktion an. Damit das Öl einen niedrigen Säuregehalt hat, dürfen die Oliven nicht zu reif sein, am besten sind sie, wenn sie gerade anfangen, sich dunkel zu verfärben. Damit sie bei der Ernte wenig verletzt werden (jede Verletzung führt zur Gärung und damit Säurebildung), pflückt man sie in den hochwertig arbeitenden Betrieben von Hand oder rüttelt sie mit speziellen Maschinen vom Baum und fängt sie auf Netzen weich auf.
In der Ölmühle, wo man noch immer nach der gleichen Methode wie früher, aber mit verbesserten Maschinen arbeitet, werden die Oliven gereinigt und gewaschen und mitsamt den Kernen zu einem feinen Brei zermahlen. Eine Zentrifuge trennt Öl und Fruchtwasser voneinander.
Das ablaufende Öl kann nun abgefüllt oder filtriert werden. Natürlicherweise bleibt das ungefilterte Öl zunächst trüb, wird aber nach einigen Monaten fast klar, und am Boden der Flasche setzt sich ein bräunlicher Satz ab. Damit das Öl trüb bleibt, greifen manche Hersteller zu einem Trick: Sie setzen Emulgatoren oder Wasser zu. Sichtbar wird solche Täuschung an dem weißen Satz, der sich auf dem Boden der Flasche bildet.

So erkennen Sie Qualität

Um festzustellen, welcher Güteklasse ein Öl zuzuordnen ist, wird es nach Geschmack, Farbe, Geruch und Säuregehalt beurteilt. Die Europäische Union schreibt vor: »Natives Olivenöl extra« oder *olio di oliva extravergine* darf einen Säuregehalt von höchstens 0,8 g je 100 g haben, bei einem Öl mit der Bezeichnung »Natives Olivenöl« darf der Säuregehalt die 2 g nicht überschreiten.
Öle, die beide Grenzwerte überschreiten, müssen raffiniert werden. Heraus kommt ein ziemlich geschmacksfreies Öl, das dann wiederum mit Nativem Olivenöl gemischt wird, damit es überhaupt nach Olivenöl schmeckt. Verkauft wird es unter der schlichten Bezeichnung »Olivenöl«.
Besonders wichtig: Nicht jedes Öl, das als italienisches Öl verkauft wird, stammt wirklich aus Italien. Wer sicher gehen will, muss das Etikett genau lesen. Darauf muss stehen: »Produziert und abgefüllt« im Latium, der Toskana, Umbrien oder einer anderen Region, noch besser sind Öle mit einer genauen Lagebezeichnung der Olivenhaine. Steht nur auf der Flasche: »abgefüllt«, *imbottigliato*, in Italien bzw. Latium oder einer anderen Region, kann vieles dahinter stecken.
Manche Hersteller geben sogar die Olivensorte an, aus der das Öl hergestellt wurde. Das kann eine Sorte sein oder auch eine Mischung aus verschiedenen Sorten. In der Sabina sind das vor allem Frantoio, Carboncella, Raja, Olivastrone und Leccino. Stammt das Öl wirklich aus der Sabina hat es die Bezeichnung der geschützten Gegend: DOP (*denominazione di origine protetta*) und eine Herkunftsgarantie: DOC (*denominazione di origine controllata*) auf dem Etikett.
Übrigens gibt es in der Sabina auch ein Olivenöl mit Zitronen. Anders als bei den meisten Ölen wird bei diesem das Zitronenaroma nicht später hinzugefügt, sondern die Zitronen werden gleich zusammen mit den Oliven gepresst.

Von leichten und intensiven Typen

Grundsätzlich unterscheidet man in Italien drei Sorten von Olivenöl – abhängig vom Boden, auf dem die Bäume wachsen, der Auswahl von den

Roberto Salvettis Besitz liegt am Lago di Trasimeno. Hier wird etwa Mitte Oktober die erste Ernte eingebracht, aus den Oliven entsteht ein fruchtiges und pikantes Öl. Um auch eines mit milderem Geschmack pressen zu können, gibt es eine zweite Ernte im November. Die Oliven sind dann schon reifer und weniger würzig.

über 700 Sorten und auch dem Zeitpunkt der Ernte (je unreifer die Oliven sind, desto herber ist das Öl).

Leichte Öle (*fruttato leggero*) sind mild und erinnern im Aroma an Nüsse und Samen wie Mandeln oder Pinienkerne und duften nur zart nach Gras und Kräutern. Sie passen zu gedämpftem und gedünstetem Fisch, zu hellem Fleisch und zu Gemüse besonders gut. Man bekommt sie im Latium und in den Marken, manchmal auch in den Abruzzen.

Mittelfruchtige Öle (*fruttato medio*) duften schon intensiver nach Gras und kräftigeren Kräutern wie Rosmarin, aber auch nach Tomatenblättern oder unreifen Tomaten. Sie haben im Abgang schon leicht herbe und bittere Noten und schmecken besonders gut zu Salaten aus Meeresfrüchten, zu gebratenem Fisch und zu nicht zu kräftigem Fleisch. Man findet sie in ganz Mittelitalien.

Die intensiv-fruchtigen Öle (*fruttato intenso*) duften intensiv nach Gras, manchmal auch nach Artischocken und reifen Tomaten. Dieses Öl kann fast scharf schmecken und ist bitterer als die anderen. Man trifft es vor allem in der Toskana an, wo es hervorragend zu geröstetem Brot, würzigen Gemüsesorten, den verschiedenen Suppen und auch zur *bistecca fiorentina* passt.

Eine Preisfrage

Kann gutes Olivenöl billig sein? Nein! Wenn der Baum wirklich in Italien wächst, der Hain wie der Baum gepflegt und gehegt wird, die Oliven zum richtigen Zeitpunkt sorgfältig gepflückt, gleich nach der Ernte verarbeitet und abgefüllt werden, dann kann das Öl nicht billig sein – ein Preis unter 5 Euro für den Liter deckt die Kosten keinesfalls, einer um die 10 Euro ist realistisch. Billige Olivenöle bestehen oft zu einem nicht geringen Prozentsatz aus anderen Ölsorten oder aus raffiniertem Öl aus überreifen Oliven, deren Säuregehalt chemisch heruntergesetzt wurde, damit sie durch die Prüfung gelangen und den begehrten Zusatz *extra vergine* tragen dürfen. Olivenölkauf ist also ebenso wie der Kauf von Wein eine Frage des Vertrauens, des Nachfragens – Woher stammen die Oliven? Wie werden sie verarbeitet? Wie heißt der Produzent? – und nicht zuletzt auch eine Frage des Probierens. Wie beim Wein kann man bei einer Degustation seinen Geschmack schulen und verfeinern und findet bald sein Lieblingsöl.

Probieren wie ein Profi

Beim Wein ist eine Degustation ganz selbstverständlich, beim Olivenöl löst sie bei manchem noch Befremden aus. Dabei lohnt es, sich gerade mit den hochwertigen Ölen aus dem Latium, der Toskana, aus Umbrien oder den Marken einmal intensiv zu beschäftigen und zu vergleichen.

Das Öl wird für die Verkostung in kleine Plastikbecher gefüllt, die man mit der Handfläche abdeckt und kräftig reibt, um das Öl anzuwärmen. Dann nimmt man einen Schluck, verteilt ihn im Mund und zieht mehrmals kräftig die Luft durch die leicht geöffneten Lippen. Dann erst schluckt man das Öl herunter und kann wie beim Wein die verschiedenen Komponenten schmecken und auch den Abgang genießen.

Gut für die Gesundheit

Was unsere Vorfahren ahnten, ist heute wissenschaftlich bewiesen: Olivenöl ist gesund und trägt erheblich dazu bei, Herzkreislauferkrankungen zu senken. Es enthält 80 Prozent einfach ungesättigte Fettsäuren, die den Cholesterinspiegel günstig beeinflussen und damit das Infarktrisiko senken. Durch diese Fettsäuren ist Olivenöl ein sehr stabiles Fett, das man sehr gut hoch erhitzen kann. Vitamine, sekundäre Pflanzenstoffe, Mineralstoffe und Spurenelemente tun ihr Übriges, um Olivenöl so gesund zu machen, dass man es täglich auf den Tisch stellen sollte.

Oliven mit echter Größe

Eine Besonderheit aus den Marken sind die Oliven aus Ascoli Piceno, auch *oliva tenera* genannt, die sich gerade auf den Weg machen, eine DOP zu ergattern. Die Bezeichnung *Oliva Ascolana del Piceno* soll den Tafeloliven gelten, die in Lake konserviert werden, aber auch der berühmten Spezialität der Gegend, also die gefüllten und frittierten Oliven mit einschließen – das wäre immerhin die erste DOP Italiens, die nicht einem Lebensmittel, sondern einem Gericht verliehen wird. Die Güte der großen und schmackhaften Oliven aus der Provinz Teramo war schon in der Antike bekannt, Mönche des Benediktinerordens in Ascoli waren es schließlich, die die Oliven in größerem Stil anpflanzten und in Lake einlegten. Die Oliven zu füllen wurde um 1600 zum ersten Mal erwähnt, damals bestand die Füllung der entsteinten Oliven allerdings aus Kräutern. Im 19. Jahrhundert schließlich wurde die Fleischfüllung entwickelt und begeistert bis heute.

Rohes Gemüse schmeckt gut, wenn man es in frisches – eventuell leicht gesalzenes – Olivenöl stippt. *Pinzimonio* nennt man diese Kombination.

Das Füllen der berühmten großen Oliven der Marken macht etwas Mühe. Köche in Ascoli Piceno müssen sich die nicht machen, sie können die gefüllten Früchte in vielen Geschäften fertig kaufen.

Fast Food auf die feine, italienische Art: Neben den gefüllten Oliven warten viele andere Köstlichkeiten – meist verschiedene Antipasti – auf eilige Genießer.

PORTA TUFILLA

Die Marken

Eine Region im Plural

»Regione al plurale«, nennt Vittorio Beltrami, Feinkosthändler, Lebenskünstler und Marke aus Leidenschaft, seine Heimat, wie vor ihm schon der Schriftsteller Guido Piovene (1907-1974) in seinem Buch über Italien. Tatsächlich haben die Marken so viel zu bieten, dass man sie nicht mit einem einzigen Schlagwort beschreiben kann.

Die Marken
Eine Region im Plural

Vittorio Beltrami weiß alles über die kulinarischen Schätze der Region.

Manchmal muss man in dieser Region zwischen Toskana, Umbrien und der Adria vielleicht ein bisschen genauer hinschauen, um all ihre Schönheiten zu entdecken. Vielleicht wie in Signore Beltramis Laden in Cartoceto in der Nähe von Urbino. Eher klein ist die »Gastronomia Beltrami«, aber das Angebot an Weinen und allen kulinarischen Köstlichkeiten, die die Marken zu bieten haben, ist so groß, dass man schon ein bisschen stöbern kann und muss, um alles zu entdecken. Bei einem Glas Weißwein kommt im Gespräch der Vergleich mit der großen und berühmten Toskana, in deren Schatten auch die Marken stehen. Ganz zu unrecht, findet Signore Beltrami: »Wir haben schließlich auch alles, und vor allem haben wir unsere Seele nicht verkauft, wie manche in der Toskana.«

Landschaft mit Variationen

Fährt man durch die Region, reist man hauptsächlich durch Hügelland mit sanften Erhebungen. Fast überall wächst Getreide. Besonders schön ist die Landschaft da, wo die Marken wenig zersiedelt sind, wo sich Felder mit Wiesen, Schafweiden und kleinen Waldstücken abwechseln. Im Hinterland findet man diese Gebiete noch häufig.

Mit 172 Kilometern Küste haben die Marken auch ein gutes Stück Adria zu bieten, das sich allerdings nicht überall von einer schönen Seite präsentiert. Die Küste ist meist schmal und flach, an vielen Stellen führen sowohl die Eisenbahnlinie wie auch die Bundesstraße ziemlich nah am Strand vorbei. Die Ausnahme allerdings lohnt eine Reise: Der Monte Conero ist ein bezauberndes Vorgebirge, gut 500 m hoch, das zum Meer hin ziemlich steil abfällt. Hier findet man Buchten, die schwer zugänglich und daher wenig überlaufen sind, und Stellen, wo man die Natur noch genießen kann. Malerisch sind auch die beiden ehemaligen Fischerdörfer Sirolo und Numana.

Ganz in der Nähe von Sirolo am Strand und bis auf einen kurzen Fußweg mit dem Auto zu erreichen, liegt eines der drei Lokale von Moreno Cedroni. Wie eine einfache Strandbar sieht das »Clandestino« auf den ersten Blick aus, auf den zweiten lässt sich aber unschwer erkennen, dass hier ein Mann wirkt, der bei allem auf Qualität achtet. Tagsüber kann man hier wie an vielen Stränden einen Toast essen oder etwas trinken, am Abend gibt es *susci* (wie Moreno Cedroni die japanische Spezialität in Italienisch schreibt) und die blaue Holzhütte verwandelt sich in eine Edelbar, in der man entspannt seinen Aperitif trinken kann.

Städte mit Charakter

Das große Plus der Marken sind die kleinen und überschaubaren Städte, die meistens auf Hügeln liegen und mit ihren hohen Kirchtürmen in den blauen Himmel ragen.

Z. B. Urbino – auf zwei Hügeln erbaut, gilt es als eine perfekte Renaissancestadt. Ihr Aussehen bekam sie in den Jahren 1444–1482, als Federico di Montefeltro, ein gebildeter und allgemein beliebter Mann, hier residierte und die Geschicke der Stadt lenkte. Nach seiner Zeit hat sich kaum mehr jemand für Urbino interessiert. Das ist wohl auch der Grund dafür, dass die Stadt so wenig verändert wurde und nach wie vor so harmonisch wirkt. Übrigens ist ein Besuch dann am schönsten, wenn auch die Studenten der Universitätsstadt da sind und das Treiben auf den Plätzen und Straßen beleben. Berühmter Sohn Urbinos ist Raffael, der 1483 hier das Licht der Welt erblickte, seiner Heimatstadt aber nicht lange treu blieb.

Jesi, weiter südlich gelegen, ging als Geburtsort Friedrich II. in die Geschichte ein. Seine mit über 40 Jahren für die damalige Zeit schon ziemlich alte Mutter Konstanze wollte alle Zweifel zerstreuen, dass sie das Kind auch tatsächlich selbst zur Welt bringen würde. Man ließ auf der Piazza ein Zelt aufstellen, in dem die Geburt stattfinden

Das »Anikò« in Senigallia ist eines der drei Lokale des kreativen Fischkochs Moreno Cedroni. »Anikò« bedeutet im Dialekt *ogni cosa*, also von allem etwas. Und so kann man hier an der Bar im Freien auch viele kleine Köstlichkeiten probieren.

Einzigartig gut erhalten und frei von Autoabgasen: Urbino – die Stadt des bürgernahen Federico di Montefeltro – lohnt eine Reise.

Kontraste einer Region: geruhsames Leben in sanfter Natur, Sonnenschirme in Reih und Glied am Strand von Grottamare.

sollte. Als Zeugen wurden Geistliche und Frauen geladen. Das war 1194. Seitdem hat sich in Jesi einiges verändert, aber die Piazza gibt es noch und heißt natürlich Piazza Federico II. Jesi präsentiert sich mit gut erhaltenen Stadtmauern, mittelalterlich anmutenden Stadtvierteln und prächtigen Renaissancebauten auch heute noch auf sehr angenehme Art und Weise.
Nach Recanati fährt man eher, weil man einem berühmten Italiener die Ehre erweisen möchte: Giacomo Leopardi, der Verfasser der poetischen *canti*, der bekannten Gesänge, wurde hier 1798 geboren. Überall in der kleinen Stadt sind Tafeln mit Verszeilen des Dichters angeschlagen und in seinem Geburtshaus kann man sich in der umfangreichen Bibliothek von der Belesenheit des beliebten Mannes überzeugen.

Loreto, das ganz in der Nähe liegt, zieht das ganze Jahr über Pilgerscharen an, die hier in der mächtigen Basilika die *Santa Casa* besuchen, das heilige Haus, in dem Maria geboren worden und Jesus aufgewachsen sein soll. Der Legende nach soll sich das Haus 1291 auf den Weg gemacht haben und nach zwei gescheiterten Landungen in anderen Orten 1294 in Loreto angekommen sein. Genau in der Nacht vom 9. auf den 10. Dezember soll die *Santa Casa* durch die Luft geflogen sein, um sich dann niederzulassen. Große Feuer rund um Loreto erinnern am Abend des 9. Dezember noch heute an dieses »Wunder«.
Schon fast an der Grenze zu den Abruzzen liegt Ascoli Piceno, das bei Feinschmeckern wegen der fleischigen und wohlschmeckenden Oliven beliebt ist. Doch die Stadt hat mehr zu bieten:

Rund eine Million Gläubige pilgern jedes Jahr nach Loreto – die Stadt und ihr Angebot sind davon bestimmt.

Jugendstil in Ascoli Piceno: Im »Caffè Meletti« genießt man Espresso und Co. noch immer etwas stilvoller als anderswo in der Stadt.

Meletti ist für seinen Anisschnaps Mistrà ebenso berühmt wie für seine Liköre.

Ein heiliges Haus soll durch die Luft geflogen sein. Seit knapp hundert Jahren ist die Madonna von Loreto daher die Schutzheilige der Piloten!

Der Palio della Quintana in Ascoli Piceno findet alljährlich statt.

Nach Ascoli Piceno kommen bisher noch nicht allzu viele Fremde. So haben die Einheimischen die Arkaden für sich.

Wer sich das Geschehen in Ruhe ansehen will, sucht sich ein schönes Plätzchen in einem der *caffès*.

Italiens Märkte zeigen, was die Jahreszeit zu bieten hat. Hier richtet sich das Angebot noch weitgehend nach dem, was in der näheren Umgebung gerade wächst.

Die Piazza del Popolo kann es mit Italiens berühmtesten Plätzen aufnehmen. Umringt von Renaissancebauten, die unter ihren Arkaden kleine Geschäfte und *caffès* beherbergen, und am Nordende von der Kirche San Franceso behütet, bezaubert der Platz mit seiner reinen Schönheit. Grauweiße Travertinplatten bedecken ihn und schimmern vor allem im Morgen- und Abendlicht wie frisch poliert. Wer sich hier in einem der *caffès* niederlässt, kann dem Treiben einer lebendigen Kleinstadt zusehen. Besuchen Sie unbedingt das »Caffè Meletti«, das ursprünglich eine Post war und schließlich der Familie Meletti, dem Hersteller von Mistrà (Anisschnaps), Anisetta (Anislikör) und anderen Likören, gehört hat. Inzwischen wurde es von einer Bank gekauft, die das Jugenstilcafé allerdings zum Glück nicht in eine Schalterhalle umwandeln durfte. Es wurde unter Denkmalschutz gestellt und erfreut uns daher auch heute noch mit seiner Eleganz.

Kulinarische Freuden

Merkwürdig, dass die Küche der Marken nicht viel bekannter ist. Denn die Region hat ein paar ganz besondere Spezialitäten zu bieten: Trüffeln – weiß und schwarz – sorgten und sorgen in Acqualagna für Reichtum. In der kleinen eher unscheinbaren Stadt am nordwestlichen Rand der Marken finden im Herbst Trüffelmärkte statt, die oft größer sind als die im weitaus berühmteren Piemont. Oliven, so groß und fleischig, dass man sie füllen und frittieren kann, schenkt die Gegend am anderen Ende der Marken, rund um Ascoli Piceno. Wie man sie zubereitet, haben wir direkt in dem hübschen Städtchen von einer Meisterin in dieser Kunst, Marinella Filipponio, Inhaberin der »Trattoria Laliva«, gelernt (Rezept Seite 162). Und dass man sie als Antipasto essen kann, aber auch als Hauptgericht. In diesem Fall frittieren Sie sie am besten mit Gemüse und Fleisch, z. B. Lammkoteletts, und genießen sie stilecht wie in ihrer Heimat mit dicker Puddingcreme, die man würfelt, paniert und ebenfalls frittiert. Eine ungewöhnliche, aber feine Kombination!

Zwischen der nördlichen und der südlichen Grenze der Marken liegen etwa 170 km Küste, die einen reichen Fang an Fischen, Meeresfrüchten und Muscheln garantieren. Wie an der Toskanaküste bereitet man die Fische auf dem Grill oder im Ofen zu oder kocht eine bunt gemischte Fischsuppe daraus, die immer als Hauptgericht serviert wird. In den Marken kommen, wie in der Toskana, zahlreiche verschiedene Fische in den Topf – mindestens 13 sollen es etwa in Ancona sein. Meist wird auch Gemüse wie Paprika mitgegart. Der Unterschied zur Toskana: Hier schmeckt man den Fischtopf gerne mit etwas Essig ab, in den angrenzenden Abruzzen bereitet man ihn auch mit dem kräftig rosafarbenen Cerasuolo zu, einem Rosé aus Montepulciano, den man auch dazu trinkt.

Überall in den Marken gedeihen Gemüse und Früchte, die Oliven schenken den Menschen ein fruchtiges und mildes Öl. Vor allem aber sind die Marken geprägt von Getreidefeldern. Und so wundert es nicht, dass man hier ganz besonders gute Pasta macht und sich einige der größten und besten Pastaproduzenten in der Region angesiedelt haben.

Und noch mehr Spezialitäten haben die Marken zu bieten: Köstlich schmeckt z. B. der Schinken aus Carpegna. Der Ort liegt im Montefeltro im Nordwesten der Marken, einer der am wenigsten besiedelten Gebiete ganz Italiens. Übrigens behaupten auch die Einwohner der Marken, die *porchetta* erfunden zu haben, das Spanferkel, das mit Fenchelsamen gewürzt und am Spieß gebraten wird. Schweine mit würzigem Fleisch haben sie ja, ebenso wie Wildschweine und andere wilde Tiere aus den Wäldern. Aber ob es stimmt?

Alla Rossini

Ergänzt werden die edlen bis einfachen Köstlichkeiten durch ein paar Gerichte, die einem berühmten Spross der Marken gewidmet wurden: Gioacchino Rossini. Er wurde 1792 in der Hafenstadt Pesaro geboren und war nicht nur ein weltberühmter Komponist, sondern auch ein begeisterter Feinschmecker. *Filetto alla Rossini* etwa sind Rinderfiletscheiben, in Butter gebraten, mit Marsala abgelöscht, auf Brot angerichtet und mit Trüffeln verfeinert. Ein Gericht, das zwar mit Trüffeln der Region – aus Acqualagna – zubereitet wurde, heute aber eher zum Repertoire der gehobenen internationalen Küche zählt als zu den Spezialitäten der Marken. Dass dem so ist, liegt sicher nicht zuletzt daran, dass Rossini viele Jahre in Paris verbrachte und so in seinen eigenen Kreationen wie auch in den Vorlieben, die er im Laufe seines Lebens entwickelte, Produkte aus den Marken mit denen aus anderen Regionen verband.

Abruzzen
Die schöne Schlafende

Nirgendwo in Italien findet man so guten Käse wie auf dem Markt von L'Aquila!

»La bella adormentata« – So hat der Dichter Gabriele d'Annunzio den Gran Sasso, den mit knapp 3000 Metern höchsten Berg der Abruzzen wie auch des gesamten italienischen Apennins genannt. Von seiner an der Küste gelegenen Heimatstadt Pescara aus weckt der Berg in seiner felsigen Umgebung im Dämmerlicht des Morgens und auch am Abend tatsächlich den Eindruck einer üppigen Schönheit, die entspannt hingestreckt ruht und ihr Haar ins Tal fließen lässt.

Das Gebiet rund um den Gran Sasso mit dem beeindruckenden Campo Imperatore, einer 27 km langen und um die 8 km breiten Hochebene, deren Name den Hohenstauferkaiser Friedrich II. ehren soll, ist eine der beeindruckendsten Gebirgsregionen Italiens. Eine karge Schönheit, die kaum vorstellbar macht, dass wenig mehr als 30 km entfernt Palmen gedeihen und das Meer seine Wellen ans Ufer wirft.

So abgeschlossen und wenig zugänglich waren die gebirgigen Regionen der Abruzzen, dass selbst die unmittelbaren Nachbarn wenig von den hier lebenden Menschen wussten. Als in sich gekehrt galten sie, Ignazio Silone, ein Schriftsteller der Abruzzen, hat einen Großteil der Bevölkerung als *cafoni,* Tagelöhner, geschildert.

Arm war die Region mit Sicherheit, denn lange Zeit wurde sie wie die süditalienischen Regionen von wechselnden Regimen von Neapel aus regiert und mit so hohen Steuern belegt, dass für die Menschen nur wenig zum Leben übrig blieb. Heute ist das nicht mehr so: Die Abruzzen sind eine Region zwischen sanften Hügeln und herben Gebirgszügen, zwischen Land und Meer, Sonne und Schnee, Weinbergen und Wäldern, haben also viel zu bieten. Neben den Naturschönheiten lohnen auch die Orte eine Reise. L'Aquila etwa, auf einer Höhe von 721 Metern über dem Meeresspiegel gelegen, ist eine Stadt mit buntem Treiben, die eine wohltuende Ruhe ausstrahlt und gleichzeitig über große Plätze verfügt, auf denen sich den ganzen Tag über das pralle Leben abspielt.

Tradition in der Küche

Zahlreiche Hirten, auch aus den angrenzenden Regionen, zogen früher im Sommer mit ihren Schafen auf den Campo Imperatore, wo sich die Tiere an den würzigen Pflanzen und Kräutern laben konnten. Heute kommen nicht mehr so viele Schäfer dorthin, Lammfleisch und Schafkäse spielen in der Küche der Abruzzen immer noch eine große Rolle. Oft werden Gerichte mit Käse und Ei zubereitet, was sich am Zusatz *cac'e ove* ablesen lässt. Wie in den angrenzenden süditalienischen Regionen wird auch in den Abruzzen reichlich mit Peperoncino gewürzt. Gut möglich, dass sich die Menschen in der winterlichen Kälte der Berge damit zumindest von innen her einheizen wollten. In vielen Familien steht zum Nachwürzen noch eine Flasche mit Peperoncino verschärftem Olivenöl auf dem Tisch – *olio santo* nennt man es auch. Mit dem aromatischen Safran aus Navelli und den kleinen und würzigen Linsen, die auf etwa 1300 Metern Höhe bei S. Stefano gedeihen, haben die Abruzzen unvergleichliche kulinarische Schätze zu bieten.

In der Region wird wie in den Marken viel Weizen angebaut. So finden Sie hier hervorragende Pastaproduzenten wie beispielsweise La Rustichella. Und mit den *maccheroni alla chitarra* haben die Abruzzen eine eigene Nudelspezialität entwickelt, keine Röhrchennudeln, sondern eine Art eckige Spaghetti. Man stellt sie mit einem speziellen Holzrahmen her, in den dicht nebeneinander feine Drähte wie Saiten einer Gitarre gespannt sind. Die Hausfrauen legen die Nudelplatten darauf, rollen mit dem Nudelholz darüber und schon liegt darunter ein Berg feiner Nudeln. Ein Ober, der uns einen Teller mit dampfenden *maccheroni alla chitarra* servierte, meinte, die Küche der Abruzzen sei geprägt von der Lust am Spiel, und das nicht nur bei der Pasta, sondern auch beim Umgang mit den Produkten des Landes, seien es die Gemüse und die aromatischen Pilze, Lamm, Schwein oder Wild, Süßigkeiten oder auch der reiche Fang der Küste.

In der Villa, die der Weinbauer Gianni Masciarelli zum Museum umgestalten will, erzählen die Töpfe von vergangenen Zeiten.

In L'Aquila, auf dem Domplatz der »Hauptstadt« der Abruzzen, nehmen auch einfache Bauern am täglichen Markt teil. Selbst wenn sie oft nur wenig zu verkaufen haben.

Idylle auf der Hochebene Campo Imperatore und im kleinen Ort Loreto Aprutino.

Fisch-Spezialitäten

Von Trabocchi, Brodetto & Baccalà

Fischfang auf besondere Art: *Trabocchi* sehen am eindrucksvollsten im Licht des frühen Morgens aus. Und dann bekommt man auch den frischesten Fisch.

Eine eher wacklige Konstruktion, möchte man auf den ersten Blick meinen. Und dabei sind die grazilen Stege, die an der abruzzischen Küste ins Meer hineinreichen, keineswegs unstabil. *Trabocchi* heißen sie, sind an Klippen oder abschüssigen Ufern auf Pfählen am Felsen im Wasser befestigt und zusätzlich mit Tauen gesichert. Sie erlauben es, mit Netzen zu fischen, ohne dass die Fischer sich dabei direkt aufs Wasser begeben müssen.

Schon seit dem Mittelalter gibt es diese Methode des Fischens. Über einen Steg erreicht man die Plattform, von der aus lange Stangen über dem Meer schweben, an denen die Netze befestigt sind.

Was früher der Notwendigkeit entsprang, zu fischen, ohne sich den Gefahren des Meeres auszusetzen, mutet heute wie ein Kunstwerk an. Doch auch jetzt werden noch Fische auf diese Weise aus dem Meer geholt.

Überall an den Küsten können Sie Fisch kaufen, auf großen und auf kleinen Märkten. Wenn man sich nicht selbst auf einem Felsen niederlassen und auf den großen oder kleinen Fang warten will.

Fischerei an der Adriaküste

Eines der Zentren der Fischerei an der Adriaküste liegt in San Benedetto del Tronto, einem Badeort der südlichen Marken, der mit annähernd 7000 Palmen einen Hauch von Charme verbreitet, der bei genauerem Hinsehen durch den touristischen Rummel allerdings rasch wieder verfliegt. Wer in der Gegend ist, sollte sich eine Köstlichkeit nicht entgehen lassen, den *brodetto*. Diese Fischsuppe, die man in Ancona ebenso gern genießt wie in San Benedetto, wird aus mindestens 10 Fischarten zubereitet und im Gegensatz zum *cacciucco* an der Toskanaküste mit Essig abgeschmeckt. Außerdem kommen Zwiebeln, Paprika und noch nicht ganz reife Tomaten mit in den Topf. Als Basis wird ein Fond aus Wasser mit Essig, Gemüse und Tintenfischen gekocht, die eine längere Garzeit haben als die übrigen Fische. Sobald diese weich sind, schichtet der Koch die anderen Fische mit in den Topf – die mit einer längeren Garzeit nach unten, die mit der kürzeren nach oben. Der

Orte, die nicht direkt am Meer liegen, wie Sirolo am Monte Conero, behelfen sich mit gut gekühlten Wägen, auf denen der Fang des Tages zum Kauf angeboten wird.

Wenn der Andrang nicht so groß ist, erleichtern die Händler den Käufern das Leben und putzen Garnelen.

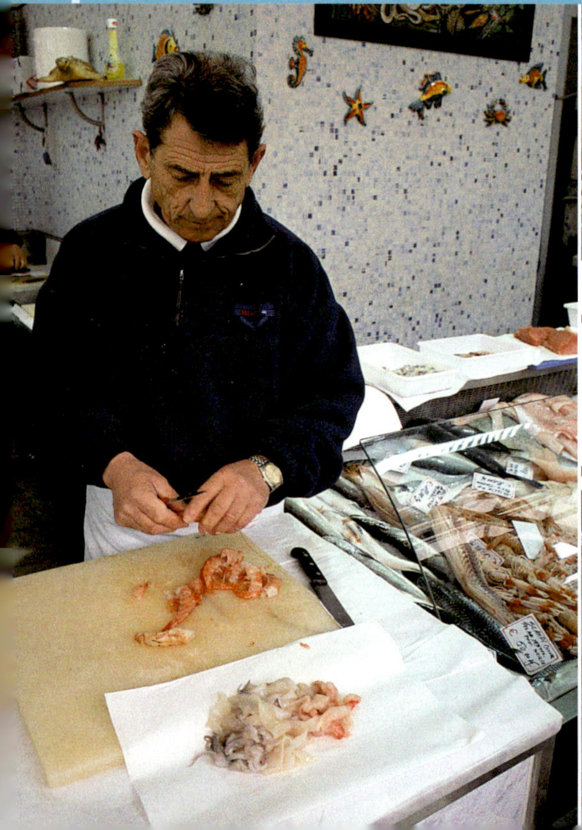

In der »Susci Bar Clandestino« von Moreno Cedroni können Sie abends die japanische Spezialität mit Meeresblick genießen.

brodetto ist zwar heute eine nicht ganz billige Spezialität, kommt aber wie der toskanische *cacciucco* und die nicht minder berühmte französische Bouillabaisse aus der Küche der Fischer. Sie haben aus dem, was sich für den Verkauf auf dem Fischmarkt nicht eignete – sei es, weil die Fische beim Fangen verletzt wurden oder einfach zu klein waren – für sich selbst ein Essen zubereitet. Und das, damit es nicht langweilig wurde, immer mal wieder anders gemacht, verfeinert und weiterentwickelt. Damals wie heute gilt: Alle Fische und Meeresfrüchte eignen sich für den Eintopf. Einzige Voraussetzung ist absolute Frische!

Alles vom Fisch

Eine weitere Spezialität der Marken ist *pasta con le frattaglie*, Nudeln, die mit einem Sugo aus den Innereien von Mittelmeerfischen wie Leber, Magen und Herz, mit Tomaten und Oliven gegart werden. Klingt ungewöhnlich und schmeckt einfach fantastisch!

Ohnehin ist es in den Marken üblich, auch die Innereien der Fische zu verwenden. So findet man auf den Speisekarten auch einmal Fischleber, die in einem feinen Sud gar zieht und nur mit gehacktem Knoblauch, Petersilie und einem Strahl frischem Olivenöl garniert wird.

Und wer sein Haupt nach all diesen Genüssen zur Ruhe betten will, fährt am besten nach Grottamare (in den alten Ort, der etwas oberhalb des neuen liegt), das als die Perle der Adria gilt, weil es nicht nur hübsch ist, sondern ein so günstiges Klima hat, dass neben Palmen hier auch Orangenbäume gut gedeihen.

Frisch an Land gezogen

Fast jeder Ort an der Küste der Marken hat einen kleinen Fischmarkt, den die lokalen Fischer täglich mit dem tagesfrischen Fang beliefern. Nicht ganz so weit aufs Meer hinaus fahren die kleinen Boote und bringen dennoch vielfältige Schätze mit zurück: Drachenköpfe, St. Petersfische, Rochen und vieles mehr. Die großen, die sich weiter hinauswagen können, bringen außerdem Seeteufel, Steinbutte und Tintenfische mit an Land. Von den felsigen Küsten, etwa am Monte Conero, kommen Venusmuscheln, Miesmuscheln und Meerdatteln.

So haben die Verkäufer auf dem Fischmarkt viel zu bieten: Rotbarben, Wolfsbarsche, Scampi und Garnelen, Sardinen und Makrelen, je nach Tag und Fang warten andere Fische auf die Käufer, die das Angebot auf den Märkten kritisch prüfen, bevor sie sich entscheiden.

Bei einem so frischen Angebot ist oft die einfache Zubereitung die beste Wahl. Ob roh in feine Scheiben geschnitten und nur mit etwas Zitronensaft und Olivenöl und eventuell ein paar Tomatenwürfelchen garniert, ob gegrillt oder in einem feinen Sud gekocht: Die Fische schmecken so gut, dass sie keine raffinierten Saucen und Beilagen nötig haben. Und doch kann man sie auch gut als Salat zubereiten, im schon erwähnten Eintopf schmoren oder zusammen mit Gemüse oder anderen Zutaten im Ofen braten.

Machen Sie's beim Einkauf wie die Italiener: Überlegen Sie sich nur die Zubereitungsart für den Fisch und fragen Sie den Händler, welchen Sie dafür nehmen sollen.

Fischfang einst und heute

Als die Fischer noch ausschließlich mit kleinen Booten aufs Meer fuhren und mit kleinen Netzen fischten, war die Welt der Meere wohl noch in Ordnung. Heute ist sie das – vor allem aufgrund von riesigen Schleppnetzen, die den Meeresgrund abfischen – nicht mehr. Die Bestände gehen zurück, hauptsächlich weil zu viele junge Fische in den Netzen landen und die Vermehrung daher nicht mehr gesichert ist. Die EU hat deshalb ein Programm aufgestellt, das den Fischbestand erhalten helfen soll. So sollen die Maschen der Netze größer werden, damit die jungen Fische durchschlüpfen können, und Schonzeiten eingehalten werden, damit sich die Fische wieder besser vermehren können. Ein Anfang ist gemacht: Fischfangpausen gibt es schon heute entlang der Küsten.

Nördlicher Fisch als südliche Spezialität

Frisch findet man Kabeljau in den Mittelmeerländern so gut wie nie, denn er lebt nur in den kühlen Gewässern des Atlantiks. Getrocknet oder eingesalzen erfreut er sich allerdings als *stoccafisso* oder *baccalà* schon seit vielen Jahrhunderten in Italien wie übrigens auch in Spanien, Portugal und Frankreich sehr großer Beliebtheit.

Man könnte die Verbreitung als eine Zusammenarbeit von Nord und Süd bezeichnen. In den nördlichen Ländern gab es Kabeljau im Überfluss, im Süden dagegen hatte man Salzvorkom-

Am Mittelmeer lässt man sich geräucherten Schwert- und Tunfisch in hauchdünnen Scheiben schmecken.

men, weil es durch die Verdunstung des Meerwassers bei der häufig großen Hitze relativ leicht zu gewinnen war. Machten die Nordlichter Lebensmittel eher durch Trocknen haltbar, so kannte man im Süden eher die Methode des Einsalzens.
Die Basken waren es wohl, die den *baccalà* in Südeuropa verbreiteten. Bei ihren Reisen entdeckten sie große Kabeljauschwärme und salzten die Fische ein, so wie man es mit Fleisch schon länger machte. Bald wurde der eingesalzene Fisch so beliebt, dass er sich zu einem begehrten Handelsobjekt entwickelte. Die Basken brachten das Salz nach Neufundland, damit die Menschen den dort gefangenen Fisch einsalzen konnten. Auf dem Rückweg hatten sie dann *baccalà* in den Schiffen geladen.
Das es gerade der Kabeljau war, den man zum Einsalzen und Trocknen verwendete, lag nicht nur an den riesigen Vorkommen, sondern auch an der Tatsache, dass sich der fast fettfreie Fisch ideal für eine lange Lagerung eignete.
Dies und die vielen Fastenregeln, die die katholische Kirche im Mittelalter vorschrieb – fast die Hälfte der Tage im Kirchenjahr waren Fastentage, an denen man keine warmen Lebensmittel, also kein Fleisch essen durfte – , sorgten dafür, dass *baccalà* sich bald einer großen Beliebtheit erfreute.
Außer dem gesalzenen Fisch, den man nach dem Einsalzen meist leicht trocknet, gibt es noch Stockfisch, der in Italien *stoccafisso* heißt. Er wird im Gegensatz zum *baccalà* nicht ausgenommen, sondern so wie er ist, getrocknet. Seinen Namen bekam er nach der Methode, nach der er zubereitet wurde. Man band jeweils zwei Fische am Schwanz zusammen und hängte sie dann über Stöcken zum Trocknen auf. Eine Methode, die man nur in nördlichen Ländern anwenden konnte, wo die Luft im Winter ausreichend trocken und kalt war.

Die richtige Behandlung

Inzwischen kommen *baccalà* und *stoccafisso*, die man in Italien kaufen kann, übrigens hauptsächlich aus Norwegen. Und so muss man sie behandeln: Stockfisch zwei Tage lang einweichen, dann herausnehmen, putzen und erneut fünf Tage einweichen. Beim *baccalà*, der ja schon geputzt ist, reicht ein Tag Einweichzeit. Während dieser Zeit sollten Sie das Wasser aber möglichst oft wechseln, damit der Fisch so viel wie möglich von dem Salz verliert, durch das er haltbar gemacht wurde.
Baccalà wird nach dem Einweichen gekocht und anschließend mit verschiedenen Saucen serviert, als Salat zubereitet oder aber weiterverarbeitet. Man kann ihn mit einer würzigen Tomatensauce mischen, noch besser wird er, wenn man ihn vorher frittiert.
Stockfisch braucht auch nach dem langen Einweichen eine längere Garzeit – etwa eine Stunde muss man rechnen. Gut schmeckt er, wenn man ihn mit Zwiebeln, Peperoncino, Öl und etwas Wein oder Wasser schmort. Gegessen wird er im Sommer einfach mit frischem Brot, im Winter auch mal mit gekochter Polenta.
In Italien ist *baccalà* trotz des reichen Angebotes an frischen Fischen aus dem Meer, den Seen und den Flüssen übrigens immer noch so beliebt, dass man ihn in allen Fischgeschäften schon eingeweicht kaufen kann.

Besonderheiten aus dem See

Umbrien hat als einzige Region Mittelitaliens keinen Zugang zum Meer und trotzdem viele Ristoranti, die Fischspezialitäten anbieten – allerdings aus dem See, vor allem dem Lago di Trasimeno, einem der größten Seen Italiens. Die Fischer holen Karpfen, Forellen, Äschen, Renken und Schleien aus dem See, aber auch Aale und Flussbarsche werden in Umbrien gerne gegessen. Zubereitet werden sie auf dem Grill oder im Ofen, geräuchert und kalt gegessen, aber auch in einer Fischsuppe zubereitet, die einfach köstlich schmeckt.

Stoccafisso, der getrocknete Kabeljau, braucht mehr Zeit und Geduld bei der Vorbereitung.

Hier dreht sich alles um *baccalà* und *stoccafisso*. Bei Fernanda in Viareggio kann man Stockfisch küchenfertig eingeweicht kaufen und gleich noch ein paar Ideen für die richtige Zubereitung mit auf den Weg nehmen.

In der Mitte Italiens kommen nicht nur Goldbrasse, Rotbarbe und Tintenfisch auf den Tisch. Am Lago di Bolsena ziehen die Fischer Forellen, Schleien, Karpfen und Hechte aus dem Wasser.

Confettura di olive

Olivenkonfitüre

Zeit zum Wässern: 2 Std.
Zubereitungszeit: 40 Min.
Kochzeit: 25 Min.
Pro Glas ca.: 390 kcal

Zutaten für 4 Gläser à 250 g:
500 g fleischige grüne Oliven
1 unbehandelte Zitrone
1/2 TL Fenchelsamen
1/4 l trockener Weißwein oder Wasser
2 EL Anisetta (Anislikör)
250 g Zucker

Die Oliven ca. 2 Std. in kaltem Wasser wässern, um ihnen etwas Salz zu entziehen. Dabei das Wasser gelegentlich wechseln.

Die Oliven abtropfen lassen und das Fruchtfleisch von den Steinen schneiden. Fein hacken. Die Zitronenschale fein abreiben, 1/2 Zitrone auspressen. Die Fenchelsamen im Mörser fein zerstoßen.

Das Olivenfleisch mit der Zitronenschale und dem -saft, dem Fenchel, dem Wein, der Anisetta und dem Zucker in einem Topf mischen und zum Kochen bringen.

Die Mischung bei mittlerer Hitze ca. 25 Min. kochen lassen. Dabei häufig rühren, damit nichts anbrennt. 1 TL auf einen kühlen Teller geben. Wird die Konfitüre in 1–2 Min. fest, ist sie fertig. Bleibt die Mischung flüssig, muss sie noch länger gekocht werden. Die fertige Konfitüre in heiß ausgespülte Schraubverschlussgläser füllen, sofort verschließen und abkühlen lassen.

Caciatelli

Käsegebäck

Zubereitungszeit: 1 Std. 15 Min.
Backzeit: 3 x 20 Min.
Pro Stück ca.: 85 kcal

Zutaten für ca. 50 Stück:
500 g Mehl + Mehl zum Arbeiten
Salz
100 ml Weißwein
100 ml Olivenöl
300 g Pecorino, Parmesan und eventuell andere Hartkäse gemischt
4 Eier (Größe S) + 1 Eigelb zum Bestreichen
Pfeffer
Backpapier für das Blech

Für den Teig das Mehl mit 1 TL Salz mischen. Wein, Öl und 100 ml Wasser dazugeben und alles zu einem glatten geschmeidigen Teig verkneten. Falls er zu trocken ist, noch etwas Wasser unterkneten.

Den Käse fein reiben und mit den Eiern und Pfeffer vermengen. Aus dem Käseteig ca. 50 knapp walnussgroße Bällchen formen. Den Mehlteig in zwei bis drei Portionen teilen und jeweils auf wenig Mehl so dünn wie Nudelteig ausrollen. Eine Hälfte des Teiges im Abstand von ca. 5 cm mit Käsekugeln belegen. Restlichen Teig darüber decken und runde Ravioli ausstechen, Ränder gut zusammendrücken.

Den Backofen auf 180° (Umluft 160°) vorheizen. Das Backblech mit Backpapier auslegen. Die Caciatelli auf das Blech legen und jeweils mit einem Messer einschneiden, bis die Käsefüllung zu sehen ist. Caciatelli mit verquirltem Eigelb bestreichen und im heißen Ofen (Mitte) ca. 20 Min. backen, bis sie schön gebräunt sind. Gebäck vom Blech lösen und abkühlen lassen. Es schmeckt frisch am besten, man kann es aber auch ein paar Tage aufbewahren.

Das feine Gebäck, das aus Loreto Aprutino kommt, ist eine ideale Begleitung zum Wein, passt aber auch zum Aperitif. Weil es aus einem Teig gemacht wird, mit dem man auch süßes Gebäck zubereiten könnte, nennt man es in Italien auch *dolce rustico*.

Leuchtend gelbe Zucchiniblüten findet man im Sommer in Italien auf allen Märkten. Auch bei uns können Sie sie kaufen. Fragen Sie auf dem Markt oder auch mal beim Gärtner nach.

Im »Caffè Meletti« *an der Piazza del Duomo in Ascoli Piceno kann man die Liköre und Destillate von Silvio Meletti probieren. Der Anis, der in der Gegend wächst, ist besonders aromatisch und die Firma von Signore Meletti die einzige in Italien, die Anis noch wirklich destilliert. Man trinkt den Anisschnaps Mistrà zum oder im Espresso (einfach einen Teil des Wassers durch Mistrà ersetzen), kann aber auch viele Gerichte wie beispielsweise die marinierten Zwiebeln mit dem würzigen Anisetta-Likör aromatisieren.*

Fiori di zucca fritti

Ausgebackene Zucchiniblüten

Zubereitungszeit: 30 Min.
Pro Portion ca.: 240 kcal

Zutaten für 4 Personen:
200 ml trockener Rosé oder Rotwein
2 Knoblauchzehen
1 1/2 EL Zucker
1 Lorbeerblatt
1 TL Zitronensaft
Salz, Pfeffer
6–8 Basilikumblättchen
1 kleine Tomate
100 g frischer Ricotta
2 EL frisch geriebener Pecorino
8 Zucchiniblüten
2 Eier (Größe M)
3–4 EL Mehl
1/2 l Olivenöl zum Frittieren

Den Wein in einen Topf schütten. Knoblauch schälen und halbieren. Mit Zucker und Lorbeer dazugeben und zum Kochen bringen. Sauce offen bei mittlerer Hitze in 5–10 Min. cremig einkochen lassen. Lorbeer und Knoblauch entfernen, Sauce mit Zitronensaft, Salz und Pfeffer würzen und abkühlen lassen.

Für die Füllung Basilikumblättchen fein hacken. Tomate überbrühen, häuten, entkernen und sehr klein würfeln. Ricotta mit Basilikum, Tomate und Pecorino verrühren und mit Salz und Pfeffer abschmecken.

Die Zucchiniblüten vorsichtig auseinander biegen und den Stempel aus der Mitte herausschneiden. Jeweils gut 1 TL Füllung in die Blüten geben und die Enden leicht zusammen drehen. Eier in einer Schüssel mit dem Mehl zu einem zähflüssigen Teig verrühren.

Das Öl in einem weiten Topf erhitzen. Die Zucchiniblüten einzeln durch den Teig ziehen. Blüten im heißen Öl ca. 3 Min. frittieren, dabei einmal wenden. Auf Küchenpapier kurz abfetten lassen, auf vorgewärmte Teller verteilen, mit etwas Sauce beträufeln und servieren.

Cipolle marinate con zucchine in insalata

Marinierte Zwiebeln mit Zucchinisalat

Zubereitungszeit: 30 Min.
Marinierzeit: 4 Std.
Pro Portion ca.: 190 kcal

Zutaten für 4 Personen:
500 g kleine junge Zwiebeln
5 EL Olivenöl
1/8 l trockener Weißwein
2 EL Anisetta (Anislikör)
2 EL Rosinen
2 TL Honig
Salz, Pfeffer
400 g junge Zucchini
1/4 Bund Petersilie
1 Knoblauchzehe
2 EL Zitronensaft

Die Zwiebeln schälen. In einem Topf 2 EL Olivenöl erhitzen und die Zwiebeln darin leicht anbraten. Wein, Anisetta und Rosinen dazugeben, Zwiebeln mit Honig, Salz und Pfeffer abschmecken und zugedeckt im Sud bei schwacher Hitze ca. 15 Min. schmoren. Im Sud abkühlen und anschließend mindestens 4 Std. marinieren lassen.

Für den Salat Zucchini waschen, putzen und der Länge nach in dünne Scheiben, dann in Streifen schneiden. In einem weiten Topf Salzwasser zum Kochen bringen, Zucchini darin 1–2 Min. blanchieren, kalt abschrecken und abtropfen lassen.

Petersilie waschen, Blättchen abzupfen. Knoblauch schälen und mit der Petersilie sehr fein hacken. Beides mit dem Zitronensaft, Salz und Pfeffer mischen und mit dem übrigen Öl gründlich verrühren. Sauce unter die Zucchinistreifen heben.

Zwiebeln und Zucchinisalat nebeneinander auf Tellern anrichten. Dazu schmecken Weißbrot, luftgetrockneter Schinken oder Käse und ein paar Cocktailtomaten.

Das wohl berühmteste Gericht *aus Ascoli Piceno isst man als Vorspeise, aber auch als Secondo zusammen mit Lammkoteletts, Hähnchen oder Kaninchen und ganz traditionell mit* crema fritta, *dick gekochter Puddingcreme, die man paniert und frittiert. Wie man die berühmten Oliven vorbereitet und füllt, hat uns Marinella Filipponio, Inhaberin der Trattoria »Laliva«, gezeigt.*

Olive all'ascolana

Gefüllte frittierte Oliven

Zubereitungszeit: 1 Std. 30 Min.
Schmorzeit: knapp 1 Std.
Pro Portion ca.: 370 kcal

Zutaten für 6 Personen:
Für die Füllung:
1 kleine Zwiebel
1/2 Möhre
1 Stück Stangensellerie
1/2 unbehandelte Zitrone
150 g Kalbsgulasch
150 g Schweinegulasch
1 EL Olivenöl
1/4 l trockener Weißwein
Salz, Pfeffer
50 g Hähnchenbrustfilet
2 Scheiben luftgetrockneter Schinken
1 Ei (Größe M)
4 EL frisch geriebener Parmesan
frisch geriebene Muskatnuss
Außerdem:
ca. 50 mittelgroße grüne Oliven (Olive tenere aus Ascoli oder griechische Oliven, ca. 350 g)
4 EL Mehl
2 Eier (Größe M)
6 EL Semmelbrösel
Olivenöl zum Frittieren
Zitronenschnitze zum Garnieren

Die Zwiebel und die Möhre schälen und grob zerkleinern. Sellerie putzen, waschen und ebenfalls in Stücke schneiden. Zitronenschale hauchdünn abschneiden.

Kalbs- und Schweinefleischwürfel im Öl anbraten, Gemüse untermischen. Mit dem Wein ablöschen, die Zitronenschale hinzufügen und alles mit Salz und Pfeffer würzen. Fleisch zugedeckt bei schwacher Hitze ca. 40 Min. schmoren.

Zuerst das Olivenfleisch vorsichtig spiralförmig vom Stein schneiden, dann statt Kern mit Fleischmischung füllen, panieren, frittieren und genießen!

Dann das Hähnchenfleisch hinzufügen und alles noch einmal ca. 15 Min. schmoren. Fleisch und Gemüse abtropfen und abkühlen lassen, die Zitronenschale entfernen.

Fleisch mit dem Gemüse sehr fein hacken oder durch die grobe Scheibe des Fleischwolfs drehen. Schinken klein würfeln und mit Ei und Parmesan unterrühren. Die Füllung mit Salz, Pfeffer und Muskat abschmecken.

Das Olivenfleisch in einem Stück spiralförmig vom Stein abschneiden. Jeweils etwas Füllung in eine längliche Form drücken, mit dem Olivenfleisch umhüllen und nochmals in Form drücken.

Mehl, Eier und Semmelbrösel jeweils auf Teller verteilen, Eier leicht verquirlen. Das Olivenöl in einem weiten Topf erhitzen. Die Oliven erst im Mehl, dann in den Eiern und zum Schluss in den Semmelbröseln wälzen.

Oliven portionsweise ins heiße Fett geben und in ca. 3 Min. darin goldgelb frittieren. Mit einem Schaumlöffel herausfischen, auf Küchenpapier abfetten lassen und heiß mit Zitronenschnitzen servieren.

Varianten für die Füllung:

Salsiccefüllung

Die Füllung von 200 g rohen Salsicce aus den Häuten drücken und in kleine Stücke zerpflücken. 100 g Scamorza schälen und in winzige Würfel schneiden, 1 EL Kapern fein hacken, die Blättchen von 1 Zweig Thymian abstreifen. Diese Zutaten mit 2 TL Tomatenmark und 1 Ei verkneten und mit Salz, Pfeffer und 1 Prise Chilipulver abschmecken. Wie beschrieben in die Oliven füllen.

Mozzarella-Sardellen-Füllung

250 g Mozzarella in kleine Würfel schneiden, 6 Sardellenfilets in Öl abtropfen lassen und fein hacken. 1/2 Bund Petersilie und ein paar Minzeblättchen waschen und fein hacken. 1 kleine feste Tomate waschen, klein würfeln und mit diesen Zutaten, 1 Eigelb und 2 EL Semmelbröseln mischen. Mit Salz und Pfeffer abschmecken und wie beschrieben in die Oliven füllen.

Gemüsefüllung

1 Möhre, 1 Selleriestange, 1 Mangoldblatt und 1 kleinen Zucchino waschen, putzen und grob schneiden. In 1 EL Olivenöl anbraten, mit 1/8 l Wein oder Brühe ablöschen und 10 Min. zugedeckt bei mittlerer Hitze schmoren. Abtropfen lassen und fein hacken. 1 Knoblauchzehe und die Blätter von 4 Zweigen Basilikum mit 1 Stück getrocknetem Peperoncino fein hacken und mit 50 g geriebenem Pecorino, 1 TL Tomatenmark und 1 Ei unter die Gemüsemischung heben. Mit Salz abschmecken und wie beschrieben in die Oliven füllen.

Frisch frittiert in der Tüte bekommt man die Oliven in Ascoli Piceno als Imbiss serviert.

Insalata di baccalà

Baccalàsalat

Zubereitungszeit: 45 Min.
Einweichzeit: 24 Std.
Pro Portion ca.: 480 kcal

Zutaten für 4 Personen:
500 g Baccalà
300 g Tomaten
1/2 Bund Petersilie
1 Knoblauchzehe
6 EL Olivenöl
Pfeffer
2 EL Zitronensaft
eventuell Salz

Den Baccalà in kaltes Wasser legen und 1 Tag darin quellen lassen. Das Wasser dabei gelegentlich wechseln.

Den Baccalà abtropfen lassen, in einen Topf legen und mit kaltem Wasser bedecken. Das Wasser erhitzen und einmal aufkochen lassen. Baccalà abgießen (etwas Sud aufbewahren) und abkühlen lassen, dann von der Haut und allen Gräten befreien. Baccalà in Würfel schneiden.

Tomaten überbrühen, häuten und in kleine Würfel schneiden. Die Petersilie waschen, Blättchen fein hacken. Knoblauch schälen und ebenfalls sehr fein hacken.

Vom Baccalà ca. 50 g abnehmen, mit 50 ml Garsud und dem Olivenöl fein pürieren. Sauce mit Pfeffer abschmecken. Den restlichen Baccalà mit den Tomaten, der Petersilie (bis auf einen kleinen Rest), dem Knoblauch und dem Zitronensaft mischen und mit Pfeffer würzen. Baccalàsauce locker unter den Salat heben. Salat eventuell leicht salzen. Mit der übrigen Petersilie bestreut servieren.

Carpaccio di tonno

Tunfischcarpaccio

Zubereitungszeit: 35 Min.
Marinierzeit: 4 Std.
Pro Portion ca.: 360 kcal

Zutaten für 4 Personen:
1 Zweig Rosmarin
1/2 unbehandelte Zitrone
2 Knoblauchzehen
1–2 getrocknete Peperoncini
6 EL Olivenöl
1 Stück sehr frischer Tunfisch (ca. 400 g)
1/2 unbehandelte Orange
1 EL feiner Zucker
100 ml trockener Weißwein
4 EL Weißweinessig, 2 TL Honig
Salz, Pfeffer
Backpapier für das Blech

Rosmarin fein hacken. Zitronenschale fein abreiben. Saft auspressen. Knoblauch schälen und pressen. Peperoncini sehr fein zerkrümeln, mit Rosmarin, Zitronenschale und -saft, 4 EL Olivenöl und Knoblauch mischen. Tunfisch mit der Marinade in einen Gefrierbeutel füllen. Beutel verschließen, der Tunfisch sollte rundherum von Marinade umgeben sein. 4 Std. im Kühlschrank marinieren.

Orangenschale hauchdünn abschneiden und in lange, feine Streifen schneiden. Backofen auf 150° (Umluft 130°) schalten. Orangenschale im Zucker wälzen und auf einem mit Backpapier belegten Blech im Ofen (Mitte) in ca. 25 Min. knusprig werden lassen.

Weißwein mit Essig und Honig bei starker Hitze ca. 5 Min. einkochen lassen. In eine Schüssel umfüllen, restliches Öl unterschlagen. Sauce salzen und pfeffern. Backofen auf 50° schalten, vier Teller darin vorheizen.

Eine Pfanne erhitzen. Tunfisch aus dem Beutel nehmen und in der Pfanne rundherum 2–3 Min. kräftig anbraten. In dünne Scheiben schneiden und auf den Tellern verteilen. Mit Sauce beträufeln und mit Orangenschale garniert servieren.

Fein mariniert und nur ganz kurz gebraten wird der Tunfisch für dieses Carpaccio. Sie brauchen dafür sehr frischen Fisch und unbedingt ein scharfes Messer zum hauchdünnen Aufschneiden.

Aromatischer Dinkel gedeiht in den fruchtbaren Marken besonders gut. So wird er hier nicht nur zu Pasta oder Brot verarbeitet, sondern auch mit Gemüse geschmort. Ein Primo mit viel Geschmack!

Pasta mit Kichererbsen *oder auch mal mit Bohnen ist ein Gericht aus der bäuerlichen Küche, das man in den Marken und den Abruzzen, aber auch in der Toskana bis heute gerne serviert. Hausfrauen in den Marken geben auch mal Fenchelsamen statt Rosmarin mit in die Tomatensauce. In der Toskana bereitet man die Hülsenfrüchte manchmal ohne Tomaten zu und püriert stattdessen etwa die Hälfte der gekochten Kichererbsen.*

Farro con verdure miste

Dinkel mit Gemüse

Zubereitungszeit: 20 Min.
Quellzeit: 12 Std.
Schmorzeit: 1 Std. 45 Min.
Pro Portion ca.: 340 kcal

Zutaten für 4 Personen:
250 g Dinkel
400 g gemischte Gemüse und Kräuter (Romanasalat, Mangold, Löwenzahn, Borretsch, Zucchini- oder Kürbisblüten und etwas Minze)
Salz, 1 Zwiebel
2 Knoblauchzehen
1–2 getrocknete Peperoncini
1 Bund Petersilie
2 EL Olivenöl + Olivenöl zum Beträufeln
1/8 l trockener Weißwein
4 EL frisch geriebener Pecorino

Den Dinkel in eine Schüssel geben und mit Wasser bedecken. Über Nacht quellen lassen.

Das Gemüse und die Kräuter verlesen oder putzen, waschen und grob hacken. 1 l Wasser mit Salz zum Kochen bringen. Das Gemüse darin in 2–3 Min. zusammenfallen lassen. Gemüse abgießen, Garsud dabei auffangen. Gemüse kurz kalt abschrecken und abtropfen lassen.

Zwiebel und Knoblauch schälen und mit den Peperoncini sehr fein hacken. Petersilie waschen, Blättchen sehr fein hacken. Ca. 1 EL davon zugedeckt beiseite stellen.

Zwiebelmischung in 2 EL Öl mit der Petersilie 3–5 Min. andünsten. Dinkel abtropfen lassen und kurz mitdünsten. Wein angießen und unter Rühren verdunsten lassen. 1/2 l Garflüssigkeit vom Gemüse dazugießen und den Dinkel zugedeckt bei schwacher Hitze in ca. 1 1/2 Std. weich garen. Dabei gelegentlich umrühren und eventuell noch etwas Flüssigkeit angießen.

Wenn der Dinkel weich ist, das Gemüse untermischen und alles noch einmal ca. 15 Min. schmoren. Dinkel mit Salz abschmecken und in eine vorgewärmte Schüssel füllen. Mit etwas Öl beträufeln, mit dem Käse und restlicher Petersilie bestreuen und servieren.

Pasta e ceci

Nudeln mit Kichererbsen

Zubereitungszeit: 25 Min.
Einweichzeit: 12 Std.
Garzeit: 1 Std.–1 Std. 30 Min.
Pro Portion ca.: 460 kcal

Zutaten für 4 Personen:
150 g getrocknete Kichererbsen
1 Möhre
1 Stange Staudensellerie
1 Zweig Rosmarin
4 Knoblauchzehen
200 g Tomaten
1 rotgrüne Paprikaschote
1 rote Zwiebel
4 Sardellenfilets in Öl nach Belieben
2 EL Olivenöl + Olivenöl zum Beträufeln
1/8 l Gemüsebrühe
Salz, Pfeffer
300 g kurze Nudeln (z. B. Ditali)

Die Kichererbsen mit kaltem Wasser bedecken und über Nacht quellen lassen. Am nächsten Tag abtropfen lassen und in einem Topf mit frischem Wasser bedecken. Die Möhre schälen, den Sellerie putzen, waschen und beides in grobe Stücke schneiden. Rosmarin waschen, 2 Knoblauchzehen schälen und mit dem Rosmarin zu den Kichererbsen geben. Das Wasser zum Kochen bringen und die Kichererbsen zugedeckt bei schwacher Hitze in 1–1 1/2 Std. weich kochen. Dann abtropfen lassen.

Die Tomaten überbrühen, häuten, entkernen und würfeln. Die Paprikaschote waschen, halbieren, putzen und in kleine Würfel schneiden. Die Zwiebel und den restlichen Knoblauch schälen und sehr fein hacken. Sardellenfilets abtropfen lassen und fein schneiden.

Olivenöl in einem Topf erhitzen. Zwiebel mit Knoblauch und Sardellen darin andünsten. Paprika und die Tomaten dazugeben, Kichererbsen und Brühe untermischen. Alles mit Salz und Pfeffer abschmecken und zugedeckt bei schwacher Hitze 10–15 Min. schmoren.

Inzwischen Nudeln in reichlich kochendem Salzwasser nach Packungsangabe al dente kochen. Nudeln abgießen, mit dem Sugo mischen und mit etwas frischem Öl beträufelt servieren.

Spaghetti ai frutti di mare

Nudeln mit Meeresfrüchten

Zubereitungszeit: 20 Min.
Pro Portion ca.: 600 kcal

Zutaten für 4 Personen:
12 getrocknete in Öl eingelegte Tomaten
2 Knoblauchzehen
1 Bund Petersilie
8 Cocktailtomaten
400 g gemischte gegarte Meeresfrüchte (z. B. Oktopus, Garnelen und frisch gegarte Vongole)
400 g Spaghetti, Salz
3 EL Olivenöl, Pfeffer

Die Tomaten abtropfen lassen und in Streifen schneiden. Knoblauch schälen und erst in Scheiben, dann in Stifte schneiden. Petersilie waschen, Blättchen fein hacken. Cocktailtomaten waschen und vierteln. Meeresfrüchte eventuell kleiner schneiden.

Nudeln in reichlich kochendem Salzwasser nach Packungsangabe al dente kochen. Inzwischen Öl erhitzen und den Knoblauch darin kurz andünsten. Getrocknete Tomaten, Meeresfrüchte und Petersilie (bis auf einen kleinen Rest) dazugeben und gut erhitzen. Cocktailtomaten untermischen, alles mit Salz und Pfeffer abschmecken.

Nudeln abgießen, mit den Meeresfrüchten mischen und mit der übrigen Petersilie bestreut servieren.

Variante: Spaghetti vongole

1 kg Vongole (Venusmuscheln) waschen, mit 2 gehackten Knoblauchzehen in 2 EL Olivenöl erhitzen, zugedeckt bei starker Hitze 5 Min. garen, bis sie sich öffnen. Aus den Schalen lösen, Sud sieben. Beides mit 1 Bund gehackter Petersilie und nach Belieben ein paar Tomatenwürfeln erhitzen, salzen und pfeffern oder mit Peperoncino würzen und mit 400 g gekochten Spaghetti mischen.

Pasta all'ascolana

Nudeln mit Tunfisch-Oliven-Sugo

Zubereitungszeit: 30 Min.
Pro Portion ca.: 530 kcal

Zutaten für 4 Personen:
200 g fleischige grüne Oliven
1 kleine Möhre
1 Zwiebel
2 Knoblauchzehen
400 g Tomaten
2 EL Olivenöl
1 Dose Tunfisch (in Olivenöl, ca. 100 g Abtropfgewicht)
Salz, Pfeffer
1 Prise Chilipulver
400 g kurze Nudeln (z. B. Penne)
1/4 Bund Petersilie

Das Olivenfleisch in groben Stücken vom Stein schneiden. Möhre, Zwiebel und Knoblauch schälen und sehr fein hacken. Tomaten überbrühen, häuten und in kleine Würfel schneiden.

Olivenöl in einem Topf erhitzen. Zwiebelmischung darin unter Rühren andünsten. Tomaten und Oliven dazugeben. Tunfisch abtropfen lassen, in kleine Stücke zerpflücken und untermischen. Sugo mit Salz, Pfeffer und Chili abschmecken und bei schwacher Hitze offen 10–15 Min. köcheln lassen.

Inzwischen Nudeln in reichlich kochendem Salzwasser nach Packungsangabe al dente kochen.

Petersilie waschen, Blättchen fein hacken und unter den Sugo rühren. Nudeln abtropfen lassen und mit dem Sugo mischen. In vorgewärmten Tellern servieren.

Hat ein Gericht den Beinamen *all'ascolana* sind fast immer die fleischigen grünen Oliven der Region mit von der Partie. Sie machen auch die Tomaten-Tunfisch-Sauce so schön würzig.

Die Zwiebeln der Krokusart »crocus sativus« werden im August vorsichtig aus der Erde geholt, sie dürfen nicht beschädigt werden. Nach dem Säubern kommen sie wieder ins Feld, allerdings nicht in dasselbe, denn der Safran raubt dem Boden viele Nährstoffe.

Je länger man die feinen Safranfäden in Wasser einweicht, desto gelber färbt es sich und um so intensiver schmeckt es auch.

Safran
Rotes Gold

Einfach zauberhaft, wenn die zarten Blüten sich im Oktober öffnen. Und kaum zu glauben, wie viel Mühe und Arbeit dahinter steckt, bis wir die feinen Fäden in der Küche einsetzen können.

Ein Pater brachte die unscheinbaren und so kostbaren Zwiebeln, die er bei Arabern entdeckt hatte, wohl im 13. Jahrhundert aus Spanien mit in die Abruzzen und bescherte der Region damit den einzigen Reichtum, den sie hatte. Schon bald stellte sich heraus, dass die Erde in der Ebene von L'Aquila bis Navelli sich nicht nur optimal für den Safrananbau eignete, sondern das Gewürz hier auch besonders aromatisch wurde. Fast jede Familie bewirtschaftete eine *coppa* (entspricht 620 Quadratmetern) und hoffte auf eine gute Ernte. Safran war gutes Geld wert, man bezahlte sogar seine Steuern damit.

An der Art des Anbaus und der Gewinnung hat sich bis heute nicht viel geändert. Nur alle 5 Jahre kann ein Feld für den Anbau genutzt werden, in der restlichen Zeit säen die Bauern unterschiedliches Gemüse oder auch mal nur Gründünger aus.

Wann die Ernte beginnt und wie sie ausfällt, hängt in erster Linie vom Wetter ab, im Frühling darf es nicht zu viel regnen. In der Regel gehen die ersten violetten Blüten im Oktober auf und von da an beginnt die Erntearbeit, die ein paar Wochen dauert. Jeden Morgen in aller Herrgottsfrühe – der beste Zeitpunkt für aromatischen Safran – werden die Blüten geerntet. An einem Tisch versammelt entfernen die Frauen anschließend die feinen Fäden und legen sie auf ein Drahtgestell. Über einer warmen, nicht zu heißen Glut trocknen sie ganz kurz die bis dahin knallroten Fäden, dabei werden diese dunkler und kleiner. Das Aussehen der Fäden kann von Jahr zu Jahr ein wenig variieren, ihr Geschmack aber ist immer gleich intensiv. Gut verpackt behalten sie ihn etwa 3 Jahre lang.

Familie Rosa gehört zu den Familien, die die Blüten auch heute noch auf einer *coppa* in der Ebene von Navelli anbauen. Etwa 3 kg Safran sind die jährliche Ausbeute, der Verbraucher zahlt etwa 13 Euro für 1 g des kostbaren Gewürzes. Die mühsame Arbeit macht die Rosas trotzdem nicht nicht reich, doch sie bringt ihnen ein Zubrot und wohl auch Spaß: »Ein bisschen verrückt muss man schon sein dafür!«, stellt Signora Vincenza Rosa lachend fest.

Für ein Gericht mit vier Portionen genügen 0,1 g Safran. Um die feinen Fäden zu wiegen, braucht man eine sehr genaue und präzise Waage.

Pasta con fiori di zucca e zafferano

Nudeln mit Safranzucchini

Quellzeit: 30–60 Min.
Zubereitungszeit: 20 Min.
Pro Portion ca.: 420 kcal

Zutaten für 4 Personen:
1 Döschen Safranfäden (0,1 g)
2 junge Zucchini (ca. 200 g)
8 Zucchiniblüten
1 Knoblauchzehe
4 Zweige Basilikum
100 g Cocktailtomaten
400 g Maccheroni alla chitarra (ersatzweise Spaghetti oder Linguine)
Salz
2 EL Olivenöl

Die Safranfäden 30–60 Min. in 100 ml Wasser einweichen.

Die Zucchini waschen und der Länge nach halbieren, quer in dünne Scheiben schneiden. Zucchiniblüten waschen und trockentupfen. Den Stempel aus der Mitte der Blüten entfernen. Zucchiniblüten der Länge nach vierteln. Knoblauch schälen und in feine Scheiben, dann in Stifte schneiden. Basilikumblättchen abzupfen und in Streifen schneiden. Die Tomaten waschen und halbieren.

Nudeln in reichlich kochendem Salzwasser nach Packungsangabe al dente kochen. Inzwischen das Öl in einer Pfanne erhitzen, Zucchinischeiben darin bei mittlerer Hitze 3–4 Min. braten. Zucchiniblüten mit Knoblauch untermischen und kurz mitbraten. Tomaten, Basilikum und Safranwasser untermischen und alles offen bei schwacher Hitze noch 2–3 Min. garen.

Die Sauce mit Salz abschmecken. Nudeln abgießen und untermischen. Pasta in vorgewärmte Teller verteilen und rasch servieren.

TIPP

Käse passt dazu nicht so gut, er verdeckt das Safranaroma zu sehr.

Ein österreichischer Feldherr *soll diesem traditionellen Gericht seinen Namen gegeben haben. 1849 marschierten österreichische Truppen in den Marken ein, und der Fürst Windischgraetz begeisterte sich so sehr für den opulenten Nudelauflauf, dass man ihn nach ihm benennen wollte. Windischgraetz konnte allerdings kein Marke aussprechen!*

Vincisgrassi

Lasagne aus den Marken

Zubereitungszeit: 2 Std.
Backzeit: 35 Min.
Pro Portion ca.: 550 kcal

Zutaten für 6 Personen:
Für den Teig:
200 g Hartweizenmehl (aus dem italienischen Feinkostgeschäft)
Salz, 2 Eier (Größe M)
Mehl zum Arbeiten
Für die Füllung:
20 g getrocknete Steinpilze
100 g Pancetta (ersatzweise luftgetrockneter Schinken)
1 Zwiebel, 1 kleine Möhre
2 Tomaten, 200 g Hühnerlebern
2 Kaninchenfilets (ca. 200 g)
3 EL Butter + Butter für die Form und zum Belegen
1 EL Öl, 200 g Rinderhackfleisch
1/8 l trockener Weißwein
1/8 l Fleischbrühe
1 EL Tomatenmark
Salz, Pfeffer, 1 Prise Zimt
2 EL Mehl, 1/2 l Milch
geriebene Muskatnuss
100 g frisch geriebener Parmesan

Für den Teig das Mehl mit 1 TL Salz mischen. Mit den Eiern zu einem glatten geschmeidigen Teig verkneten. Teig zu einer Kugel formen, in ein Küchentuch wickeln und bei Zimmertemperatur ca. 30 Min. ruhen lassen.

Inzwischen für die Füllung die Pilze mit 1/8 l lauwarmem Wasser bedecken und 15 Min. quellen lassen. Pancetta fein schneiden. Die Zwiebel und die Möhre schälen und sehr fein hacken. Die Tomaten waschen oder häuten und sehr klein würfeln. Die Hühnerlebern putzen und klein würfeln. Das Kaninchenfleisch sehr fein würfeln.

In einem Topf 1 EL Butter mit dem Öl erhitzen. Zwiebel und Möhre darin anschwitzen. Pancetta, Hühnerlebern, Kaninchen und Hackfleisch dazugeben und braten, bis das Hack krümelig ist. Mit Wein und Brühe aufgießen, Tomaten und Tomatenmark untermischen. Die Sauce mit Salz, Pfeffer und Zimt abschmecken und zugedeckt bei schwacher Hitze ca. 30 Min. schmoren lassen.

Pilze abtropfen lassen, klein schneiden und mit dem Einweichsud untermischen. Sugo offen bei mittlerer Hitze weitere 20 Min. schmoren lassen. Inzwischen den Nudelteig noch einmal durchkneten und mit der Nudelmaschine oder auf wenig Mehl so dünn wie möglich ausrollen. Eine Auflaufform bereit stellen. Den Nudelteig passend für die Form in Stücke schneiden. In einem Topf Salzwasser zum Kochen bringen. Die Nudelblätter darin in drei Portionen ca. 2 Min. kochen, herausnehmen, kalt abschrecken und abtropfen lassen.

Für die Béchamelsauce die übrige Butter in einem Topf schmelzen. Das Mehl einrühren und goldgelb braten. Unter ständigem Rühren mit der Milch aufgießen und glatt rühren. Offen bei schwacher Hitze ca. 10 Min. köcheln lassen, mit Salz, Pfeffer und Muskat würzen.

Den Backofen auf 200° vorheizen. Die Auflaufform fetten. Die Zutaten einschichten: eine Lage Nudelblätter, etwas Fleischsugo, etwas Béchamelsauce und etwas geriebenen Käse usw. Zum Schluss die übrige Béchamel auf der Oberfläche verteilen, mit dem restlichen Parmesan bestreuen und mit Butter in Flöckchen belegen. Den Nudelauflauf im Ofen (Mitte, Umluft 180°) ca. 35 Min. backen, bis die Oberfläche schön gebräunt ist.

TIPP

Manche Köche lassen die Lasagne vor dem Backen ein paar Stunden oder sogar länger im Kühlschrank ruhen, damit die Zutaten besser durchziehen. Sie können sie also gut vorbereiten.

Maccheroni alla chitarra und der rote Montepulciano sind zwei berühmte Spezialitäten der Abruzzen, die gut zusammen passen.

Wenn die Hühner *im Sommer weniger Eier legten, griffen die Hausfrauen der Marken traditionell zu einem einfachen und dabei sehr schmackhaften Trick, um den Pastateig trotzdem gelb zu färben. Sie mischten gekochte Kartoffeln aus dem vergangenen Herbst (neue sind zu blass) unter und brauchten so nur die Hälfte der sonst üblichen Eiermenge.*

Maccheroni alla chitarra al Montepulciano

Pasta mit Rotweinsauce

Zubereitungszeit: 25 Min.
Pro Portion ca.: 495 kcal

Zutaten für 4 Personen:
250 g Radicchio, Salz
1 große rote Zwiebel
1/2 getrockneter Peperoncino
2 EL Olivenöl, 1 TL Zucker
150 ml Montepulciano d'Abruzzo
100 ml milde Fleisch- oder Gemüsebrühe
400 g Maccheroni alla chitarra (ersatzweise Spaghetti oder Linguine)

Die welken Blätter vom Radicchio entfernen. Radicchio vierteln und den Strunkansatz herausschneiden. Radicchio in Streifen schneiden und in kochendem Salzwasser 1 Min. blanchieren. Kurz kalt abschrecken und gut abtropfen lassen.

Die Zwiebel schälen, vierteln und in feine Streifen schneiden. Peperoncino fein hacken. Das Olivenöl in einem Topf erhitzen, Zwiebelstreifen darin mit Peperoncino kurz andünsten. Mit dem Zucker bestreuen und weiterbraten, bis er geschmolzen ist. Mit dem Wein und der Brühe aufgießen und die Sauce bei mittlerer Hitze offen ca. 10 Min. einkochen lassen.

Inzwischen Nudeln in reichlich kochendem Salzwasser nach Packungsangabe al dente kochen.

Radicchio unter die Sauce mischen, gut erwärmen und mit Salz abschmecken. Nudeln abgießen und mit der Sauce mischen. In vorgewärmten Tellern mit geriebenem Pecorino servieren.

Pappardelle di patate al sugo di cinghiale

Kartoffelnudeln mit Wildschweinsugo

Zubereitungszeit: 1 Std. 30 Min.
Trockenzeit für die Nudeln: 3–4 Std.
Schmorzeit: 2 Std.
Pro Portion ca.: 370 kcal

Zutaten für 6 Personen:
Für die Pasta:
100 g mehlig kochende Kartoffeln
300 g Mehl + Mehl zum Arbeiten
Salz, 2 Eier (Größe S)
Für den Sugo:
500 g Wildschweinfleisch
1 Zwiebel, 1 Knoblauchzehe
1 Möhre, 1 Stange Staudensellerie
1 unbehandelte Zitrone
1 Zweig Salbei, 2 Zweige Rosmarin
2 EL Olivenöl, 200 ml trockener Weißwein
Salz, Pfeffer, 2 Tomaten

Für die Nudeln die Kartoffeln in 20–30 Min. weich kochen, ausdämpfen lassen, schälen und noch heiß durch die Kartoffelpresse drücken. Abkühlen lassen. Mehl und Kartoffeln mit 2 TL Salz und den Eiern zu einem glatten Teig verkneten. In der Nudelmaschine oder auf wenig Mehl dünn ausrollen und in breite Bandnudeln schneiden. 3–4 Std. trocknen lassen, dabei ein- bis zweimal wenden.

Für den Sugo das Fleisch in sehr kleine Würfel schneiden. Zwiebel, Knoblauch, Möhre und Sellerie putzen und sehr fein würfeln. Schale von 1/2 Zitrone hauchdünn abschneiden und fein hacken. Kräuterblättchen fein hacken. Fleisch im Öl anbraten. Zwiebelmischung, Zitronenschale und Kräuter kurz mitbraten. Wein angießen, salzen, pfeffern und Sugo zugedeckt bei schwacher Hitze ca. 1 1/2 Std. schmoren lassen. Bei Bedarf etwas Flüssigkeit angießen.

Die Tomaten waschen und klein würfeln und 30 Min. mitschmoren. Nudeln in reichlich kochendem Salzwasser in ca. 3 Min al dente kochen. Von der Zitrone noch ein Stück Schale abschneiden und fein hacken. Unter den Sugo mischen und alles abschmecken. Nudeln abgießen, in vorgewärmte Teller verteilen und mit Sugo beschöpfen.

Mezzelune alle melanzane

Teigtaschen mit Auberginenfüllung

Zubereitungszeit: 1 Std. 45 Min.
Pro Portion ca.: 500 kcal

Zutaten für 4 Personen:
250 g Hartweizenmehl (aus dem italienischen Feinkostgeschäft)
2 Eier (Größe M), 6 EL Olivenöl
Salz, 1 Aubergine (ca. 250 g)
1/2 Bund Basilikum
150 g frischer Ricotta, Pfeffer
600 g Tomaten, 2 EL Pinienkerne
Mehl zum Arbeiten

Das Mehl mit den Eiern, 1 EL Olivenöl, 1 TL Salz und eventuell 1 EL Wasser zu einem glatten geschmeidigen Teig verkneten. Teig zur Kugel formen, in ein Küchentuch wickeln und mindestens 30 Min. ruhen lassen.

Aubergine schälen, in Würfel schneiden und in 3 EL Olivenöl unter Rühren 2–3 Min. braten. Aubergine salzen und zugedeckt bei schwacher Hitze in ca. 5 Min. weich garen. Abkühlen lassen, dann fein pürieren. Basilikumblättchen abzupfen und fein hacken. Mit dem Ricotta unter das Auberginenpüree mischen, salzen, pfeffern.

Teig noch einmal durchkneten und in Portionen teilen. Mit der Nudelmaschine oder auf etwas Mehl zu dünnen Platten ausrollen und zu runden Teigkreisen von ca. 8 cm ø ausschneiden. Auf einer Hälfte mit 1 TL Füllung belegen, die andere Teighälfte darüber klappen, die Ränder gut andrücken.

Für die Sauce Tomaten waschen und würfeln. Im restlichen Öl anbraten, dann offen bei schwacher Hitze in ca. 10 Min. musig kochen. Mit Salz und Pfeffer abschmecken.

Teigtaschen in reichlich kochendem Salzwasser in ca. 3 Min. al dente kochen. Pinienkerne ohne Fett anrösten. Teigtaschen abgießen, in Teller verteilen und mit Tomatensauce bedecken. Mit Pinienkernen bestreut servieren.

Risotto di mare

Fischrisotto

Zubereitungszeit: 1 Std. 15 Min.
Pro Portion ca.: 680 kcal

Zutaten für 4 Personen:
4 kleinere Rotbarben (vom Fischhändler filetieren lassen und Abschnitte mitnehmen)
300 g rohe Garnelen in der Schale
2 Knoblauchzehen, 1 Zwiebel
2 Stangen Staudensellerie
1 Bund Petersilie, 1 EL Olivenöl
1/4 l trockener Weißwein, Salz, Pfeffer
1 Döschen Safranfäden (0,1 g)
4 EL Butter, 300 g Risottoreis
1 EL Zitronensaft

Fischabschnitte waschen, die Garnelen auslösen, Garnelenschalen ebenfalls waschen. Knoblauch, Zwiebel und 1 Stange Sellerie putzen und grob hacken. Ein paar Petersilienblättchen beiseite legen, den Rest grob schneiden.

Garnelenschalen mit Knoblauch und Zwiebel in Öl anbraten. Sellerie und Petersilie dazugeben, mit dem Wein und 1 l Wasser ablöschen. Fischabschnitte einlegen und den Sud bei schwacher Hitze 20 Min. sieden lassen. Sud sieben, salzen und pfeffern. Safran mindestens 15 Min. darin ziehen lassen.

Übrigen Sellerie putzen und sehr fein würfeln. In 1 EL Butter andünsten. Reis dazugeben. Nach und nach Sud angießen und den Reis offen bei mittlerer Hitze bissfest garen. Dabei sehr häufig durchrühren. Garnelen in Scheiben schneiden, untermischen und zugedeckt in 2–3 Min.gar ziehen lassen.

Rotbarbenfilets mit Salz, Pfeffer und Zitronensaft würzen. In 1 EL Butter auf der Hautseite anbraten, wenden und nochmals 1 Min. braten. Reis mit der übrigen Butter in Stücken verrühren, mit Salz und Pfeffer abschmecken und auf vorgewärmte Teller verteilen. Petersilienblättchen fein hacken und darüber streuen. Mit Rotbarbenfilets belegen und servieren.

Risotto, die berühmte Spezialität der Regionen der Po-Ebene, wird auch an den Küsten der Marken und Abruzzen gern zubereitet – mit dem aromatischen Safran aus Navelli und den Schätzen der Adria.

Traditionell *wird die reichhaltige Suppe in den Abruzzen in großer Menge aus rund 70 Zutaten zubereitet, am 1. Mai serviert und mit Nachbarn, Freunden und natürlich der Familie in großer Runde verspeist. Hier ein Rezept für die kleinere Runde:*

Virtù

Bunt gemischter Eintopf

Zubereitungszeit: 40 Min.
Einweichzeit: 12 Std.
Garzeiten: insgesamt 2 Std.
Pro Portion (bei 8) ca.: 325 kcal

Zutaten für 6–8 Personen:
250 g Hülsenfrüchte (weiße Bohnen, Borlottibohnen, Kichererbsen, dicke Bohnen und Linsen)
300 g Schweinefleisch (Bauch oder Schulter)
1 Schinkenknochen (beim Metzger vorbestellen)
1 Schweineschwarte, Salz
600 g gemischte Gemüse (Sellerie, Möhren, Blumenkohl, Endiviensalat, Spinat, Mangold, Kartoffeln, kleine Artischocken, Zucchini und/oder Fenchel)
100 g grüne Bohnen
100 g enthülste Erbsen
1 Hand voll gemischte Kräuter (Basilikum, Oregano, Salbei, Minze, Borretsch, Dill und Petersilie)
50 g roher Schinken
1 Zwiebel
2 Knoblauchzehen
Pfeffer
4 EL Olivenöl + Olivenöl zum Beträufeln
1 TL Fenchelsamen
2 EL Tomatenmark
1 Prise gemahlene Gewürznelken
150 g Nudeln (am besten verschiedene Sorten gemischt)
4 frische rote Peperoncini
4 EL frisch geriebener Pecorino

Die Hülsenfrüchte nach Sorten getrennt in Schüsseln geben und jeweils mit kaltem Wasser bedecken. Über Nacht einweichen.

Am nächsten Tag die Hülsenfrüchte abgießen und jeweils von Wasser bedeckt getrennt bei schwacher Hitze in 1 Std. weich kochen.

Gleichzeitig das Schweinefleisch, den Schinkenknochen und die Schweineschwarte von Wasser bedeckt zum Kochen bringen, salzen. Bei schwacher Hitze und halb aufgelegtem Deckel in ca. 1 Std. gar kochen.

Inzwischen die Gemüse einschließlich der Bohnen und Erbsen waschen oder schälen und putzen. Blattgemüse grob hacken. Die anderen Gemüsesorten in kleine Würfel oder Stücke schneiden, Erbsen ganz lassen. Die Kräuter waschen, Blättchen fein hacken.

Das gegarte Fleisch aus dem Topf heben und in kleine Würfel schneiden. Die Brühe aufheben. Den Schinken in Würfel schneiden. Die Zwiebel und den Knoblauch schälen und fein hacken.

Die Hülsenfrüchte mitsamt der Garflüssigkeit mischen, die Kräuter untermengen und alles mit Salz und Pfeffer abschmecken.

Das Öl in einem Topf erhitzen. Die Zwiebel und den Knoblauch mit dem Schinken und den Fenchelsamen darin anbraten. Die Gemüse dazugeben und kurz mitbraten. Mit 1–2 Schöpflöffeln Brühe aufgießen, mit dem Tomatenmark mischen, mit Salz, Pfeffer und Gewürznelken abschmecken und alles zugedeckt bei schwacher Hitze ca. 15 Min. garen.

Die Nudeln in reichlich kochendem Salzwasser nach Packungsangabe sehr knapp al dente kochen, in einem Sieb abschrecken und abtropfen lassen.

Fleischwürfel und Hülsenfrüchte zum Gemüse geben, eventuell noch etwas Brühe angießen. Alles abschmecken und zugedeckt noch einmal ca. 5 Min. ziehen lassen, dann Nudeln untermischen.

Inzwischen Peperoncini waschen, putzen und in feine Ringe schneiden oder hacken. In ein Schälchen füllen. Die Suppe im Topf auf den Tisch stellen. Jeder schöpft sich davon in seinen Teller und garniert die Suppe nach Belieben mit Peperoncini, Öl und etwas Käse.

Nicht nur Muscheln, auch Schweinefleisch, Kaninchen oder Hähnchen werden in den Marken, in Umbrien und in der Toskana *alla porchetta* zubereitet. Immer dabei: Fenchelsamen.

Pesce al forno *wird wunderbar aromatisch, weil sich die Aromen der verschiedenen Zutaten beim Backen im Ofen so gut verbinden. Zusätzlich zu den Kartoffeln schmecken auch kleine, nach dem Putzen in Scheiben geschnittene Artischocken sehr gut.*

Vongole in porchetta

Muscheln im Fenchelsud

Zubereitungszeit: 40 Min.
Pro Portion ca.: 170 kcal

Zutaten für 4 Personen:
3 kg Vongole (Venusmuscheln, ersatzweise gehen auch Miesmuscheln)
1 kleine Zwiebel
4 Knoblauchzehen
1 kleine Fenchelknolle mit viel Grün
2 Tomaten
2 TL Fenchelsamen
2 EL Olivenöl
1/4 l trockener Weißwein
Salz, Pfeffer

Die Muscheln unter kaltem Wasser gründlich abspülen. Muscheln, die sich dabei nicht schließen, aussortieren und wegwerfen.

Die Zwiebel und den Knoblauch schälen und fein hacken. Den Fenchel waschen und putzen, das Grün abschneiden und beiseite legen. Fenchel der Länge nach vierteln, vom Strunk befreien und quer in feine Scheiben schneiden. Die Tomaten überbrühen, häuten und fein würfeln. Fenchelsamen im Mörser leicht andrücken.

Das Öl in einem weiten Topf erhitzen. Zwiebel, Knoblauch, Fenchel und Fenchelsamen darin kurz andünsten. Tomaten untermischen, mit dem Wein und 1/2 l Wasser aufgießen und mit Salz und Pfeffer würzen.

Muscheln in den Sud geben und zugedeckt bei starker Hitze in 5–7 Min. garen. Dabei den Topf immer wieder rütteln.

Fenchelgrün fein hacken. Geschlossene Muscheln aussortieren und wegwerfen. Die anderen Muscheln mit dem Fenchelgrün bestreuen und servieren. Dazu schmeckt Weißbrot am besten.

Pesce al forno

Fisch aus dem Ofen

Zubereitungszeit: 1 Std.
Garzeit: 30 Min.
Pro Portion ca.: 585 kcal

Zutaten für 4 Personen:
2 große rote Paprikaschoten
2 Knoblauchzehen
4 Sardellenfilets in Öl
1 kleines Bund Petersilie
700 g vorwiegend fest kochende Kartoffeln
1 Zwiebel, 6 EL Olivenöl
Salz, Pfeffer
2 EL kleine Kapern, 2 EL schwarze Oliven
2 EL Rotweinessig
2 Meeresfische (z. B. Brasse, Makrele oder Wolfsbarsch, Je 500–600 g)

Backofen auf 250° (Umluft 220°) vorheizen. Paprikaschoten waschen, halbieren und putzen. Mit der Schnittfläche nach unten auf ein Backblech legen und im heißen Ofen ca. 15 Min. backen, bis die Haut dunkle Blasen hat.

Inzwischen Knoblauch schälen und fein hacken. Sardellenfilets abtropfen lassen und fein zerkleinern. Petersilie waschen, Blättchen fein hacken. Kartoffeln schälen und in ca. 1/2 cm dicke Scheiben schneiden. Zwiebel schälen und in dünne Ringe schneiden. Paprika aus dem Ofen nehmen und etwas abkühlen lassen.

Backofen auf 220° (Umluft 200°) herunterschalten. Eine große feuerfeste Form mit 2 EL Öl einpinseln. Kartoffeln und Zwiebel einfüllen. Mit Salz und Pfeffer würzen und im heißen Ofen (Mitte) ca. 15 Min. garen.

Inzwischen die Haut von den Paprikaschoten ablösen, Schoten in Streifen schneiden, mit Knoblauch, Sardellen, Petersilie, Kapern, Oliven, Essig und dem übrigen Öl verrühren und mit Salz und Pfeffer abschmecken. Fische kalt abspülen und trockentupfen. Innen kräftig mit Salz und Pfeffer würzen und auf die vorgegarten Kartoffeln legen. Paprikamischung auf den Fischen verteilen und alles im Ofen weitere 30 Min. backen. Dazu schmeckt Weißbrot.

Triglie all'anconetana

Rotbarben mit Schinken

Zubereitungszeit: 30 Min.
Marinierzeit: 2 Std.
Pro Portion ca.: 445 kcal

Zutaten für 4 Personen:
4 größere Rotbarben (je ca. 250 g)
1 unbehandelte Zitrone
2 Knoblauchzehen
1 Bund Petersilie
2 Zweige Rosmarin
4 EL Olivenöl
Salz, Pfeffer
50 g Semmelbrösel
100 g luftgetrockneter roher Schinken in dünnen Scheiben

Die Rotbarben innen und außen waschen, falls nötig, auch schuppen. Ein Stück Zitronenschale abschneiden und fein hacken, Zitrone auspressen. Knoblauch schälen, fein hacken und ebenfalls fein schneiden. Petersilie waschen, Blättchen abzupfen. Die Hälfte davon beiseite legen, den Rest hacken. Rosmarin waschen und abzupfen.

Zitronensaft und -schale mit Knoblauch, gehackter Petersilie, Rosmarin und Öl verrühren und mit Salz und Pfeffer würzen. Rotbarben damit übergießen und mindestens 2 Std. im Kühlschrank marinieren.

Dann den Backofen auf 200° (Umluft 180°) vorheizen. Die übrige Petersilie hacken und mit den Semmelbröseln mischen. Die Rotbarben aus der Marinade heben, abtropfen lassen und in den Semmelbröseln wenden. Die Fische jeweils in Schinkenscheiben wickeln und nebeneinander in eine feuerfeste Form legen. Die Marinade darüber verteilen.

Fisch im heißen Ofen (Mitte) ca. 20 Min. backen. Sehr heiß servieren.

Sarde al pomodoro

Sardinen mit Tomaten

Zubereitungszeit: 45 Min.
Pro Portion ca.: 210 kcal

Zutaten für 4 Personen:
1 kg frische Sardinen
Salz, Pfeffer
2 Knoblauchzehen
1 Zwiebel
1 Bund Petersilie
600 g Tomaten
2 EL Olivenöl
1 TL Fenchelsamen
1 getrockneter Peperoncino nach Belieben

Von den Sardinen die Köpfe abschneiden. Die Sardinen am Bauch aufschneiden und die Mittelgräte mit einem Löffelstiel ablösen. Sardinen kalt waschen, trockentupfen und mit Salz und Pfeffer würzen.

Knoblauch und Zwiebel schälen, den Knoblauch fein hacken, die Zwiebel halbieren und in feine Streifen schneiden. Petersilie waschen, Blättchen abzupfen. Einen Teil beiseite legen, den Rest fein hacken. Tomaten überbrühen, häuten, entkernen und würfeln.

Öl in einer weiten Pfanne mit Deckel erhitzen, Knoblauch, Zwiebel, Fenchelsamen und eventuell den zerkrümelten Peperoncino darin andünsten, gehackte Petersilie untermischen.

Sardinen in die Pfanne geben, kurz anbraten, dann die Tomatenwürfel darüber verteilen. Sardinen zugedeckt bei schwacher Hitze ca. 10 Min. schmoren. Die übrige Petersilie fein hacken. Die Sardinen mit Salz und Pfeffer abschmecken und mit der Petersilie bestreut servieren. Dazu schmecken Rosmarinkartoffeln (Seite 55) oder Weißbrot und würziges Spinatgemüse (Seite 63).

Sardinen haben einen würzigen Geschmack, sind preiswert und werden beim Braten niemals trocken.

Salsicce bleiben im Ofen schön saftig, die Kartoffeln bekommen durch sie würzigen Geschmack. Im Sommer auch mal eine Hand voll Cocktailtomaten oder Zucchiniwürfel mit in die Form geben.

Schärfe all'abruzzese!

Kaum ein Gericht aus den Abruzzen, das nicht mit Peperoncino zubereitet wird, wobei die Mengen des Scharfmachers in den Originalrezepten mehr als großzügig sind. Ob Sie getrocknete oder frische Peperoncini verwenden, hängt vom Angebot ab. Getrocknete lassen sich problemlos lagern und auch gut dosieren: einfach im Mörser oder zwischen den Fingern zerreiben und dazugeben, zuerst ruhig etwas weniger. Nachwürzen können Sie ja immer noch.

Salsicce e patate al forno

Schweinswürste mit Kartoffeln aus dem Ofen

Zubereitungszeit: 15 Min.
Garzeit: 40–45 Min.
Pro Portion ca.: 760 kcal

Zutaten für 4 Personen:
1 kg vorwiegend fest kochende Kartoffeln
2 rote Zwiebeln
4 Knoblauchzehen
1 frischer oder getrockneter Peperoncino
2 Zweige Rosmarin
1 Zweig Salbei
4 EL Olivenöl
Salz
8 frische Salsicce (italienische Schweinswürstchen, ca. 700 g, ersatzweise rohe Bratwürste)

Den Backofen auf 180° vorheizen. Die Kartoffeln schälen, waschen und je nach Größe vierteln oder achteln. Die Zwiebeln schälen und achteln. Den Knoblauch schälen und halbieren. Peperoncino fein hacken. Die Kräuter kalt abspülen.

Die Kartoffeln in einer flachen feuerfesten Form mit Zwiebeln, Knoblauch, Peperoncino, Kräutern und Öl mischen und leicht salzen. Kartoffeln im Ofen (Mitte, Umluft 160°) ca. 25 Min. backen.

Die Würste mit einer Gabel mehrmals einstechen und auf die Kartoffeln legen. Alles weitere 15–20 Min. garen, bis die Kartoffeln weich sind. Dabei die Würste ein- bis zweimal umdrehen und die Kartoffeln durchrühren. Dazu schmeckt grüner Salat mit Tomaten.

Spezzatino di maiale

Schweineragout

Zubereitungszeit: 25 Min.
Kühlzeit: 2–4 Std.
Schmorzeit: 1 Std. 15 Min.–1 Std. 30 Min.
Pro Portion ca.: 700 kcal

Zutaten für 4 Personen:
800 g Schweinefleisch (aus der Keule)
3 getrocknete Peperoncini
2 TL Fenchelsamen
60 g fetter Speck
4 Knoblauchzehen
je 1 rote und grüne oder gelbe Paprikaschote
1/8 l trockener Weißwein oder Cerasuolo (Rosé)
Salz
1/4 Bund Petersilie

Das Schweinefleisch in Würfel schneiden, dabei von größeren Fettstücken und den Sehnen und Häuten befreien. Peperoncini mit den Fenchelsamen im Mörser fein zerstoßen, mit dem Fleisch mischen und dieses für einige Stunden kühl stellen.

Dann den Speck in kleine Würfel schneiden. Knoblauch schälen und sehr fein hacken. Paprikaschoten waschen, halbieren, putzen und in Würfel schneiden.

Den Speck in einem Topf bei mittlerer Hitze ausbraten, bis er flüssig ist. Fleischstücke in zwei Portionen darin anbraten, dann den Knoblauch dazugeben und kurz mitbraten. Mit dem Wein ablöschen, mit Salz würzen und zugedeckt bei schwacher Hitze insgesamt ca. 45 Min. garen. Dann die Paprikawürfel dazugeben. Alles weitere 30–45 Min. garen, bis das Fleisch schön weich ist. Dabei gelegentlich durchrühren.

Die Petersilie waschen, Blättchen fein hacken. Schweinefleischragout abschmecken und mit der Petersilie bestreut servieren.

Cac' e ove kommt von *cacio e uova* und bedeutet, dass das Gericht mit Käse und Eiern zubereitet wird. Das Lamm – auch *agnello brodettato* genannt – gibt's in den Abruzzen hauptsächlich an Ostern.

Nicht mit Käse und Eiern, *sondern aus Käse und Eiern werden die lockeren Bällchen zubereitet, eine Spezialität aus den Abruzzen, die nicht mehr häufig serviert wird. Wir haben sie in der Villa Maiella in Guardiagrele probiert, wo man die Küche der Region auf einem sehr hohen Niveau pflegt. Statt die Eier-Käse-Bällchen zu frittieren, können Sie sie auch in Salzwasser gar ziehen lassen und dann noch kurz in der Sauce schmoren.*

Agnello cac' e ove

Lamm mit Ei und Käse

Zubereitungszeit: 20 Min.
Garzeit: 1 Std. 15 Min.
Pro Portion ca.: 700 kcal

Zutaten für 4 Personen:
800 g Lammkeule ohne Knochen
1 Zwiebel
2 Knoblauchzehen
1 Zweig Rosmarin
4 EL Olivenöl
1/8 l trockener Weißwein
Salz, Pfeffer
3 Eier (Größe M)
4 EL Zitronensaft
50 g frisch geriebener Pecorino

Das Lammfleisch in mundgerechte Stücke schneiden, dabei von größeren Fettstücken und Sehnen und Häuten befreien. Die Zwiebel und den Knoblauch schälen und fein hacken. Den Rosmarin waschen und in ca. 5 cm lange Stücke schneiden.

Das Öl in einem Schmortopf erhitzen. Fleisch darin portionsweise anbraten und wieder herausnehmen. Wenn das Fleisch gebraten ist, Zwiebel mit Knoblauch und Rosmarin im Fett anbraten. Das Fleisch wieder dazugeben. Wein angießen, Fleisch mit Salz und Pfeffer würzen und zugedeckt bei schwacher Hitze in ca. 1 1/4 Std. weich schmoren.

Eier dann mit dem Zitronensaft und dem Käse verrühren. Zum Fleisch gießen und bei sehr schwacher Hitze unter ständigem Rühren so lange untermischen, bis die Sauce schön sämig ist. Gericht vom Herd nehmen, mit Salz und Pfeffer abschmecken und servieren. Dazu schmecken Kartoffeln oder Gemüse aus dem Ofen oder Brot und Salat.

Pallotte cac' e ove

Eier-Käse-Bällchen in Tomatensauce

Zubereitungszeit: 50 Min.
Kühlzeit: 4 Std.
Pro Portion ca.: 690 kcal

Zutaten für 4 Personen:
120 g altbackenes Weißbrot
1/2 Bund Petersilie
4 Eier (Größe M)
400 g frisch geriebener Parmesan und Pecorino
Pfeffer, Salz
1 Möhre
2 Stangen Staudensellerie
1 kleine Zwiebel
800 g Tomaten
2 EL Olivenöl + 1/4 l Olivenöl zum Frittieren
2 EL Tomatenmark

Das Weißbrot von der Rinde befreien und in Wasser in ca. 10 Min. weich werden lassen. Gut ausdrücken und sehr fein zerpflücken. 2–3 Petersilienzweige waschen, Blättchen fein hacken.

Das Brot, die Petersilie, die Eier und den Käse zu einem gut gebundenen Teig verkneten, mit Pfeffer und eventuell vorsichtig mit Salz würzen und für ca. 4 Std. kühl stellen.

Für die Tomatensauce Möhre schälen und klein würfeln. Sellerie waschen, putzen und ebenfalls fein würfeln. Zwiebel schälen und fein hacken. Tomaten überbrühen, häuten und klein würfeln.

Möhre, Sellerie und Zwiebel in 2 EL Öl andünsten. Tomaten dazugeben, mit Salz und Pfeffer würzen und offen bei mittlerer Hitze ca. 20 Min. dünsten.

Inzwischen aus der Käsemasse mit den Händen ovale, etwa pflaumengroße Bällchen formen. In einem weiten Topf das Olivenöl zum Frittieren erhitzen. Die Bällchen darin portionsweise rundherum gut braun werden lassen, mit einem Schaumlöffel herausheben und auf Küchenpapier abfetten lassen.

Die Tomatensauce mit dem Pürierstab durchmixen. Mit dem Tomatenmark verrühren und mit Salz und Pfeffer abschmecken. Die Bällchen in die Tomatensauce geben und ca. 5 Min. darin ziehen lassen. Übrige Petersilie waschen und die Blättchen fein hacken. Käsebällchen damit bestreut servieren.

Bei Silvano Strologo *auf seinem Weingut am Monte Conero durften wir uns bei unserem Besuch gemeinsam mit der ganzen Familie um den Mittagstisch versammeln. Das gefüllte Kaninchen hatte seine Mutter Maria gekocht, die uns auch das Rezept für das traditionsreiche Gericht verraten hat. Ein herrliches Essen! Man nennt es auch* coniglio in porchetta.

Coniglio ripieno

Gefülltes Kaninchen

Zubereitungszeit: 40 Min.
Marinierzeit: 12 Std.
Bratzeit: 50 Min.
Pro Portion ca.: 785 kcal

Zutaten für 4 Personen:
Für das Kaninchen:
1 Kaninchen (ca. 1,3–1,4 kg, mit der Leber für die Füllung)
1 Zweig Salbei
3 TL Fenchelsamen
1 unbehandelte Zitrone
1/4 l trockener Weißwein
4 Wacholderbeeren
40 g Schinkenfett oder fetter Speck
4 Knoblauchzehen
6 EL Olivenöl
Salz, Pfeffer
Für die Füllung:
Salz, Fenchelgrün von 1 Knolle
100 g altbackenes Weißbrot
1 kleiner getrockneter Peperoncino
1 TL Fenchelsamen
1 Ei (Größe L)
50 g Rinder- oder Schweinehackfleisch
1 EL frisch geriebener Parmesan

Das Kaninchen kalt abspülen und trockentupfen. In eine große flache Form legen, die in den Kühlschrank passt. Auch die Leber für die Füllung im Kühlschrank aufheben. Salbei waschen, die Blätter grob hacken. Fenchelsamen im Mörser fein zerstoßen. Die Zitronenschale hauchdünn abschneiden, den Saft auspressen.

Salbei mit 2 TL Fenchelsamen, Zitronenschale und -saft, dem Weißwein und den Wacholderbeeren verrühren und über dem Kaninchen verteilen. Kaninchen über Nacht im Kühlschrank marinieren, morgens einmal wenden.

Am nächsten Tag für die Füllung die Kaninchenleber kalt abspülen und trockentupfen. In einem Topf etwas Salzwasser zum Kochen bringen, die Leber darin bei schwacher Hitze ca. 5 Min. ziehen lassen. Abtropfen und lauwarm abkühlen lassen, dann in feine Würfel schneiden.

Fenchelgrün waschen und sehr fein hacken. Weißbrot in sehr kleine Stücke zupfen oder grob reiben. Peperoncino mit den Fenchelsamen im Mörser zerstoßen. Alle diese Zutaten mit der Leber, dem Ei, dem Hackfleisch und dem Käse verrühren und mit Salz abschmecken.

Das Kaninchen aus der Marinade nehmen. Die Füllung im Kaninchen verteilen, die Öffnung mit Zahnstochern verschließen.

Den Backofen auf 250° (Umluft 220°) vorheizen. Das Kaninchen in die Fettpfanne des Backofens legen. Das Schinkenfett in kleine Würfel schneiden. Den Knoblauch schälen und sehr fein hacken. Schinkenfett und Knoblauch mit übrigen Fenchelsamen und Öl verrühren und mit Salz und Pfeffer würzen. Auf dem Kaninchen verteilen.

Das Kaninchen in den Ofen schieben und ca. 10 Min. braten. Dann die Temperatur auf 180° (Umluft 160°) zurückschalten. Die Marinade angießen und das Kaninchen noch einmal ca. 30 Min. braten.

Das Kaninchen aus dem Ofen nehmen, die Backofenhitze wieder auf 220° (Umluft 200°) erhöhen. Die Keulen vom Kaninchen abtrennen, das restliche Kaninchen mit der Füllung in Scheiben schneiden. Alles wieder in die Fettpfanne legen, mit der restlichen Bratflüssigkeit beträufeln und noch einmal für ca. 10 Min. in den Ofen schieben, bis auch die Füllung gebräunt ist. Dazu schmeckt gemischter Salat und Weißbrot.

Fagiano arrosto

Gebratener Fasan

Zubereitungszeit: 45 Min.
Garzeit: 1 Std. 15 Min.
Pro Portion (bei 4) ca.: 690 kcal

Zutaten für 2–4 Personen:
1 Fasan (ca. 800 g)
1 unbehandelte Orange, 1 Zweig Salbei
50 g fetter Speck (z. B. Lardo di Collonata aus der Toskana)
2 Knoblauchzehen, Salz, Pfeffer
2 Möhren, 2 Zwiebeln
2 Stangen Staudensellerie
4 große Scheiben luftgetrockneter Schinken, 2 EL Olivenöl
150 ml trockener Weißwein

Den Fasan innen und außen waschen und abtrocknen. Die Orangenschale fein abreiben, den Saft auspressen. Den Salbei waschen, die Blättchen sehr fein hacken. Den fetten Speck ebenfalls sehr fein schneiden und mit dem Salbei und der Orangenschale mischen. Den Knoblauch schälen und dazupressen. Die Mischung mit Salz und Pfeffer würzen und im Inneren des Fasans verteilen.

Möhren und Zwiebeln schälen, den Sellerie waschen und putzen, alles in sehr kleine Würfel schneiden. Den Fasan außen pfeffern und leicht salzen und mit den Schinkenscheiben umwickeln. Scheiben mit Zahnstochern feststecken.

Den Backofen auf 200° vorheizen. Das Olivenöl in einem ausreichend großen Bräter erhitzen, den Fasan darin unter Wenden gut anbraten. Die Gemüsemischung daneben verteilen. Den Fasan in den Ofen (unten, Umluft 180°) schieben und ca. 40 Min. braten. Dabei einmal wenden.

Den Wein mit Orangensaft mischen und angießen. Den Fasan weitere 35 Min. braten, dabei ab und zu mit dem Bratfond beschöpfen. Schinken entfernen. Den Fasan in Stücke schneiden und mit der Sauce servieren.

Pollo in umido

Geschmorte Hähnchenstücke

Zubereitungszeit: 35 Min.
Schmorzeit: 45 Min.
Pro Portion ca.: 785 kcal

Zutaten für 4 Personen:
1 Poularde (ca. 1,2 kg)
Salz, Pfeffer
je 1 rote, gelbe und grüne Paprikaschote
3 Tomaten
2 Knoblauchzehen
1 Zwiebel, 1 Zweig Rosmarin
1 getrockneter Peperoncino
4 Sardellenfilets in Öl
2–4 EL Olivenöl
4 EL Rotweinessig
1/8 l trockener Weißwein
1 EL Kapern
2 EL grüne Oliven
1/2 Bund Basilikum

Die Poularde waschen, trockentupfen und in 8–10 Stücke teilen. Stücke mit Salz und Pfeffer einreiben.

Paprika waschen, halbieren, putzen und würfeln. Tomaten überbrühen, häuten, entkernen und ebenfalls würfeln. Knoblauch und Zwiebel schälen und fein hacken. Rosmarin waschen und in grobe Stücke schneiden. Peperoncino zerkrümeln, Sardellenfilets abtropfen lassen und fein hacken.

Das Öl in einem Schmortopf erhitzen, die Hühnerstücke darin portionsweise rundherum goldbraun anbraten, jeweils mit etwas Essig beträufeln und wieder herausnehmen. Zwiebel und Knoblauch mit Rosmarin und Peperoncino im Bratfett andünsten, Paprika untermischen.

Tomaten und Wein mit Kapern, Oliven und Sardellen dazugeben und mit Salz und Pfeffer würzen. Die Hühnerstücke wieder einlegen und in der Sauce 40–45 Min. zugedeckt schmoren. Inzwischen Basilikum waschen, Blättchen fein hacken. Hühnerstücke damit bestreut servieren.

Das Hähnchen bekommt sein besonderes Aroma durch ein paar zerkleinerte Sardellenfilets. Dazu schmecken am besten Kartoffeln aus dem Ofen oder Rosmarinkartoffeln (Seite 55).

Frühlingszwiebeln sind auf italienischen Märkten meist schon richtige Zwiebeln und keine lauchähnlichen Stangen wie bei uns. Sie können also gut auch junge Zwiebelchen verwenden.

Paprikaschoten *schmecken ohne Haut noch mal so gut – egal, ob sie nachher mariniert, überbacken oder geschmort werden. Am besten lassen sich gelbe, am schlechtesten grüne Schoten häuten. In den Marken erwärmt man gehäutete und in Streifen geschnittene Paprikaschoten auch gerne mit gegartem Dinkel, Tomatenpüree, Rosinen und Petersilie und serviert die Mischung zu gebratenem oder gegrilltem Fleisch. Einfach gut!*

Cipolline al pomodoro

Frühlingszwiebeln in Tomatensauce

Zubereitungszeit: 20 Min.
Garzeit: 25–30 Min.
Pro Portion ca.: 70 kcal

Zutaten für 4 Personen:
3 Bund Frühlingszwiebeln
1 Zweig Salbei
2 Zweige Oregano
400 g Tomaten
2 EL Olivenöl
1/8 l Fleisch- oder Gemüsebrühe
Salz, Pfeffer

Die Frühlingszwiebeln waschen und von den Wurzelansätzen befreien. Am oberen Ende nur die welken grünen Stellen abschneiden. Die Kräuter waschen, Blättchen fein hacken. Tomaten überbrühen, häuten, entkernen und in kleine Würfel schneiden.

Das Öl in einem weiten Topf oder einer Pfanne mit Deckel erhitzen. Kräuter darin andünsten. Tomaten untermischen, mit der Brühe aufgießen. Mit Salz und Pfeffer würzen und offen bei mittlerer Hitze ca. 10 Min. garen.

Zwiebeln untermischen und alles zugedeckt bei schwacher Hitze noch einmal 15–20 Min. schmoren, bis die Zwiebeln bissfest sind. Mit Salz und Pfeffer abschmecken und warm oder lauwarm servieren.

Peperoni in graticola

Gehäutete Paprikastreifen aus dem Ofen

Zubereitungszeit: 20 Min.
Backzeit: 30–35 Min.
Pro Portion ca.: 195 kcal

Zutaten für 4 Personen:
je 2 rote und gelbe Paprikaschoten
4 Knoblauchzehen
1 Bund Petersilie
1 getrockneter Peperoncino nach Belieben
1 EL Zitronensaft
50 g Semmelbrösel
50 ml Olivenöl
Salz, Pfeffer

Den Backofen auf 250° (Umluft 220°) vorheizen. Die Paprikaschoten waschen, halbieren und putzen. Die Schoten mit der Schnittfläche nach unten auf ein Backblech legen und ca. 15 Min. im Ofen (Mitte) backen, bis sie dunkle Blasen haben.

Inzwischen den Knoblauch schälen und fein hacken. Die Petersilie waschen, Blättchen ebenfalls sehr fein zerkleinern. Nach Belieben den Peperoncino sehr fein zerkrümeln oder im Mörser zerstoßen.

Die Paprika aus dem Ofen nehmen und leicht abkühlen lassen. Die Hitze auf 200° (180°) reduzieren. Die Paprika häuten und jeweils noch einmal längs halbieren. Nebeneinander in eine feuerfeste Form legen und mit dem Zitronensaft beträufeln.

Knoblauch, Petersilie und Peperoncino mit den Semmelbröseln und dem Öl verrühren. Mischung salzen, pfeffern und auf den Paprika verteilen. Paprika im Ofen noch einmal 15–20 Min. backen, bis die Bröselmasse leicht gebräunt ist. Die Paprika schmecken warm oder lauwarm, aber auch abgekühlt.

Als Salat, *geschmort oder im Ofen gebacken, wird Gemüse in den Marken sowohl als Antipasto serviert, oft zusammen mit einer anderen Vorspeise, als auch als Beilage zu Fleisch oder Fisch gereicht, meist zusammen mit Kartoffeln aus dem Ofen oder der Pfanne.*

Fagiolini in insalata

Grüne Bohnen Salat

Zubereitungszeit: 25 Min.
Pro Portion ca.: 195 kcal

Zutaten für 4 Personen:
500 g grüne Bohnen
Salz
2 Knoblauchzehen
1/2 Bund Petersilie
4 Zweige Oregano
4 Zweige Minze
6 Sardellenfilets in Öl
3 EL Weißweinessig
schwarzer Pfeffer
6 EL Olivenöl

Die Bohnen waschen und putzen. In einem Topf Salzwasser zum Kochen bringen. Bohnen darin in 8–12 Min. bissfest kochen, kalt abschrecken und abtropfen lassen.

Inzwischen Knoblauch schälen. Kräuter waschen, Blättchen von den Stielen zupfen. Sardellenfilets abtropfen lassen und mit Kräutern und Knoblauch sehr fein hacken.

Essig mit Salz und Pfeffer verrühren. Das Öl unterschlagen, die Kräutermischung untermengen. Sauce mit den Bohnen verrühren und abschmecken.

Varianten:

Statt grüner Bohnen auch mal frische Borlottibohnen (ca. 20 Min. kochen), frische Erbsen (nur kurz garen) oder eingeweichte und gekochte Kichererbsen nehmen. Die sardellenwürzige Sauce schmeckt auch gut zu bissfest gekochten Blumenkohl- oder Brokkoliröschen.

Beilage oder Antipasto: Die Auberginen schmecken würzig und frisch zugleich und lassen sich wunderbar auch schon einen Tag zuvor zubereiten.

Melanzane al forno

Gebackene Auberginen

Zubereitungszeit: 30 Min.
Backzeit: 20–25 Min.
Pro Portion ca.: 170 kcal

Zutaten für 4 Personen:
2 Auberginen (ca. 650 g)
2 EL Weinessig
Salz
4 Knoblauchzehen
1–2 Bund Petersilie (je nach Größe)
2 EL Kapern
1 kleines Stück getrockneter Peperoncino nach Belieben
6 EL Olivenöl
Pfeffer
4–6 Cocktailtomaten zum Garnieren
Backpapier für das Blech

Die Auberginen waschen und längs in knapp 1 cm dicke Scheiben schneiden. Große Scheiben noch einmal halbieren. In einem Topf ca. 1 l Wasser mit dem Essig und Salz zum Kochen bringen. Auberginen darin ca. 3 Min. kochen, in einem Sieb gut abtropfen lassen.

Den Backofen auf 180° vorheizen. Ein Backblech mit Backpapier auslegen. Auberginenscheiben nebeneinander darauf verteilen.

Knoblauch schälen. Petersilie waschen, Blättchen abzupfen. Mit dem Knoblauch, den Kapern und dem Peperoncinostück sehr fein hacken. Die Mischung mit dem Öl verrühren und mit Salz und Pfeffer abschmecken. Auf den Auberginen verstreichen. Die Auberginen im Ofen (Mitte, Umluft 160°) 20–25 Min. backen.

Auberginen aus dem Ofen nehmen, auf eine Platte geben und abkühlen lassen. Vor dem Servieren mit halbierten Cocktailtomaten garnieren.

Zucchine in umido

Geschmorte Zucchini

Zubereitungszeit: 30 Min.
Ruhezeit: 30 Min.
Pro Portion ca.: 100 kcal

Zutaten für 4 Personen:
700 g junge Zucchini, Salz
1 Zwiebel, 500 g Tomaten
50 g Pancetta (ersatzweise luftgetrockneter Schinken)
2 EL Olivenöl, Pfeffer

Die Zucchini waschen, putzen und in schmale Scheiben schneiden. Mit Salz mischen und mindestens 30 Min. ruhen lassen.

Zwiebel schälen und sehr fein hacken. Tomaten überbrühen, häuten, entkernen und würfeln. Pancetta fein hacken.

Pancetta und Zwiebel im Öl bei schwacher Hitze unter Rühren ca. 5 Min. andünsten. Tomaten dazugeben und erhitzen. Zucchini trockentupfen und untermischen. Alles mit Pfeffer und eventuell wenig Salz würzen und zugedeckt ca. 15 Min. schmoren.

Warm, lauwarm und kalt schmecken die würzigen Zucchini gut.

Ravioli dolci

Süße Ravioli

Zubereitungszeit: 1 Std.
Pro Portion (bei 6) ca.: 330 kcal

Zutaten für 4–6 Personen:
250 g Hartweizenmehl (aus dem italienischen Feinkostgeschäft)
2 Eier (Größe M)
2 EL Olivenöl
200 g gegarte Kastanien
50 g Zartbitter-Schokolade
4 EL Espresso
50 g Zucker
1 EL Anisetta (Anislikör) oder Mistrà (Anisschnaps) nach Belieben
1/2 l Olivenöl zum Frittieren
Puderzucker und Zimtpulver zum Bestreuen
Mehl zum Arbeiten

Das Mehl mit den Eiern und dem Olivenöl zu einem glatten geschmeidigen Teig verkneten. In ein Küchentuch wickeln und ca. 30 Min. ruhen lassen.

Für die Füllung die Kastanien fein pürieren. Die Schokolade in Stücke brechen, mit dem Espresso in einer Tasse im heißen Wasserbad schmelzen lassen. Schokolade etwas abkühlen lassen, dann mit Zucker und nach Belieben dem Alkohol zu den Kastanien geben und sehr gut unterrühren.

Den Teig halbieren und jede Hälfte auf etwas Mehl zu einer dünnen Platte ausrollen. Eine Platte im Abstand von 4 cm mit je 1 TL Füllung belegen. Die übrige Teigplatte darüber klappen und jeweils zwischen der Füllung gut andrücken. Die Ravioli ausschneiden und die Ränder mit einer Gabel gut zusammendrücken.

Zum Frittieren Olivenöl erhitzen. Die Ravioli darin knusprig backen, mit einem Schaumlöffel herausheben, auf Küchenpapier abfetten lassen und auf einer Platte anrichten. Mit Puderzucker und wenig Zimt bestäuben und warm servieren.

Gelato di fichi

Feigeneis

Zubereitungszeit: 25 Min.
Gefrierzeit: 4 Std.
Pro Portion ca.: 310 kcal

Zutaten für 4 Personen:
Für das Eis:
4 frische Feigen
4 EL Zucker
2 EL Zitronensaft
200 g frischer Ricotta
150 g Sahne
2 EL Puderzucker
Außerdem:
2 frische Feigen
1/4–1/2 unbehandelte Zitrone
1 EL flüssiger Honig

Die Feigen für das Eis waschen und vom Stielansatz befreien. Nur schälen, wenn die Schale dick ist. Die Feigen in kleine Würfel schneiden. Den Zucker in einer beschichteten Pfanne bei mittlerer Hitze schmelzen und leicht braun werden lassen.

Die Feigenwürfel untermischen und 2–3 Min. köcheln lassen. Mit dem Zitronensaft ablöschen. Feigen vom Herd ziehen und abkühlen lassen.

Ricotta mit der Sahne und dem Puderzucker verrühren, die Feigen unterheben. Die Masse in eine Edelstahl- oder Porzellanschüssel füllen und für ca. 4 Std. ins Gefrierfach stellen. Dabei ab und zu umrühren, damit das Eis gleichmäßig gefriert.

Zum Servieren die frischen Feigen waschen und in feine Spalten schneiden. Zitronenschale hauchdünn abschneiden und in feine Streifen schneiden. Feigenspalten am Rand von Tellern auslegen, vom Eis Nocken abstechen und daneben verteilen. Mit Zitronenschale bestreuen und mit Honig beträufeln. Rasch servieren.

Ein Eis, das vom Geschmack der frischen Feigen bestimmt wird – die Früchte sollten also schön reif und aromatisch sein. Als Ersatz können Sie auch einmal vollreife Aprikosen oder Pflaumen nehmen.

Der Visciolato *ist eine Spezialität der Marken aus der Provinz Ancona. Er wird aus* visciole, *Wildkirschen, und roten Trauben gekeltert (entweder zusammen oder getrennt) und schmeckt leicht süßlich und sehr aromatisch. Servieren Sie den Visciolato, der auch Visner heißt, am besten leicht gekühlt zu einem Dessert oder als Digestif nach dem Essen.*

Crostata di visciole

Sauerkirschtorte

Zubereitungszeit: 55 Min.
Kühlzeit: 1 Std.
Backzeit: 30–35 Min.
Pro Stück ca.: 265 kcal

Zutaten für 12 Stück:
Für den Teig:
1/2 unbehandelte Zitrone
1/2 Vanilleschote
300 g Mehl + Mehl zum Arbeiten
Salz
50 g Zucker
125 g kalte Butter
1 Ei (Größe M)
2 Eigelbe
1 EL Milch
Für den Belag:
750 g Sauerkirschen
100 g Zucker
1/8 l Visciolato (ersatzweise Kirschsaft)
1 Prise Zimt
1 Prise gemahlene Gewürznelken
Puderzucker zum Bestäuben

Für den Teig die Zitronenschale fein abreiben. Die Vanilleschote der Länge nach aufschlitzen und das Mark mit dem Messerrücken herauskratzen. Zitronenschale und Vanille mit Mehl, 1 Prise Salz und Zucker mischen.

Butter in kleine Würfel schneiden und mit Ei und 1 Eigelb zum Mehl geben. Alles rasch zu einem glatten geschmeidigen Teig verkneten, in Folie wickeln und ca. 1 Std. kühl stellen.

Inzwischen für den Belag die Kirschen waschen und entsteinen. Mit dem Zucker und dem Visciolato in einen Topf geben und zum Kochen bringen. Offen bei mittlerer Hitze ca. 30 Min. köcheln lassen, bis die Mischung dickflüssig ist. Mit Zimt und Nelkenpulver abschmecken und abkühlen lassen.

Den Teig noch einmal durchkneten, zwei Drittel davon abnehmen und zwischen zwei Lagen Klarsichtfolie rund und dünn und so groß ausrollen, dass man eine Tarteform von 30 cm inklusive Rand (knapp 2 cm hoch) damit auskleiden kann. Teig in die Form legen und andrücken. Restlichen Teig auf wenig Mehl dünn ausrollen und mit dem Teigrädchen in ca. 1 cm breite Streifen schneiden.

Den Backofen auf 180° vorheizen. Die Kirschmischung auf dem Teigboden verteilen. Die Teigstreifen gitterartig darauf legen und am Rand jeweils gut andrücken. Das restliche Eigelb mit der Milch verquirlen und die Teigstreifen damit einpinseln.

Kuchen im heißen Ofen (Mitte, Umluft 160°) 30–35 Min. backen, bis er schön gebräunt ist. Abkühlen lassen und vor dem Servieren mit Puderzucker bestäuben.

TIPP

Knusprige *crostate*, das Lieblingsdessert vieler Italiener, werden auch mit Aprikosen, Pfirsichen oder frischen Feigen zubereitet. Mit Kirschen, vor allem den aromatischen Sauerkirschen, schmecken sie aber besonders gut. Für helle Früchte nehmen Sie statt des Visciolato am besten einen Moscato oder einen hellen, nicht zu süßen Fruchtsaft.

In L'Aquila am Domplatz kann man im Caffè »Nurzia« das echte *torrone* der Fratelli Nurzia kaufen, das hier 1835 erfunden wurde. Es ist im Gegensatz zum Klassiker aus Cremona weich, *tenero*.

Die traditionelle Süßigkeit, *die wie eine Salami geformt und in feine Scheiben geschnitten wird, schmeckt besonders fein zum Espresso. Die* salame di fichi *hält sich im Kühlschrank mehrere Wochen, Sie können also gleich eine größere Menge davon zubereiten. Sie können sie auch in Würfelform genießen: Dazu eine eckige Form mit halbierten Feigen auslegen, doppelt so viel Schokolade wie in unserem Rezept schmelzen und mit den übrigen Zutaten mischen. Auf den Feigen verteilen und alles mit einer Lage Feigen abdecken. Gut durchkühlen lassen.*

Torrone

Nuss-Schoko-Konfekt

Zubereitungszeit: 50 Min.
Kühlzeit: 3–4 Std.
Pro Portion (bei 10) ca.: 260 kcal

Zutaten für 8–10 Personen:
100 g Haselnusskerne
200 g Zartbitter-Schokolade
50 g Milchschokolade
50 g Zucker
125 g heller Honig
2 sehr frische Eiweiße
2 eckige Back-Oblaten (ca. 12 x 20 cm)
Backpapier für das Blech

Den Backofen auf 180° (Umluft 160°) vorheizen. Ein Backblech mit Backpapier auslegen, die Haselnüsse darauf verteilen und im Ofen ca. 10 Min. backen.

Haselnüsse in ein Tuch geben und gegeneinander reiben, damit die braunen Häutchen entfernt werden. Haselnüsse leicht abkühlen lassen und grob hacken.

Schokolade in kleine Würfel schneiden. Den Zucker mit 50 ml Wasser bei mittlerer Hitze erwärmen, bis die Mischung dickflüssig wird. Die Schokolade dazugeben und unter Rühren ca. 1 Min. bei schwacher Hitze erwärmen, sie wird wie ein zähflüssiger Teig. In eine Schüssel füllen.

Den Honig in einem Topf erwärmen, bis er flüssig wird. Zur Schokolade geben und unterrühren. Die Eiweiße zu sehr steifem Schnee schlagen.

Die Oblaten jeweils so mit einem dünnen langen Messer in der Mitte auseinander schneiden, dass man vier ebenso große, aber dünnere Blätter erhält. Oblaten in Größe einer eckigen Form von ca. 17 x 20 cm Größe zuschneiden. Eine Hälfte der Oblaten mit der glatten Seite nach unten in die Form legen. Die Schokolade und die Nüsse gut verrühren. Unter den Eischnee heben. Die Masse auf der Oblate verstreichen, mit der zweiten Hälfte (glatte Fläche nach oben) bedecken und diese etwas andrücken.

Torrone 3–4 Std. in den Kühlschrank stellen, bis es fest ist, dann in Stücke von ca. 15 x 3 cm Größe schneiden und gleich servieren oder einzeln in Alufolie wickeln und im Kühlschrank lagern.

Salame di fichi

Feigensalami

Zubereitungszeit: 35 Min.
Ruhezeit: 1 Tag
Pro Portion (bei 12) ca.: 205 kcal

Zutaten für 10–12 Personen:
500 g getrocknete Feigen
100 g Mandeln
40 g ungesalzene Pistazienkerne oder Pinienkerne
100 g Zartbitter-Schokolade
20 g leicht kandierte Melone oder Kürbis
1/2 unbehandelte Zitrone
1/2 Vanilleschote
1 Prise Zimtpulver

Die Feigen von den harten Stielenden befreien, vierteln und in der Küchenmaschine fein zerkleinern. Die Mandeln mit Wasser zum Kochen bringen und ca. 5 Min. kochen lassen. In einem Sieb kalt abschrecken und abtropfen lassen. Die Mandeln aus den Häuten drücken, abtrocknen und grob hacken. Pistazien- oder Pinienkerne ebenfalls grob zerkleinern.

Die Schokolade in Stücke brechen und in einer Tasse im heißen Wasserbad schmelzen lassen. Inzwischen die kandierten Früchte sehr fein würfeln. Die Zitronenschale fein abreiben. Die Vanilleschote der Länge nach aufschlitzen und das Mark mit dem Messerrücken herauskratzen.

Alle diese Zutaten mit dem Zimt in eine Schüssel geben und gut durchkneten. Die Masse zu 3–4 Rollen von ca. 4 cm ø formen, in Klarsichtfolie wickeln und mindestens 1 Tag im Kühlschrank durchziehen lassen. Zum Servieren die Feigensalami in ca. 1/2 cm dicke Scheiben schneiden.

Pasta felice
Nudeln in Bestform

Nicht mehr weit bis nach Penne, dem Ort in den Abruzzen, wo sich viele Pastaproduzenten angesiedelt haben. Getreide gibt's in den Marken wie auch den Abruzzen in rauen Mengen.

Treffpunkt Autobahnausfahrt. Wer da an dunkle Gestalten und krumme Geschäfte denkt, liegt falsch. Halb Italien verabredet sich an der Autobahnausfahrt, weil hier so viel Platz ist, um in aller Ruhe zu parken und zu warten. Beispielsweise auf Massimo Mancini, der uns seine *azienda* zeigen will. Dort baut er Getreide an, um daraus mit die feinste Pasta Italiens herzustellen. Richtung Monte S. Pietrangeli geht die Fahrt. Welch ein Unterschied zum tristen Autobahntreffpunkt! Immer wieder halten wir an, um gelb leuchtende, sanft wogende Weizenfelder zu bestaunen. Mit Stolz zeigt Getreidebauer und Pastaspezialist Massimo Mancini die Früchte seiner Arbeit. Er lernte sein Handwerk von der Pike auf, z. B. bei großen Pasta-Produzenten wie Barilla, seine Examensarbeit schrieb er über die verschiedenen Hartweizenarten und ihren Einfluss auf die Güte der Pasta. Im Juni 2001 wurde seine erste Getreideernte eingefahren, im Herbst des-

Beste Wahl bei Pasta: Entweder Nudeln eines besonders guten Produzenten wie Massimo Mancini kaufen oder gleich selbst zur Nudelmaschine greifen. Das Hartweizenmehl für die Pasta können Sie mit anderen Mehlsorten wie etwa Kastanienmehl mischen.

selben Jahres hatte die Pasta Mancini ihren ersten Auftritt im Feinkost-Handel.

Handelte der Großvater noch mit Maschinen, begann Vater Mancini, Land zu kaufen. Heute bewirtschaftet Massimo 70 Hektar Land und nutzt zusätzlich 50 Hektar eines Freundes. Allerdings werden nur auf 30 Hektar davon im Jahr Weizenkörner ausgesät, denn Massimo Mancini setzt auf Fruchtwechsel, um den Boden nicht auszulaugen. Drei Jahre lang wachsen auf den Feldern Sonnenblumen oder gemischte Grünpflanzen oder es weiden die Schafe darauf, die ihren natürlichen Dünger hinterlassen. Dann erst werden die Äcker wieder für Getreide genutzt.

Massimo Mancini baut vor allem Sancarlo und Flaminio an, zwei Hartweizensorten, die am liebsten an hügeligen Feldern wachsen, sich besonders gut für die Pastaherstellung eignen und für seine Pasta meist auch gemischt verwendet werden. Zusätzlich macht er Versuche mit anderen Weizenarten.

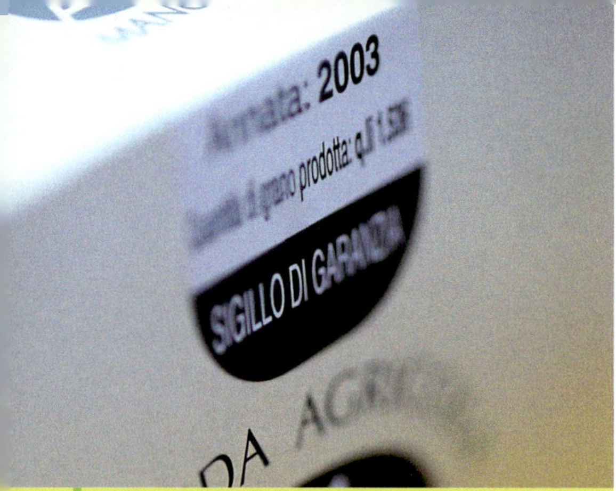

Nicht nur die Sorte, sondern auch der Getreidejahrgang steht auf der Packung von Mancini.

Eine Produktpalette, die viel Geschmack in sich hat. Und eine der Bronzepressen, die das optimale Ergebnis erst möglich macht.

Ob im Großen oder im Kleinen: Der Teig für Bandnudeln muss erst einmal geknetet werden.

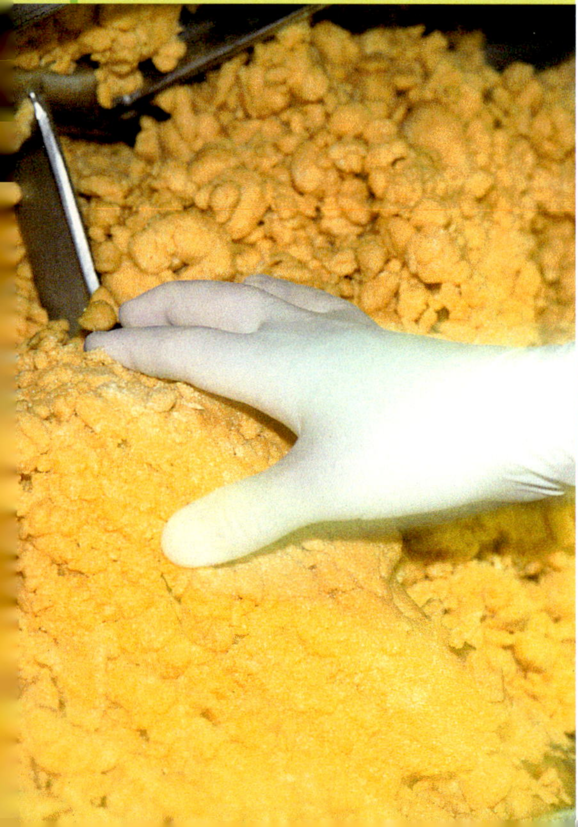

Feinsäuberlich auf weißes Papier gelegt, werden die Eiernudeln von Maroni getrocknet und später auch in die Verpackung geschoben.

Anspruchsvoll wie Wein

Der Getreidebauer weist auf die Ähnlichkeit von Weizen und Wein hin: Jede Weizenart hat wie jede Traubensorte ihre Eigenarten und muss so behandelt werden, dass sie optimale Bedingungen vorfindet. Auf den Verpackungen seiner Pasta gibt Massimo Mancini den Getreidejahrgang an. So kann sich der Kunde nicht nur orientieren, wie lange er die Pasta noch mit echtem Genuss essen kann, sondern auch – wie beim Wein – Vergleiche zwischen den einzelnen Jahrgängen anstellen.

Massimo Mancini achtet darauf, dass seine Getreidepflanzen optimal gedeihen können, und versucht dies mit natürlichen Methoden wie etwa Fruchtwechsel zu erreichen. Ganz ohne Chemie aber gehe es nicht, räumt er ein. In feuchten Jahren müsse er beispielsweise etwas gegen den Pilzbefall der Pflanzen tun, der für den Menschen sehr schädlich ist. Nach der Ernte kommt bei ihm aber kein chemisches Mittel mehr zum Einsatz, ganz im Gegensatz zu manch anderen Pastafabrikanten, die das Getreide zum Teil aus weit entfernten Ländern beziehen und die Schädlinge, die auf dem Transport auftreten, wieder beseitigen müssen.

Die Herstellung bester Pasta

Produziert wird Mancinis Pasta von Antonio Rossi, den Massimo Mancini als »Önologen der Pasta« bezeichnet, weil er bei der Herstellung auf alle Aspekte – vom Anbau bis zum »Ausbau« – achtet.

Nach der Ernte kommt das Getreide bei Mancini keinesfalls gleich in die Mühle, denn es wird besser, wenn man es zunächst lagert (am besten mindestens drei Monate). Dann erst wird der Weizen gemahlen und sofort zu Pasta weiterverarbeitet. Bei der Verarbeitung selbst werden dem Mehl nur Wasser und Salz zugesetzt.

Zum Formen des Pastateiges verwendet Massimo Mancini alte Pressen aus Bronze, die nicht so schnell arbeiten wie die in der industriellen Produktion und den Teig daher schonender formen. Außerdem bekommt die Pasta in diesen Pressen eine raue Oberfläche, die sie später nach dem Kochen den Sugo viel besser aufnehmen lässt. Die meisten industriellen Betriebe haben Pressen aus einem beschichteten Material oder produzieren die Pasta ebenfalls in Bronzepressen, aber wesentlich schneller. Beides wirkt sich negativ auf die Qualität der Nudeln aus.

Bei den meisten Herstellern werden die Teigwaren so schnell und bei so hohen Temperaturen (3–4 Stunden bei 100°) getrocknet, dass sie außen schon fast verbrannt sind.

Massimo erzählt uns, wie die Hausfrauen das früher gemacht haben. Zuerst kam die Pasta kurz in die Sonne, dann in den eher feuchten Keller und schließlich in den Speicher, wo sie bei geöffneten Fenstern ganz durchtrocknen konnte.

Die Pasta Mancini wird ähnlich schonend behandelt und in kleinen Räumen bei etwa 40° 2 Tage lang getrocknet.

Perfekte Zubereitung

Auf der Packung der Mancini-Produkte findet man zwar den Jahrgang des verwendeten Weizens, die Kochzeit ist mit 7–9 Minuten jedoch variabel angegeben. Das liegt daran, dass die Pasta je nach Jahrgang und Alter oder der Wasserqualität unterschiedlich lang brauchen kann, bis sie al dente ist. Zusätzlich muss man bei Teigwaren von dieser Güte auch immer berücksichtigen, dass die Pasta nach dem Garen etwas nachzieht. Beim Abgießen müssen die frisch gekochten Nudeln also unbedingt noch einen Kern in der Mitte haben. Die Pasta kann man übrigens drei Jahre lagern, wenn man sie an einem trockenen Ort aufbewahrt.

Massimo Mancini berichtet noch über Pastaverkostungen. Wenn Sie das ebenfalls mal probieren möchten: Am besten verschiedene Pastasorten frisch kochen, nur mit Butter, Öl oder wenig Tomaten vermischen und vergleichen.

Pasta all'uovo

Ebenfalls unter besten Bedingungen hergestellt, aber mit Eiern statt mit Wasser, wird die Pasta in Campofilone bei Ivana Maroni. Der Familienbetrieb betreibt eine kleine Pastaherstellung mit angeschlossenem Laden. Das Getreide wird zugekauft, die Eier für die nach handwerklichen Methoden hergestellte Pasta werden gleich nebenan in einem großen Stall produziert, von artgerecht aufgezogenen Hühnern, die ausschließlich mit biologischem Futter versorgt werden und sich frei zwischen Stall und Freigehege bewegen können.

Der Pastateig bei Maronis besteht zu etwa 40% aus Eiern. Er wird langsam verarbeitet und ebenfalls durch Bronzepressen gedrückt, um anschließend bei 40° 24–36 Stunden zu trocknen (Bandnudeln trocknen schneller als gebogene

Spezialität aus Ascoli Piceno: dicke Röhrchennudeln mit Tomatensauce und Oliven.

oder gedrehte). Pasta aus Eierteig verliert dabei wesentlich mehr an Gewicht als Pasta, die nur aus Wasser und Hartweizenmehl hergestellt wird. Beim Kochen geht sie dafür aber auch stärker auf. Der Grund, warum von guter *pasta all' uovo* schon 250 g für vier Personen reichen.
Schlecht gemachte Pasta übrigens wird mit wesentlich weniger Eiern gemacht, der Teig ist als Grundprodukt sehr trocken und kann nur durch starke Maschinen und hohe Geschwindigkeit bei der Verarbeitung zusammenhalten.

Spezialitäten von da und dort

Pappardelle sind die Nudeln, die man in der Toskana am liebsten zu gehaltvollen Fleisch- und Wildsugi serviert. Die breitesten aller Bandnudeln werden aus einem Teig aus Hartweizenmehl mit Eiern und manchmal auch etwas Wasser, eventuell etwas Olivenöl und Salz zubereitet. *Pici* sind dicke Spaghetti, die man in der Toskana südlich von Siena und Umgebung zubereitet, auch in Umbrien findet man sie, vor allem nahe der Grenze zur Toskana. Der Teig wird nur aus Mehl, Wasser und Salz verknetet und zu langen dicken Spaghetti gerollt. Eine Arbeit, die etwas Mühe macht, die sich aber lohnt. Wichtig bei den *pici*, die aus der bäuerlichen Küche der Toskana stammen, sind natürlich gutes Mehl und reines Wasser und die Geduld und Hingabe, die man beim Formen der Pasta einzusetzen gewillt ist.
Nahe der Grenze zu Ligurien in der Lunigiana zu Hause ist *testarolo*. Die Nudelspezialität wird aus Mehl, Wasser und Salz gemacht und ähnlich wie Waffeln zwischen zwei großen, allerdings glatten Eisenplatten gepresst und kurz gebacken. Man kauft den flachen runden Fladen meist vakuumverpackt beim Lebensmittelhändler, schneidet ihn zu Hause in Quadrate und kocht ihn in Salzwasser. Serviert werden die *testaroli* mit Pesto.
Die fast eckigen *maccheroni alla chitarra* sind die berühmtesten Nudeln der Abruzzen, sie werden auch *maccheroni domenicali*, also Sonntagsnudeln genannt, weil ihre Herstellung nichts für alle Tage ist. Sie werden auf einem Gerät mit dünnen Saiten zubereitet. Der Teig, der aus Hartweizenmehl, Eiern und Salz zubereitet wird, muss fest sein, damit sich die Nudelplatten auf die Saiten legen und mit dem Nudelholz durchdrücken lassen.

Pasta selber machen

Bei *pasta all'uovo* pro 100 g Mehl 1 Ei zugeben, salzen und kneten. Wenn der Teig zu fest ist, noch etwas Ei oder 1 Eigelb unterarbeiten.
Bei Pasta ohne Ei pro 100 g Mehl ca. 50 ml Wasser mit Salz unterarbeiten. Sie können beide Methoden auch hervorragend mischen.

Wichtig beim Selbermachen von jedem Pastateig: Der Teig muss weich sein, darf aber nicht an den Fingern kleben. Und die Nudeln sollten vor dem Kochen leicht antrocknen.

Mehl aus Hartweizen ist das Ausgangsprodukt für besten Pastateig. Es ist körniger und gelber als das aus Weichweizen.

Die *pici*, dicke Spaghetti aus der Toskana und aus Umbrien, müssen in Handarbeit gerollt, Stück für Stück zu Schnüren gedreht werden. Ist die Arbeit getan, wartet ein feines Essen als Belohnung.

Nach dem Rollen sollten Sie *pici* noch kurz trocknen lassen, bevor Sie sie kochen.

Wein

Es muss nicht immer Chianti sein

Vom Lebensmittel zum Luxusgut: Die Bauern in der Toskana und in Umbrien, in den Abruzzen oder den Marken ließen sich Wein früher schon zum Frühstück auf dem Feld schmecken, und beim Essen stand in jeder Familie eine Flasche auf dem Tisch. Der Wein, den man damals trank, war allerdings eher ein Zufallsprodukt, dessen Qualität von den Reben abhing (die meist im gemischten Satz im Weinberg standen), vom Wetter und vom Können des Bauern.

Wein
Es muss nicht immer Chianti sein

Sangiovese-Trauben sind in der Toskana bei den Roten die unangefochtene Nummer 1.

Im Laufe der Zeit haben sich das Wissen über den Wein, die An- und Ausbaumethoden und somit auch seine Qualität immer mehr verbessert, er ist feiner und raffinierter geworden. Gerade die Verwendung internationaler Rebsorten wie Cabernet Sauvignon, Merlot und Syrah wie auch der Ausbau in Barriques, der in den letzten Jahren stark in Mode kam, haben aber dazu beigetragen, dass sich die Weine einer Region manchmal gar nicht mehr so stark von der aus der Nachbarlandschaft unterscheiden ließen. Inzwischen ändert sich das allmählich wieder: Die Winzer schätzen das Potenzial der einheimischen Reben und keltern vermehrt für die Region typische Weine auf qualitativ hochwertige Art und Weise. In Mittelitalien ist die Vielfalt groß: Gerade in den noch unbekannteren Regionen gibt es für den Weinfreund eine ganze Menge zu entdecken und zu genießen!

Toskana – Sangiovese ist der *principe*

Beim Stichwort Chianti kommt so mancher ins Schwärmen, weil der berühmte Rotwein fast Kultstatus hat. Allerdings muss man häufig inzwischen auch für eine Flasche einfachen Weins, dessen Etikett der *Gallo Nero* ziert, ziemlich tief in die Tasche greifen. Daneben gibt es immer noch den simplen Chianti, wenn auch nicht mehr ganz so, wie man ihn von früher aus dem *fiasco* kennt, der bauchigen Korbflasche, die so manche Studentenbude als Kerzenleuchter zu verschönern suchte.

Der Name Chianti tauchte im Jahr 1404 zum ersten Mal in einer offiziellen Akte auf, Feudalherren bewirtschafteten zu dieser Zeit Weinberge bei Radda, Gaiole und Castellina. Später breitete sich das Weinbaugebiet bis nach Greve im Norden, Arezzo im Osten, Siena im Süden und fast bis nach Pisa an der Küste aus. Offiziell wurde die Chiantizone 1716 von den Medici begrenzt und um die Mitte des 19. Jahrhunderts legte der Baron Bettino Ricasoli die Traubenmischung für den Chianti classico fest – ein gemischter Rebensatz aus Sangiovese, einer weiteren roten und zwei weißen Sorten. Das Weingut der Ricasoli, Castello di Brolio, ist noch heute eines der größten der Toskana, und die Mischung des Barons hatte bis vor wenigen Jahren Gültigkeit.

Damals wie heute steht der Sangiovese – die Hausrebe der gesamten Toskana – im Mittelpunkt, heute verzichtet man allerdings meist auf die Zugabe der weißen Trauben, die für die Süffigkeit des Weines sorgten. Die neueste Regelung des Chiantikonsortiums sieht einen Anteil von mindestens 80% Sangiovese vor, inzwischen darf Chianti auch aus 100% Sangiovese gekeltert werden. Die übrigen 20% im Chianti können aus anderen einheimischen, aber auch internationalen roten Rebsorten bestehen, die Zumischung von weißen Reben ist noch erlaubt, wird aber ab 2006 nicht mehr gestattet sein.

Außer dem Chianti classico machen manche Weingüter in guten Jahren auch einen Chianti classico riserva, der im Gegensatz zum kleinen Bruder, der schon nach acht Monaten Reifezeit in den Handel gelangt, mindestens drei Jahre lang reifen muss und einen höheren Alkoholgehalt aufweist.

Aus Sangiovesereben entstehen Weine mit hohem Tanningehalt und beachtlicher Säure. Die Weine haben im günstigen Fall eine tiefrote Farbe, Geschmack und Duft erinnern an Beeren und andere Früchte, manchmal auch an Veilchen. Allerdings ist die Sangiovese keine ganz einfache Rebe. Bei Winzern, die nicht sorgfältig arbeiten, kann ein Sangiovesewein zu viel Säure oder Tannin enthalten. Oder wie es Riccardo Pecchioli von der Tenuta Parrina in der Maremma formuliert: »Der Sangiovese ist ein nervöses Pferd, das aggressiv werden kann.«

Andere Chianti-Zonen

Außer der Chianti-Classico-Zone gibt es sechs weitere Anbaugebiete für Chianti: Chianti Colli Aretini, Chianti Colline Pisane, Chianti Colli Senesi, Chianti Montalbano, Chianti Colli Fio-

Beim Umschütten aus dem Eimer ist Vorsicht geboten, damit die Trauben heil bleiben.

Überall dort, wo Qualitätswein entsteht, werden die reifen Trauben Stück für Stück vom Stock geschnitten.

Für ein paar Wochen im Herbst dreht sich alles nur um die Weinlese. Viele Arbeiter und Helfer sorgen dafür, dass das reife Traubengut schnell geerntet und verarbeitet werden kann.

Die versteinerten Muscheln im Boden der Colline Pisane, hier auf dem Weingut von Badia di Morrona, geben dem Terroir und somit dem Wein eine besondere Note.

rentini und Chianti Rufina, das kleinste Gebiet, aus dem aber neben dem Classico oft die bemerkenswertesten Weine kommen.
Klar, dass die unbekannteren es gegen das große Zugpferd Chianti Classico schwer haben. Und deshalb, berichtet Signora Ginevra Venerosi Pesciolini von der Tenuta di Ghizzano in der Provinz Pisa, sind seit einiger Zeit Bestrebungen im Gange, eine eigene DOC zu bekommen, in ihrem Fall z. B. »Terre di Pisa«. Solange es diese DOC aber nicht gibt, kommen von Ghizzano wie auch von anderen Winzern, die sich der Qualität verschrieben haben, keine Chianti Colline Pisane, sondern Weine mit IGT. In der Tenuta di Ghizzano feiern sie mit dem Veneroso (je zur Hälfte aus Sangiovese und Cabernet Sauvignon) und dem Nambrot (70% Merlot und 30% Cabernet Sauvignon) Erfolge.

Supertuscans

Um die strengen Regeln des Chianti-Classico-Konsortiums zu umgehen, haben viele toskanische Weinbauern ihre Weine nicht mehr Chianti genannt, sondern auf den DOCG-Status verzichtet und ihre Weine mit der schlichten Bezeichnung *vino da tavola* versehen. Da sich dahinter oft so phänomenale Weine wie der Sassicaia oder der Tignanello verborgen haben, wurde die Bezeichnung, die ursprünglich tatsächlich für einfachen Tafelwein vorgesehen war, bald zum Markenzeichen der edelsten Tropfen der Toskana. Inzwischen hat die Bezeichnung IGT den VDT auf den Flaschen abgelöst, da ein *vino da tavola* keinen Jahrgang mehr nennen darf.

Sangiovese kann noch mehr

Berühmte Nachbarn des Chianti sind der Brunello di Montalcino, der aus der Sangiovese grosso oder Sangioveto, einem Klon des Sangiovese, gekeltert wird und der Vino nobile di Montepulciano, ebenfalls aus einem Sangiovese-Klon, der Prugnolo gentile.
Der Brunello wird zu 100% aus dem Sangiovese-Klon bereitet, muss 2 1/2 Jahre im Fass reifen und mindestens vier Jahre alt sein, bevor er in den Handel kommt. Ein guter Brunello fasziniert mit seinem intensiven Duft nach dunklen Früchten und Gewürzen und im Alter mit einem weichen und runden Geschmack.
Der Vino Nobile di Montepulciano ist im Gegensatz zum Chianti weicher im Tannin und auch in der Säure. Da im Vino Nobile bis zu 30% andere Rebsorten enthalten sein dürfen, sind die Unterschiede zwischen den einzelnen Weinen oft beträchtlich. Der Vino Nobile ist im Idealfall ein kräftiger, aber harmonischer Rotwein mit einem feinen Duft nach Früchten und Veilchen.

Abseits der berühmten Weinberge

Vor allem in der Maremma, dem Schwemmland im Süden der Toskana, das erst spät im 20. Jahrhundert von der Malariafliege befreit und trockengelegt wurde, findet man Weine mit besonderer Eigenart.
Der Morellino di Scansano wird aus einer Traube aus der Familie des Sangiovese gekeltert. Adolfo Parentini, der Besitzer von Moris Farms, stellt einen besonders guten her. Der Winzer kommt ursprünglich aus der Forstwirtschaft und begann mit dem Weinbau aus Leidenschaft. Seit 1988 bringt er Weine von beständiger Qualität auf den Markt. Adolfo Parentini hält die Maremma für ein ideales Rotweingebiet, weil sie weiter südlich als die anderen Gebiete der Toskana liegt, die Trauben hier mehr Sonne bekommen und deshalb der Wein weicher wird als beispielsweise ein Chianti classico. Der mineralienreiche Boden aus sandigem Lehm schenkt ihnen zudem eine besondere Würzigkeit. Der Sangiovese-Klon, aus dem der Morellino gekeltert wird, heißt wie der Wein Morellino und macht mindestens 85% des Weines aus, dazu kommen andere, meist einheimische rote Rebsorten.
Ebenfalls in der Maremma, nur ein paar Kilometer nördlich des Morellino-Gebiets, macht eine relativ neue DOC von sich reden, Monterigio di Massa Marittima. Der Wein muss mindestens 80% Sangiovese enthalten, die restlichen 20% entfallen auf einheimische Reben wie Alicante, Canaiolo, Ciliegiolo oder Malvasia Nera oder auf internationale Stars wie Cabernet Sauvignon, Merlot oder Petit Verdot. Bei Moris Farms heißt die Mischung so: 90% Sangiovese und 10% Cabernet Sauvignon, bei der noch jungen Azienda I Campetti gibt es einen reinen Sangiovese und eine Mischung mit Ciliegiolo und Canaiolo.
Der Monterigio ist wie der Morellino ein würziger Rotwein, er duftet nach Tabak, schwarzem Pfeffer und reifen roten Früchten.
Eine überall in der Toskana heimische Rebe, die würzige und fruchtige Ciliegiolo, hat in der Nähe von Pitigliano historische Wurzeln. Bei Sassotondo keltert man daraus einen reinsortigen Wein, den San Lorenzo.

Zum traditionsreichen Weingut Ghizzano gehört auch ein herrschaftlicher Garten mit mediterranen Pflanzen.

Die Weine der Fattoria di Felsina bei Castelnuovo Berardenga im Chianti Classico werden immer wieder ausgezeichnet.

Das Weingut Castello di Ama liegt bei Gaiole in Chianti auf einer Höhe von 500 Metern. Die Trauben können hier durch die Temperaturunterschiede besonders viel Aroma tanken.

Bei Decugnano dei Barbi, einem Weingut in der Provinz Orvieto, degustiert man in einem einer Kirche nachempfundenen Saal. Die Devise des Besitzers Carlo Barbi: »Lebe so, als würdest Du morgen sterben, arbeite so, als lägen noch mindestens zehn Jahre vor Dir.«

Aus der Decugnano dei Barbi kommt unter anderem der Lago di Corbara, ein junger D
Wein aus Montepulciano, Sangiovese, Canaiolo und wenigen internationalen Reben.

Das Weingut Arnaldo Caprai hat es mit seinem Sagrantino 25 Anni zu Weltruhm gebracht.

Im Weingut Sassotondo von Carla Benini und Edoardo Ventimiglia wird nicht nur Treb
no für den Bianco di Pitigliano angebaut. Hier gedeiht auch die rote Sorte Ciliegiolo.

Die Weißen der Toskana

Manchmal unerträgliche Massenware, manchmal ein feiner Tropfen – so unterschiedlich kann der bekannteste Weiße der Toskana, der Vernaccia di San Gimignano ausfallen. Damit der goldgelbe Wein seine typischen Aromen nach Äpfeln und Mandeln entfalten kann, muss er sorgfältig zubereitet, also im Ertrag beschränkt und kontrolliert ausgebaut werden. Er wird aus der Trebbiano-Traube gekeltert.

Bis vor wenigen Jahren hauptsächlich als süffiger, aber wenig charaktervoller Tropfen bekannt, mausert sich auch der Bianco di Pitigliano aus der Maremma bei sorgfältiger Behandlung zu einem bemerkenswerten Wein. Dass er früher eher zu den nichtssagenden Weinen zählte, liegt nach Meinung von Carla Benini vom Weingut Sassotondo daran, dass er von einer Cooperative hergestellt wurde, deren Politik sich mehr auf Quantität denn auf Qualität stützte. Sassotondo war die erste Privatkellerei in der Gegend, 1997 begann man mit der Lese. Der Bianco di Pitigliano entsteht hauptsächlich aus Trebbiano, bei Sassotondo mit einer geringen Menge von Sauvignon und Greco di Tufo.

Unter dem Dach gereift – Vin santo

Die Trauben für Vin santo, hauptsächlich Malvasia und Trebbiano, kommen nicht gleich nach der Lese in die Presse, sondern werden auf Matten zum Trocknen ausgelegt oder an Balken aufgehängt. Erst um Weihnachten herum, manchmal auch später, wird der Most gepresst, im Vergleich zu frischen Trauben ist die Ausbeute nur noch etwa 40%. Diesen Most füllt man in *caratelli*, kleine Fässer aus Kastanien- oder Eichenholz von 50–100 Liter Inhalt. Nach dem Verschließen mit Zement legt man die Fässer auf den Dachboden, auch *vinsantaia* genannt, und lässt sie mindestens zwei Jahre, meist bis zu sechs Jahre in Ruhe. Direkt unter dem Dach sind die Temperaturschwankungen hoch. Das kann dem Vin santo ein köstliches und einzigartiges Aroma verleihen, kann ihm aber auch schaden. Deshalb überlassen viele Produzenten das Ergebnis nicht mehr der Witterung und dem Zufall, sondern keltern den Wein unter kontrollierten Bedingungen.

Vin santo schmeckt nach dem Essen, traditionell mit *cantuccini*, die man in den würzigen Wein tunkt. Man bekommt den Wein in den Ausführungen *secco* (trocken), *abboccato* (halbtrocken) und *dolce* (süß). Nicht immer sind diese Stilrichtungen auf dem Etikett vermerkt.

Umbrien – Geheime und bekannte Favoriten

Sicher der bekannteste Wein der Region ist der Orvieto, der früher nicht nur am päpstlichen Hof in Rom berühmt war, sondern auch Künstlern wie Pinturicchio und Luca Signorelli so gut schmeckte, dass sie sich einen Teil ihres Lohns mit Orvieto »auszahlen« ließen. Da er sich in den letzten Jahrzehnten eher als mittelmäßiger Massenwein gegeben hat, tut er sich heute bei Weinkennern etwas schwer. Sauber ausgebaut kann der Wein aus Trebbiano und der charaktervollen umbrischen Rebe Grechetto frisch und elegant sein. Achten Sie in jedem Fall darauf, dass Sie einen Orvieto Classico bekommen.

Mitten in Umbrien liegt das kleine Städtchen Montefalco und rundherum wächst eine Rebe, die es in sich hat: der Sagrantino. Er ist schon im Weinberg eine schwierige Rebe, reift erst im Oktober, und birgt somit in ungünstigen Jahren die Gefahr, sein Potenzial nicht ganz auszuschöpfen. Reinsortig ausgebaut hat man einen Wein mit dem Namen Sagrantino in der Flasche, der tiefdunkel ist und reichlich Tannine enthält. Viele attestieren ihm das Potenzial eines Brunello oder Barolo.

Aus Sagrantino machen manche Winzer von Montefalco auch einen Passito aus etwa drei Monate lang getrockneten Trauben, der je nach Jahrgang und Lagerung ein echter *vino da meditazione* werden kann, und zu Käse, aber auch zu Schokolade ausgezeichnet schmeckt.

Der Passito war wohl auch der ursprüngliche Wein, den man aus Sagrantino kelterte und für festliche Gelegenheiten reserviert hatte. So soll sich der Rebenname auch von *sagra* (Fest) herleiten. Da Süßweine lange Zeit kaum in Mode waren, versuchten sich einige Winzer der Gegend mit einer trockenen Version des Sagrantino, manch einer scheiterte an der Tanninwucht der Rebe. Alvaro Palini, Kellermeister des Weingutes Adanti, kommt der Verdienst zu, den ersten Sagrantino gekeltert zu haben, der dank Mengenbeschränkung der Reben und einem geduldig abgewarteten Reifeprozess in Eichenfässern eine Harmonie zwischen Frucht, Tannin und Säure auswies und ein wirklich eleganter Wein wurde.

Weicher schmeckt der Montefalco Rosso, der aus Sangiovese, Sagrantino, Merlot und noch ein

In den angetrockneten Trauben, aus denen der Vin santo entsteht, konzentrieren sich Zucker und Aromen.

Die Verdicchiotraube wächst in zwei Gebieten der Marken: Castelli di Jesi und dem höher gelegenen Matelica. Daraus keltert Antonio Canestrari besonders gelungene Weine. Seinen Lapiro und seinen Moja Cupa kann man hoffentlich auch bald in Deutschland kaufen.

paar anderen Rotweinsorten gekeltert wird. Auch er ist ein kräftiger Wein mit dunkler Farbe, aber leichter zugänglich als der Sagrantino.

Bei den Weißweinen dominiert nicht nur um Montefalco, sondern auch in anderen umbrischen Regionen die Grechetto, aus der man elegante bis spritzige Weine keltern kann, die oft nach Äpfeln und Rosenblüten duften.

Marken – Traumhafte Weiße und würzige Rote

Noch heute erzählt man sich in den Marken die Geschichte eines Kirchenoberhauptes, das um das Jahr 1000 in der Nähe von Ancona bei einem Bauern nächtigte. Der heilige Mann trank dort zu einem Teller *pasta e ceci* (Nudeln mit Kichererbsen) einen frischen Weißwein mit leichtem Bitterton. So gut soll er danach geträumt haben, dass er am nächsten Tag bei einem Festbankett nichts anderes wünschte, als in das Haus der Bauern zurückzukehren. Was er trank, war wohl ein Vorläufer des Verdicchio, um den sich noch zahlreiche andere Legenden ranken.

Der Wein aus der gleichnamigen Rebe, der in Duft und Aroma oft an Pfirsiche und Mandeln erinnert und im Geschmack so wunderbar aromatisch und frisch ist, war lange Zeit nicht besonders hoch angesehen, dank verbesserten An- und Ausbaumethoden ändert sich das aber immer mehr.

Aus der gleichen Rebe wird der Verdicchio di Matelica in einem kleineren Anbaugebiet, das höher, aber in einer warmen Nische liegt, produziert. Die Weine von hier zeichnen sich durch eine etwas kräftigere Säure und einen tieferen Geschmack aus.

Südlich von Pesaro liegt das Anbaugebiet des Bianchello del Metauro, ein frischer trockener Weißwein, der nach Frühlingsblumen duftet. Er wird zu 95% aus der Bianchello (die auch Passerina oder Biancame heißt) gekeltert. Die restlichen 5% steuert meist der Trebbiano aus der Toskana bei.

Aus der Provinz Ascoli Piceno kommt der Falerio, ein Weißwein mit antiken Wurzeln, der aus verschiedenen Trauben gekeltert wird, darunter die autochtonen Passerina und Pecorino. Letztere ist eine alte Rebe, die seit langer Zeit in Mittelitalien heimisch ist und vor allem in den Abruzzen und den Marken gut gedeiht. Bis vor kurzem wurde Pecorino allerdings hauptsächlich von den Bauern verarbeitet oder aber in anderen Weißweinen als Verschnittpartner eingesetzt. Seit man seine herausragenden Eigenschaften wiederentdeckt hat, beginnt sich das zu ändern. Ein reinsortiger Wein aus Pecorino kann nach Äpfeln und Bananen duften und hat einen langen Abgang mit ganz leichten Bitternoten.

Monte Conero – Kraft aus höheren Lagen

Die einzige Erhebung an der sonst flachen Küste der Marken ist der Monte Conero, wo man schöne Buchten und einen feinen Wein aus der Montepulciano-Rebe findet.

Bei Silvano Strologo am Monte Conero probieren wir seinen Rosso Conero, zuerst den Basiswein Julius, dann den Traiano, der aus den zuletzt geernteten Trauben gemacht wird und schließlich die Riserva, die im April 2005 auf den Markt kommt und *sur lie* ausgebaut wird. Dieser Wein wird also nicht nach der Gärung von der Hefe getrennt, sondern bleibt weiter mit den abgestorbenen Hefezellen im Fass, die ihn nähren sollen. Der Winzer erzählt, dass sich in der Gegend in den 90er Jahren noch kein Mensch für Wein interessiert hat, außer für den einfachen Tropfen, der bei jedem Essen auf dem Tisch stand. Und so wurde auch auf seinem Weingut neben dem Wein Getreide und Mais angepflanzt, der Wein ausschließlich *fuso*, also offen, verkauft. 1997 hat er ihn das erste Mal in Flaschen gefüllt und seither die Qualität stetig verbessert: Seit 2004 hat der Rosso Conero nicht mehr nur die DOC, sondern die DOCG. Er ist ein körperreicher Wein von tiefroter Farbe und dem Duft nach roten Früchten.

Ein anderer Rosso der Region ist der Rosso Piceno, der in der Nähe von Ascoli Piceno gedeiht. Angela Velenosis Weingut arbeitet nach modernen Methoden. »Tradition ist wichtig«, sagen Eigentümerin wie Önologin, aber der Einsatz der richtigen Technologie unterstützt sie bei der Weinbereitung sehr. Der Rosso Piceno wird in einem relativ großen Anbaugebiet der Marken produziert, allerdings darf nur der Wein aus der südlichen Provinz Ascoli Piceno den Zusatz *superiore* tragen.

Abruzzen – Rustikal und edel

In den Abruzzen dreht sich beim Wein alles um zwei Reben, den Montepulciano und den Trebbiano. Wir besuchen in der Region die Cantina Masciarelli, ein noch relativ junges Weingut, das

Das Weingut von Angela Velenosi wird hauptsächlich von Frauen geführt. Der Besitzerin zur Seite steht eine der in Italien noch seltenen Önologinnen, Katia Gabrielli.

Im Weingut Bucci entsteht ein traditioneller Verdicchio in großen Eichenfässern ohne Temperaturkontrolle, was in der etwas tiefer gelegenen Kellerei auch nicht nötig ist.

Silvano Strologo und seiner Frau Catia steigt der Erfolg nicht zu Kopf. Ihr Traiano ist auch nach der Auszeichnung mit drei Gläsern nicht teurer geworden. »Wein ist zum Trinken da und nicht als Geldanlage«, meint Silvano.

Gianni Masciarellis Weingut in den Abruzzen wurde 2004 vom Gambero Rosso als »Kellerei des Jahres« ausgezeichnet.

Wein und Oliven bestimmen das Landschaftsbild an vielen Orten. Und so gibt es kau ein Weingut, das nicht auch Öl produziert, und wenn es nur für den Eigenbedarf ist.

Viele Weine aus dem Weingut Masciarelli reifen in Barriques.

Moderne Kunst im Weinkeller: Technik kann auch das Auge faszinieren.

inzwischen aber schon zu den meist ausgezeichneten Gütern Italiens zählt. Kein Wunder bei dem Schaffensdrang und Ehrgeiz, der Gianni Masciarelli eigen ist. Seine Liebe zum Wein wurde in Frankreich geboren, wo er regelmäßig bei der Lese mitarbeitete. Nicht lange und er beschloss, seinen eigenen Wein zu machen, fing mit 2 1/2 Hektar Land an, kaufte aber mit der Zeit immer mehr Weinberge dazu und konnte somit auch immer mehr Wein produzieren. »Man muss den Durchschnitt überholen«, lautet eine seiner Devisen. Deshalb ist er bemüht, optimale Reben zu pflanzen, den Anbau wie den Ausbau immer weiter zu verbessern und alle Segnungen der modernen Technik zu nutzen. Auch der Ausbau in Barriques wird in der Cantina hoch bewertet. Sein Streben nach Qualität und Größe ist wohl auch der Grund dafür, warum er in dem Schloss aus dem 17. Jahrhundert, das er vor kurzem gekauft hat, ein Museum einrichten will. Und zwar nur für Kinder zwischen drei und zehn Jahren, die sich die Kunst sogar umsonst ansehen dürfen. In jedem Fall ist er ein Mann, der nicht aufgibt, wenn er sich etwas in den Kopf gesetzt hat. *Testa dura*, Dickschädel, nennt ihn seine Frau Marina Cvetic. »Aber wenn guter Wein daraus entsteht.« Salute!

Ein Besuch bei einem ganz anderen Winzertyp: In der Azienda von Edoardo Valentini und seinem Sohn Francesco wird Tradition groß geschrieben. »Die Vergangenheit ist die Zukunft«, lautet hier die Devise. Früher baute man in der Region neben Wein und Oliven auch Früchte und Gemüse an, Edoardo Valentini war der Erste in Loreto Aprutino, der nur noch Wein und einen kleinen Teil Oliven kultivierte. Kunstdünger ist tabu, bei Valentinis setzt man auf Gründünger, der im Winter untergepflügt wird. Das regt die Wurzeln der Reben an, sich weiter in die Tiefe abzusenken, und sorgt dafür, dass das Wasser tiefer einsickern kann. Im Norden Italiens würde das wenig Sinn machen, weil es viel regnet, hier aber muss man den Boden so behandeln, dass er das wenige Wasser aufnimmt und nicht abweist.

Auch wenn sowohl der Trebbiano wie auch der Montepulciano in der Toskana Verwandte haben, sind die Reben hier von einer ganz anderen Art. Die Valentinis haben eine Dokumentation aus dem Jahre 1821 gefunden, in der die hier wachsende Trebbianorebe erwähnt und als der toskanischen in der Substanz überlegen beschrieben wird. Seit etwa vier Jahren wird der Trebbiano hier als eigene Sorte anerkannt, sie dürfen ihn Trebbiano Valentini nennen. In jedem Fall ist der Trebbiano in den Abruzzen viel aromatischer als der in der Toskana, aber auch empfindlicher und anspruchsvoller. Ein Grund, warum manche Produzenten ihn doch durch die Rebe aus der Toskana oder ganz andere Reben ersetzten. Dass der abruzzische Trebbiano nicht ausgestorben ist, ist sicher zum Großteil den Valentinis zu verdanken. Heute ist die autochtone Rebe der Region wieder stark im Kommen.

Der Trebbiano braucht Zeit, um sein Potenzial zu entwickeln, ungewöhnlich für einen Weißwein, dass er erst ab einem Alter von etwa fünf Jahren wirklich gut schmeckt. In der Cantina der Valentinis gibt es einen Trebbiano von 1977, den man noch mit viel Genuss trinken kann.

Außer Trebbiano und Montepulciano machen die Valentinis den Cerasuolo, einen Rosé – eigentlich der ursprünglichste Wein der Region, weil er so gut zum Fischeintopf *brodetto* schmeckt.

Edoardo und Francesco Valentini passen den Umgang mit der Rebe an den Boden, ihre Ansprüche und an die Tradition an. Völlig abwegig für sie, einer Mode nachzugeben und plötzlich alle Weine in Barriques zu füllen oder das Rebenerziehungssystem zu ändern. Das Pergolasystem ist nämlich in den heißen Abruzzen wichtig für die Reben, weil es den Trauben Schatten spendet. Große Fässer sind in der heißen Region ebenfalls besser als kleine, weil sie die Oxidation verhindern. Die Fässer werden jedes Jahr gefüllt, ließe man sie leer, würde ihnen das schaden. In Flaschen abgefüllt wird der Wein aber nicht jedes Jahr, zumindest nicht aus jedem Fass. Die Familie entscheidet, was in Flaschen kommt und was als *vino fuso* verkauft wird. Gefiltert wird der Wein aber in keinem Fall. Leider gibt es keinen Direktverkauf auf dem Weingut, und auch außerhalb Italiens sind die Weine der Valentinis nicht im Angebot. Sie bekommen sie aber in vielen guten *enoteche* in Italien.

Trotz aller Unterschiede und der vielen verschiedenen Meinungen, sind sich alle darin einig, dass es um guten Wein zu machen viel Zuwendung, Aufmerksamkeit und Wissen braucht. Ampelio Bucci, vielfach ausgezeichneter Hersteller von Verdicchio dei Castelli di Jesi, fasst es in einem Satz zusammen: »Wir helfen dem Wein, einen guten Charakter auszubilden.«

DOC (***denominazione di origine controllata***): Staatliche Herkunftsgarantie mit festgelegten Produktionsbestimmungen.

DOCG (***denominazione di origine controllata e garantita***): Staatliche Herkunftsgarantie mit festgelegten Produktionsbestimmungen für die besten Weine Italiens.

IGT (***indicazione geografica tipica***): Wein aus einer bestimmten geografischen Region mit Angabe des Jahrgangs, der Farbe, der Rebsorte und des Typs. Wird für einfache wie für erstklassige Weine verwendet.

VDT (***vino da tavola***): Tafelwein. Inzwischen wieder ein einfacher Wein ohne Bezeichnung der Rebsorte, des Jahrgangs und der Herkunftsregion. Seit die Supertuscans auf IGT umgestiegen sind, kaum mehr für Spitzenweine im Gebrauch.

Imbottigliato all'origine: Erzeugerabfüllung.

Menüvorschläge

Noch bis vor wenigen Jahren war es undenkbar, im Ristorante nicht wenigstens drei Gänge – Antipasto, Primo und Secondo – zu bestellen. Doch selbst in Bella Italia ändern sich die Zeiten. Heute ist es kein Problem, ein Antipasto und ein Primo zu wählen oder auch ein Antipasto und ein Secondo. Auch wer nur einen Gang bestellt, wird nicht schief angesehen. Unter diesen Vorzeichen sind die Rezepte in diesem Buch gemacht. Ein Antipasto bleibt eine Vorspeise, ein Primo kann aber nach einem solchen auch satt machen und wenn Sie Antipasto, Primo und Secondo servieren und dazu noch ein paar Beilagen reichen, genügen die Mengen meist auch für 6 Personen.

Pomodori alla menta (Seite 101)

Typisch toskanisches Menü

Ein bis zwei Crostinirezepte (Rezepte Seite 23)
Pappardelle sulla lepre (Rezept Seite 39)
Arista mit Rosmarinkartoffeln (Rezepte Seite 55) und Verdure stufate (Rezept Seite 63)
Cantuccini (Rezept Seite 71) mit einem Glas Vin santo

Typisch umbrisches Menü

Crostini umbri (Rezept Seite 95)
Strangozzi alla norcina (Rezept Seite 107)
Piccioni alla ghiotta (Rezept Seite 123), dazu Weißbrot und eventuell Blattsalat
Brutti ma buoni (Rezept Seite 131)

Typisches Menü aus dem Latium

Catalogna ai fagioli (Rezept Seite 100)
Fettuccine alla romana (Rezept Seite 107)
Saltimbocca (Rezept Seite 119), dazu gefüllte oder frittierte Artischocken (Rezept Seite 127)
Gelato al caffè (Rezept Seite 133)

Typisches Menü aus den Marken

Olive all'ascolana (Rezept Seite 162)
Vincisgrassi (Rezept Seite 173)
Coniglio ripieno (Rezept Seite 188)
Crostata di visciole (Rezept Seite 198)

Typisches Menü aus den Abruzzen

Caciatelli (Rezept Seite 159)
Pasta con fiori di zucca e zafferano (Rezept Seite 171)
Agnello cac' e ove (Rezept Seite 187)
Torrone (Rezept Seite 201)

Schnelle Menüs

Insalata di rucola con pecorino (Rezept Seite 25)
Pasta al prezzemolo (Rezept Seite 105)
Sarde al pomodoro (Rezept Seite 183), dazu Weißbrot
Frische Früchte der Saison

Crostini alla crema di lardo (Rezept Seite 23)
Maccheroni alla chitarra al Montepulciano (Rezept Seite 175)
Tonno con piselli (Rezept Seite 47), dazu Rosmarinkartoffel (Rezept Seite 55) oder Weißbrot
Dolcino di ricotta (Rezept Seite 65)

Fagiolini in insalata (Rezept Seite 194)
Pasta pomodori e limone (Rezept Seite 105)
Saltimbocca (Rezept Seite 119), dazu Rosmarinkartoffeln (Rezept Seite 55)
Käseauswahl mit Birnen oder Feigen

Preiswerte Menüs

Crostini con le zucche (Rezept Seite 23)
Spaghetti all'amatriciana (Rezept Seite 104)
Pollo in padella (Rezept Seite 123)
Früchte der Saison

Panzanella con il tonno (Rezept Seite 25)
Pasta all'ascolana (Rezept Seite 169)
Sarde al pomodoro (Rezept Seite 183)
Frittelle di riso (Rezept Seite 135)

Insalata con salsa di acciughe (Rezept Seite 101)
Pici all'aglione (Rezept Seite 43)
Lenticchie con salsicce (Rezept Seite 117)
Früchte der Saison

Cipolle marinate con zucchine in insalata (Rezept Seite 161)
Pasta al prezzemolo (Rezept Seite 105)
Pallotte cac' e ove (Rezept Seite 187)
Salame di fichi (Rezept Seite 201)

Menüs, die leicht gelingen

Melanzane al forno (Rezept Seite 195)
Zuppa frantoiana (Rezept Seite 36)
Vongole in porchetta (Rezept Seite 181)
Pesche ripiene (Rezept Seite 135)

Crostini con le zucche (Rezept Seite 23)
Pasta pomodori e limone (Rezept Seite 105)
Salsicce e patate al forno (Rezept Seite 185)
Dolcino di ricotta (Rezept Seite 65)

Pomodori alla menta (Rezept Seite 101)
Farro con verdure miste (Rezept Seite 167)
Abbacchio alla romana (Rezept Seite 121)
Gelato di fichi (Rezept Seite 197)

Menüs, die sich vorbereiten lassen

Polpo e fagioli in insalata (Rezept Seite 27)
Straccetti con farro (Rezept Seite 57)
Zuccotto (Rezept Seite 69)

Cipolle marinate con zucchine in insalata (Rezept Seite 161) und Pomodori alla menta (Rezept Seite 101)
Ribollita Iolanda (Rezept Seite 33)
Peposo (Rezept Seite 53)
Cantuccini (Rezept Seite 71)

Fagiolini in insalata (Rezept Seite 194)
Farro con verdure miste (Rezept Seite 167)
Coda alla vaccinara (Rezept Seite 119)
Gelato al caffè (Rezept Seite 133)

Fischmenü

Insalata di sedano e bottarga (Rezept Seite 29)
Risotto di mare (Rezept Seite 177)
Pesce al forno (Rezept Seite 181), dazu Weißbrot
Pesche ripiene (Rezept Seite 135)

Gemüsemenüs

Carciofi alla romana (Rezept Seite 127)
Zuppa frantoiana (Rezept Seite 36)
Torta d'erbe (Rezept Seite 31), dazu Pomodori alla menta (Rezept Seite 101)
Torrone (Rezept Seite 201)

Panzanella (Rezept Seite 25, ohne Tunfisch zubereiten)
Gnocchi ignudi (Rezept Seite 43)
Verdure al forno (Rezept Seite 60)
Schiacciata con l'uva (Rezept Seite 71)

Festliche Menus

Carpaccio di tonno (Rezept Seite 165)
Pasta con fiori di zucca e zafferano (Rezept Seite 171)
Fagiano arrosto (Rezept Seite 191), dazu Peperoni in graticola (Rezept Seite 193)
Cassata pontecorvese (Rezept Seite 131)

Fiori di zucca fritti (Rezept Seite 161)
Gnocchi ignudi (Rezept Seite 43)
Tegamaccio di pesce (Rezept Seite 113), dazu geröstete Brotscheiben
Zuccotto (Rezept Seite 69)

Büfett für viele

Ob Familienfest, Geburtstags- oder Gartenparty: Ein Büfett macht das Feiern zu einem entspannten Vergnügen, denn auch die Gastgeber können es genießen und müssen nicht immer wieder in der Küche verschwinden. Der folgende Vorschlag macht etwa 12 Personen satt. Servieren Sie zusätzlich etwas Salami (Finocchiona oder Wildschweinsalami), Schinken und Pecorino, dazu frische Früchte wie Feigen, Birnen oder auch Melonenschnitze. Außerdem brauchen Sie pro Person 150–200 g Weißbrot.

Tonno del Chianti (Rezept Seite 27)
Panzanella con il tonno (Rezept Seite 25, doppelte Menge)
Cecina (Rezept Seite 31)
Confettura di olive (Rezept Seite 159, zum Pecorino servieren)
Crema di pesce affumicato (Rezept Seite 96, doppelte Menge)
Verdure al forno (Rezept Seite 60, doppelte Menge)
Pomodori alla menta (Rezept Seite 101, doppelte Menge)
Peperoni in graticola (Rezept Seite 193, doppelte Menge)
Pollo alla diavola (Rezept Seite 59, doppelte Menge, kalt serviert)
Gelato al caffè (Rezept Seite 133, doppelte Menge)
Brutti ma buoni (Rezept Seite 131)

Zuppa frantoiana (Seite 36)

Dolcino di ricotta (Seite 65)

Fleisch und Geflügel

Toskanische Genießer bevorzugen Fleisch bei den Secondi und auch in den anderen mittelitalienischen Regionen, vor allem im Hinterland, steht es als Hauptgericht eindeutig an erster Stelle. Kein Wunder, denn hier gibt es häufig eine besonders gute Fleischqualität.

Dario Cecchini aus Panzano hat die *bistecca fiorentina* zu Zeiten von BSE im Fernsehen zu Grabe getragen, vor seiner *macelleria* erinnert eine Tafel daran.

Chianine-Rinder

Die weißen Rinder aus dem Chianatal in der Provinz von Arezzo – (das ihnen auch den Namen gegeben hat) – in der Toskana gehören zu den ältesten und wichtigsten Rinderrassen Italiens. Früher wurden die imposanten Tiere – heute sind sie die größte Rinderrasse der Welt – hauptsächlich als Arbeitstiere eingesetzt. In Zeiten moderner Maschinen wurde das allerdings unnötig, und man ging dazu über, die Tiere zu züchten, um ihr aromatisches Fleisch zu genießen. *Chianine* wachsen im Stall, wild oder halbwild auf und sind in der ganzen Welt berühmt. Das bekannteste Gericht aus dem saftigen Rindfleisch ist die *bistecca fiorentina,* die in Zeiten von BSE aus den Geschäften und von den Karten der Ristoranti in ihrer ursprünglichen Form mit Knochen verschwand, inzwischen aber wieder angeboten wird.

Für eine original *bistecca fiorentina* brauchen Sie ein etwa 2 cm dickes und um die 800 g schweres T-Bone-Steak mit Knochen. Das Fleisch nicht würzen, höchstens ganz leicht salzen und pfeffern und über glühenden Holzscheiten oder -kohlen pro Seite ca. 5 Min. grillen. Danach kräftig pfeffern, salzen und mit frischem Olivenöl beträufeln – fertig ist ein Genuss, den man in der Toskana eher fast roh als zu durchgegart serviert.

Maremmane-Rinder

In der Maremma, genauer gesagt in Alberese, leben die hellgrauen Rinder mit den imposanten Hörnern nahezu wild. Sie ernähren sich unter anderem von einem besonderen Kraut, der *salicornia,* das besonders auf Salzwiesen gedeiht. Das eher harte Pflänzchen wird von anderen Tieren verschmäht, die *maremmane* schätzen es sehr. Da die Tiere sich auf den Weiden viel bewegen, bauen sie reichlich Muskelfleisch auf. Das Fleisch ist dunkelrot und fest.

Versuchen Sie einmal einen *brasato,* einen Braten aus dem Fleisch. Dazu ein schönes Stück von der Keule oder der Schulter mit Salz und Pfeffer einreiben und in Olivenöl anbraten. Ein *battuto,* also eine klein geschnittene Mischung aus Zwiebel, Staudensellerie, Möhren, Knoblauch und Rosmarin hinzufügen und kurz anbraten, den Braten mit Weißwein ablöschen und zugedeckt bei schwacher Hitze ca. 3 Std. schmoren. Fleisch in Scheiben schneiden, Sauce passieren und dazu reichen.

Cinta-senese-Schweine

Den Namen hat diese Schweinerasse bekommen, weil sich über den Rücken der ansonsten dunkelbraunen bis schwarzen Tiere ein rosafarbener Streifen (*cinta*) zieht. Die Tiere, die in der Provinz Siena schon seit dem Mittelalter heimisch sind, werden heute wieder vermehrt gezüchtet. Wie alle alten Tierrassen ist auch die *cinta senese* sehr widerstandsfähig und daher ideal für ein Leben im Freien geeignet. Die Tiere können also problemlos artgerecht gehalten werden und haben ein für Schweine eher dunkles und sehr aromatisches Fleisch. Die Schweine stehen unter dem Schutz eines Konsortiums, das sich um Aufzucht und Haltung kümmert. Manche züchten die Rasse aber auch außerhalb dieser geregelten Bestimmungen, wie beispielsweise die

Maremma-Rinder zählen zu den besonderen Rassen der Toskana, sind außerhalb der Region kaum zu finden.

Besitzer der »Antica Macelleria Falorni« in Greve in Chianti. Hier wie dort wird das Fleisch frisch verkauft und man macht aus ihm Schinken und zahlreiche Wurstwaren. Die bekannteste Spezialität mit Schweinefleisch ist in der Toskana der *arista* (Seite 54), der kräuterwürzige Braten, der weltweit Berühmtheit erlangt hat. In allen mittelitalienischen Regionen wird das Fleisch aber auch in Stücken geschmort. Ebenfalls gern isst man in der Toskana die Leber des Schweins, die in Stücken in ein Schweinenetz gehüllt und mit Lorbeerblättern am Spieß gegrillt oder gebraten wird.

Hähnchen und Hühnchen

Die mittelitalienischen Bauern hielten sich seit jeher ein paar Hühner, um mit Eiern versorgt zu sein und auch, um die Tiere zu essen. So gibt es in den Regionen zahlreiche Gerichte mit dem Geflügel, man brät Hähnchen im Ofen oder schmort es in Stücken. In Mittelitalien wachsen noch immer viele Hühner in kleineren Betrieben auf und erreichen dort mehr Gewicht und Fleisch als ihre Artgenossen aus der Massentierhaltung, die bei uns in den meisten Supermärkten im Angebot sind. Kaufen Sie statt der Supermarktware besser ein Bauernhähnchen oder ein Biohuhn. Sie werden den Unterschied sicher schmecken!

Kaninchen und Hase

Noch heute halten sich in den mittelitalienischen Regionen viele Familien eigene Kaninchen, die sie zu besonderen Gelegenheiten schlachten. Die Tiere werden gern in Stücken geschmort oder im Ganzen zubereitet, am liebsten mit einer Füllung. Wer geschickt ist, entbeint das Kaninchen vorher, so kann es nach dem Garen mit der Füllung problemlos in Scheiben geschnitten werden. Bei größeren Metzgern in der Toskana, im Latium oder in Umbrien kann man die Kaninchen bereits ohne Knochen kaufen, manchmal mit Füllung, so dass man das Tier zu Hause nur noch in den Ofen schieben muss. *Cucina pronta* heißt das in Italien und erleichtert der eiligen Hausfrau das Leben – vorausgesetzt der Metzger versteht nicht nur sein Handwerk, sondern auch etwas vom Kochen. Bei uns kaufen Sie Kaninchen am besten bei einem Geflügelhändler, der weiß, woher seine Tiere kommen.

Der Wildhase hat würziges, dunkleres Fleisch, das nach einer längeren Garzeit verlangt. In der Toskana macht man daraus einen köstlichen Sugo zu breiten Bandnudeln, *pappardelle*, (Seite 39), in allen mittelitalienischen Regionen schmort man ihn in Stücken, besonders gerne in einer süßsauren Sauce. Wildhasen sollten Sie hier zu Lande beim Geflügel- oder Wildhändler vorbestellen.

Lamm und Hammel

Vom kleinen Milchlamm bis zum ausgewachsenen Tier wird in der italienischen Küche alles Fleisch vom Schaf verwendet. Das *agnello di latte*, Milchlamm, das man in Rom *abbacchio* nennt, ist ein sehr junges Tier, das bei artgerechter Tierhaltung noch von seiner Mutter gesäugt wird. Es ist drei oder vier Wochen alt, wenn es geschlachtet wird und hat ein zartes Fleisch, das noch kaum Lammaroma angenommen hat. *Agnello* heißt ein neun bis zwölf Wochen altes Lamm, das ebenfalls noch über sehr zartes Fleisch verfügt. *Pecora* ist ein ausgewachsenes Schaf, das schon ausgeprägten, aber dennoch angenehmen Geschmack hat. Ein *castrato* hingegen ist ein kastrierter Hammel, dessen Fleisch ein sehr intensiv-markantes Aroma bietet, das man mögen muss.

In der Toskana, in der Provinz Massa-Carrara, im Gebiet von Zeri, lebt eine besondere Schafrasse, die hier seit Urzeiten heimisch ist und sich den regionalen Bedingungen hervorragend angepasst hat. Das *agnello di Zeri* lebt das ganze Jahr über auf der Weide, die Lämmer werden mit der Milch der Mütter großgezogen und die Tiere wachsen in einer relativ intakten Umgebung auf, da es in der Region keine Industrie gibt. Ihr Fleisch schmeckt besonders fein.

Wildschwein

Für die Winzer sind sie eine Plage, weil sie vor allem in heißen Sommern nachts durch die Weinberge streifen und Hunger und Durst an den saftigen Trauben stillen. Für den Feinschmecker aber sind Wildschweine ein Genuss, weil sie ein dunkles und aromatisches Fleisch haben, das intensiver schmeckt als Schweinefleisch, aber nicht so streng wie anderes Wild, etwa Hirsch oder Reh. Wildschweinfleisch bekommt man in der Toskana und in den anderen Regionen Mittelitaliens frisch, um es als Braten oder Ragout zuzubereiten, aber es wird auch zu köstlichen Schinken und Würsten verarbeitet. Was in Mittelitalien überall im Angebot ist, findet man bei uns nur in gut sortierten Wildgeschäften. Am besten bestellen Sie das aromatische Fleisch beim Wildhändler oder in Ihrer Metzgerei vor.

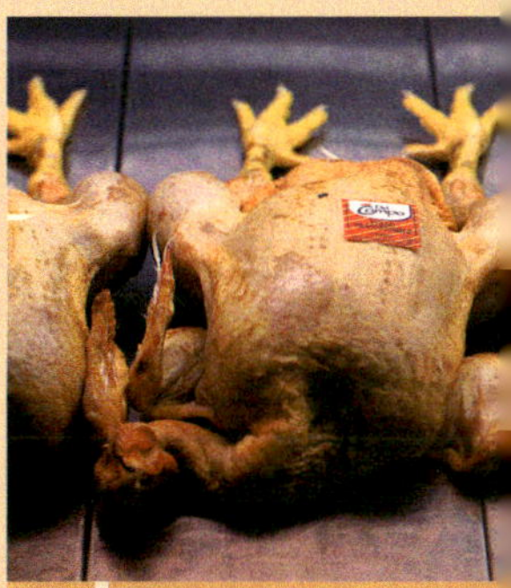

Hühner und Kaninchen kann man auf fast jedem mittelitalienischen Markt in guter Qualität kaufen.

Auslage in der »Antica Macelleria Falorni«.

Meeresfrüchte *Die Küsten an der Adria wie auch am Tyrrhenischen Meer bieten neben einer noch immer großen Fischvielfalt auch zahlreiche Meeresfrüchte, die häufig und gern in mittelitalienischen Töpfen landen. Hier stellen wir die beliebtesten vor und dazu einige Kurzrezepte.*

Fisch und Meeresfrüchte müssen topfrisch sein.

Garnelen und Scampi (*gamberi, scampi*)

Was bei uns unter vielen verschiedenen Namen auf den Tisch kommt, ist in Italien relativ einfach zu unterscheiden: Eine Garnele wird *gambero* genannt, ist sie sehr klein *gamberetto*, ist sie dagegen groß *gamberone*. Scampi hingegen, die in Italien wie bei uns so heißen, gehören zu einer anderen Familie. Sie sind mit dem Hummer verwandt und haben Scheren. Garnelen und Scampi sind leicht verderblich und werden bei uns daher oft gegart angeboten. Sind sie ungekocht im Handel, werden sie meist tiefgekühlt oder bereits aufgetaut angeboten. Sie sollten die rohen Meeresfrüchte deshalb zu Hause nicht noch einmal einfrieren. Rohe Garnelen und Scampi nur so lange garen, bis sich ihr Fleisch rötlich färbt. Gart man sie länger, werden sie hart und leicht zäh.

Miesmuscheln und Venusmuscheln (*cozze, vongole verace*)

Die großen fast schwarzen Miesmuscheln werden inzwischen hauptsächlich an Pfählen im Meer gezüchtet. Die meisten werden geputzt verkauft, sind sie aber von einem feinen Geflecht überzogen, muss man diesen so genannten Bart abziehen. Die Muscheln dann waschen. Für alle Muscheln gilt: Beim Waschen müssen sie geschlossen bleiben oder sich schließen, sonst sind sie nicht mehr frisch. Beim Garen dagegen öffnen sie sich. Tun sie das nicht: Muscheln nicht gewaltsam öffnen, sondern die geschlossenen in jedem Fall wegwerfen.

Ein simples, aber köstliches Gericht: Für *cozze al vino bianco* (Muscheln im Weißweinsud) 2 Möhren, etwas Stangensellerie, je 1 Zwiebel und Knoblauchzehe putzen und fein würfeln. Gemüse in einem weiten Topf in Olivenöl andünsten, mit 3/8 l trockenem Weißwein und 1/4 l Wasser auffüllen. 2 gewürfelte Tomaten zugeben, Kräuter (z. B. Rosmarin, Salbei oder Petersilie) einlegen und aufkochen, alles salzen und pfeffern. 3 kg Miesmuscheln (als Hauptgericht für 4 Personen) vorbereiten, in den Sud geben und bei starker Hitze zugedeckt 8–10 Min. garen. Muscheln mit dem Sud mit frischem Weißbrot zum Tunken servieren.

Die kleineren Venusmuscheln sind bei vielen begehrter als die großen *cozze*. Sie kommen in Fischsuppen und -eintöpfe und sind Hauptzutat der berühmten Spaghetti mit Venusmuscheln, *vongole*, die es überall an der Küste gibt (Rezept Seite 169).

Sardellen (*acciughe*)

Sardellen werden seit vielen Jahrhunderten in Salz oder in Öl eingelegt und so konserviert. Verwendet werden sie in Mittelitalien nicht nur an den Küsten, sondern vor allem auch im Landesinneren, da man die Fische lange aufheben und sich deshalb das ganze Jahr über damit versorgen kann. Sardellen in Öl schmecken milder als die in Salz. Sardellen in Salz wässert man 1–2 Std. in kaltem Wasser, die in Öl einfach abtropfen lassen und verwenden.

Ein köstliches Rezept für *crostini con acciughe*: 1 Peperoncino waschen und mit den Kernen fein hacken. Mit 1/2 Bund gehackter Petersilie, 2 fein gehackten Knoblauchzehen und 4 EL Olivenöl mischen. 8 Sardellenfilets wässern oder abtropfen lassen, damit mischen und mindestens 1 Std. ziehen lassen. Auf frisch geröstetem Brot servieren.

Stockfisch (*baccalá, stoccafisso*)

Kabeljau gesalzen (*baccalá*) oder getrocknet (*stoccafisso*) ist lange haltbar. Wie der Fisch zum Stockfisch wird und was man damit anfangen kann, erfahren Sie ausführlich ab Seite 155.

Tintenfische (*seppie*)

In Italien werden für die unterschiedlichen Fische der großen Tintenfischfamilie unterschiedliche Namen gebraucht. *Calamaretti* oder *seppioline* sind kleine Tintenfische mit sackartigem Körper, *polipetti* dagegen kleine Oktopusse. Ein großer Oktopus heißt auf Italienisch *polpo* und ist ein Krake mit Saugnäpfen an den langen Armen. Für alle Tintenfische außer dem Oktopus gilt: Sie können sie kurz – nach dem Aufkochen 1–2 Min. – blanchieren (größere Tintenfische vorher in Stücke oder Streifen schneiden) oder aber etwa 1 Std. schmoren, bis sie weich werden. Oktopusse dagegen sollten Sie immer im Ganzen kochen. Sie brauchen mindestens 1 Std., bis das Fleisch so weich wie Butter ist. Nach dem Kochen die violette Haut unter fließendem Wasser etwas abschrubben, dann den Oktopus in Scheiben schneiden. Beim Kochen des Oktopus gibt es die unterschiedlichsten Methoden: Manche geben Rotweinkorken mit ins Wasser, andere kochen ihn mit kaltem Wasser auf, lassen ihn abkühlen und kochen ihn anschließend noch einmal. Überprüfen Sie mit einem Messer: Es muss sich leicht in den Oktopus einstechen lassen. Wichtig ist in jedem Fall eine ausreichend lange Garzeit. Eine besonders beliebte Spezialität mit Tintenfisch ist in ganz Italien der *insalata di mare* (Meeresfrüchtesalat). Dafür können Sie alle möglichen gegarten Meeresfrüchte nehmen: kleine Tintenfische, Oktopus in Stücken, Muscheln oder Garnelen – einzeln oder gemischt. Für die Sauce 1 kleine Möhre und 1 Stange Staudensellerie waschen, putzen und in feine Streifen schneiden. Mit etwas gehackter Petersilie, 2 EL Zitronensaft, Salz und Pfeffer verrühren. 4–6 EL Olivenöl unterschlagen. Meeresfrüchte dazugeben und den Salat vor dem Servieren mindestens 2 Std. durchziehen lassen. Nochmal durchmischen und mit Zitronenschnitzen garniert servieren.

Kräuter *Zu den Gerichten der mittelitalienischen Küche passen Kräuter nicht nur gut, sie sind absolutes Muss. Hier die wichtigsten Grünen:*

Basilikum
Kommt an den Salat, über die Suppe oder an die Nudeln. Basilikumblättchen am besten nicht waschen, sondern nur mit Küchenpapier abreiben. Gezupft statt geschnitten schmecken die Blättchen intensiver, roh besser als mitgegart.

Borretsch
Im Frühling leuchten überall auf den Wiesen und an den Weinbergen Mittelitaliens zarte blaue Borretschblüten. Die Blättchen aromatisieren Suppe, Salat, Raviolifüllung oder Ricottabällchen und auch salzige Torten. Am besten schmecken sie jung, dann sind sie sehr zart und noch nicht stachelig. Borretsch können Sie auch bei uns auf größeren Märkten kaufen oder ganz einfach im Garten oder Balkonkasten aussähen.

Fenchel
Der Verwandte des Anis, der auch ähnlich würzig schmeckt, spielt in der mittelitalienischen Küche in vielfältiger Form eine Rolle: Die Knollen werden gern als Gemüse gegessen, als Gewürz ist Fenchelsamen häufig im Einsatz. Fast überall gedeiht wilder Fenchel, der keine Knollen ausbildet, aber reichlich Grün hat. Das Kraut kommt getrocknet in die Füllung von Fleisch, frisch auch mal in eine Suppe oder in einen Eintopf.

Minze
Sie wächst in Italien wild an Wiesenrändern und kommt frisch und als ganzes Blatt an den gemischten Salat, wird mit Spinat oder Mangold geschmort oder würzt die Füllung von Ravioli & Co. Es gibt zahlreiche Minzearten, von sehr intensiv bis mildwürzig. Probieren Sie immer erst einmal ein Blättchen und würzen Sie entsprechend zurückhaltend oder großzügig.

Rosmarin
Fast das Nationalkraut in der Toskana, in Umbrien und im Latium. Rosmarin würzt Kartoffeln in der Bratpfanne, den Braten im Ofen und sogar manche Süßspeise wie den *castagnaccio* (Seite 66). Rosmarin schmeckt vor der Blüte am besten, in der Toskana wird er auch *ramerino* genannt.

Salbei
Er würzt sehr intensiv. Geben Sie deshalb die Blätter im Ganzen an die Gerichte und entfernen Sie sie vor dem Servieren wieder oder verwenden Sie nur wenige klein gehackte Blättchen, um ein Gericht zu aromatisieren. Salbei ist winterhart und gedeiht auch bei uns im Garten oder Balkonkasten.

Thymian
In der Küche Mittelitaliens nicht ganz so wichtig wie Rosmarin und Fenchelsamen würzt Thymian doch auch manchen Braten. Die Zweige lassen sich sehr gut trocknen, Thymian schmeckt dann fast noch intensiver. Getrocknete Blättchen immer leicht zwischen den Fingern zerreiben, bevor man sie zum Gericht gibt.

Rosmarin gehört in der Toskana und den anderen Regionen zu den beliebtesten Kräutern.

Gemüse *kommt überall in Mittelitalien täglich auf den Tisch, ob als Vorspeise, in der Nudelsauce oder als Beilage. Hier die beliebtesten Sorten und ein paar Kurzrezepte:*

Den oberen Teil des Artischockenstiels kann man mitverwenden. Schälen und spitz zuschneiden.

Äußere harte Blätter werden entfernt, von den übrigen schneidet man die Spitzen ab.

Will man die Artischocken füllen, Blätter aufbiegen und das Heu aus der Mitte herausschneiden.

Artischocken (*carciofi*)

Toskanische Köche verwenden vor allem die kleinen zarten Artischocken, die in den Wintermonaten im Angebot sind. Es gibt aber auch eine größere und fleischigere Sorte, die man beispielsweise im Latium, aber auch in anderen Regionen füllt und schmort. Die kleinen Artischocken essen Italiener auch roh, sie schneiden sie nach dem Putzen in Achtel, tunken sie in frisches Olivenöl mit etwas Salz und beißen einfach ab. In jedem Fall müssen Artischocken gut geputzt werden. Zunächst äußere, sehr dunkle Blätter abzupfen. Wenn die Blätter heller werden, können Sie die »Beißprobe« machen. Wenn sich die rohen Blätter an der Stelle, an der sie angewachsen waren, leicht beißen lassen, haben Sie genügend abgelöst. Jetzt noch die harten Spitzen der restlichen Blätter abschneiden und den Stiel wie eine Bleistiftspitze zuschneiden. Dann die Artischocke halbieren. Eventuelles Heu in der Mitte einfach herausschneiden, bei zarten Artischocken ist es aber meist noch nicht entwickelt. Die kleinen Artischocken können Sie nun – ob roh oder gegart – mit den Blättern essen. Größere Artischocken, die man im Ganzen zubereiten möchte, ebenfalls von den harten Blättern befreien. Dann aber nicht halbieren, sondern die Blätter auseinander biegen und das Heu aus der Mitte herausschneiden. Größere Artischocken in Salzwasser 15–20 Min. garen. Manchmal werden sie dabei so weich, dass man sie im Ganzen essen kann. Sind die äußeren Blätter aber noch hart, zupft man sie ab und isst nur das untere fleischige Ende, bis die Blätter weiter innen wieder so zart sind, dass man sie mit dem Boden im Ganzen genießen kann.

Auberginen (*melanzane*)

Nicht nur die tiefvioletten und länglichen Früchte, sondern auch die runden knolligen, die an manchen Stellen nur zartrosa gefärbt sind, liegen im Sommer auf den Märkten Mittelitaliens. Geschmacklich sind beide Sorten kaum zu unterscheiden, die runden prallen haben vielleicht ein etwas ausgeprägteres Aroma. Beide Sorten werden in Italien gern gebraten, gegrillt oder geschmort.

Probieren Sie *melanzane* mal als Vorspeise, wie man sie überall in Italien zubereitet: die Auberginen waschen und in etwa 1 cm dicke Scheiben schneiden. Mit Salz bestreuen und kurz liegen lassen. Die Scheiben abtupfen und nebeneinander in Olivenöl braten oder für wenige Minuten unter den heißen Backofengrill schieben. Wenn alle schön braun sind, Scheiben in eine flache Schale legen und mit einer Mischung aus gehacktem Knoblauch, klein geschnittener Petersilie, etwas Zitronensaft oder Essig und Olivenöl bedecken. Vor dem Servieren ein paar Stunden ziehen lassen.

Gut schmecken Auberginen auch mit Tomaten, *melanzane con pomodori:* dafür Auberginen würfeln und in Olivenöl anbraten. Fein gehackte Kräuter (z. B. eine Mischung aus Rosmarin, Thymian und wenig Salbei) mit gehacktem Knoblauch kurz mitbraten. Mit gewürfelten Tomaten mischen, salzen, pfeffern (auch Peperoncino passt gut) und zugedeckt bei schwacher Hitze ca. 20 Min. schmoren. Wenn das Gemüse zu trocken wird, etwas Wein oder Brühe angießen. Vor dem Servieren mit frisch gehacktem Basilikum oder Petersilie bestreuen.

Mangold (*bietola*)

Mittelitalienische Gemüsehändler verkaufen von *bietola* meist nur die Blätter, die Stiele werden kaum verwendet. Auch bei uns sind gelegentlich Mangoldblätter im Angebot. Ansonsten kaufen Sie eine Mangoldstaude und schneiden die Blätter nach dem Waschen von den Stielen ab. Die Stiele können Sie als Vorspeise zubereiten.

Für *bietola fritta* (frittierte Mangoldstiele) Stiele in etwa 5 cm lange Stücke schneiden und in Salzwasser in 2–3 Min. bissfest kochen. Kalt abschrecken, abtropfen lassen und in einer Mischung aus Semmelbröseln und Parmesan wenden. Frittieren oder in Olivenöl braten und mit Zitronenschnitzen servieren.

Peperoncini

Sie werden in Mittelitalien zwar nicht so häufig eingesetzt wie im Süden des Landes, spielen aber beim Würzen dennoch eine wichtige Rolle. In Italien werden fast immer die roten Peperoncini verwendet, egal, ob frisch oder getrocknet. Frische Peperoncini waschen und den Stiel abschneiden. Um festzustellen, wie scharf die kleinen Schoten sind, mit der Fingerspitze an die Schnittstelle reiben und kurz am Finger lecken. Ist die Schote scharf, schmecken Sie das gleich. Dann empfiehlt sich, zunächst etwas weniger Peperoncini an das Gericht zu geben und eventuell später nachzuwürzen. Ebenfalls entschärfend: Kerne aus den Schoten entfernen, sie enthalten wie auch die weißen Trennwände die meiste Schärfe. Nach dem Zerkleinern immer die Hände gut waschen und eine Weile nicht mit den Fingern in den Augen reiben. Die Schärfe haftet noch an der Haut. Getrocknete Peperoncini im Mörser zerstoßen oder kurz hacken.

Schwarzkohl (*cavolo nero*)

Das typisch toskanische Kohlgemüse ist dunkelgrün und wird in einzelnen Stängeln mit den Blättern angeboten. In der Toskana kommt der Kohl in den Wintermonaten auf den Tisch, gekocht auf geröstetem, mit Knoblauch bestrichenem Brot, in der Suppe oder auch als Beilage. Bei uns bekommen Sie den Kohl in den Wintermonaten manchmal auf größeren Märkten. Ersetzen können Sie ihn am besten durch Grünkohl oder Wirsing, auch *cime di rapa*, die in türkischen und griechischen Geschäften angeboten werden, können Sie nehmen. Sie haben grüne Blätter mit kleinen Knospen, die wie winzige Brokkoliköpfchen aussehen.

So bereiten Sie *cavolo nero* als Beilage zu: Schwarzkohl waschen und die Blätter von den dicken Stängeln abstreifen oder -schneiden. In einem Topf etwa 5 cm hoch Wasser mit Salz und ein paar geschälten Knoblauchzehen aufkochen und den Kohl darin zugedeckt bei mittlerer Hitze in etwa 20 Min. weich, aber nicht zu weich garen. Blätter abtropfen lassen, mit frischem Olivenöl beträufeln und servieren.

Cavolo nero, der typisch toskanische Winterkohl.

Steinpilze (*porcini*)

Frisch oder getrocknet werden sie in Mittelitalien für die Zubereitung von Crostini, für Nudelsaucen, frisch auch gegrillt als Vorspeise oder Beilage verwendet. Achten Sie bei getrockneten Pilzen darauf, dass die Scheiben groß und möglichst heil sind. Frische Steinpilze sind im Herbst auch bei uns im Angebot, geben Sie kleineren Exemplaren den Vorzug und kaufen Sie aufgeschnittene Pilze nur, wenn die Schnittstellen wirklich frisch und saftig aussehen. Frische Steinpilze beim Putzen nicht waschen, sondern nur mit einem feuchten Küchentuch abreiben, wurmige und schwammige Stellen mit einem Messer abschneiden.

Runde Auberginen sind oft nicht ganz dunkel und haben immer helle Stellen.

Tomaten (*pomodori*)

Selten, dass auf einem italienischen Markt im Sommer nur eine Sorte Tomaten im Angebot ist, meist gibt es eine breite Palette der sonnengereiften Früchte: feste, kugelrunde, eierförmige, kleine, große, knallrote oder auch mal gerillte. Italiener unterscheiden in jedem Fall zwischen Salattomaten und solchen, die sie für den Sugo verwenden. Salattomaten sind meist größer und sollten noch nicht ganz rot sein, sondern noch grünliche Spuren aufweisen. Tomaten für den Sugo, ob die runden Strauchtomaten oder die länglichen Eiertomaten, dagegen sollen schön rot und sehr reif sein. Nur dann sind sie nämlich auch ausreichend süßlich, um dem Sugo oder dem Schmorgericht den richtigen Geschmack zu geben. Im Winter greifen auch italienische Hausfrauen zu geschälten Tomaten aus dem Glas oder der Dose – gekauft oder selbst eingemacht.

Zucchini (*zucche, zucchine*)

Die Früchte aus der Kürbisfamilie werden gebraten, gegrillt, geschmort und mit anderen Gemüsesorten zusammen im Ofen gegart. Überall in Mittelitalien verwendet man im Sommer auch die Blüten, die man in Teig taucht und frittiert, füllt und im Ofen gart oder einfach brät und mit Nudeln serviert. Die Blätter der Zucchiniblüten vorsichtig auseinander biegen und den Stempel in der Mitte der Blüten mit einem Messer herausschneiden. Waschen muss man die Blüten normalerweise nicht. Statt Zucchiniblüten können Sie auch Kürbisblüten nehmen, die ebenfalls gelb leuchten und nur etwas größer sind. Zucchini mit gelber Schale, die auf den Märkten ebenfalls angeboten werden, schmecken übrigens genauso wie die grünen.

Zucchiniblüten sind empfindlich, deshalb die Blüten immer gleich am Tag des Einkaufs zubereiten.

Hülsenfrüchte und Getreide *Kichererbsen, Bohnen & Co. kommen in Mittelitalien fast ebenso oft auf den Tisch wie Gemüse und Kartoffeln. Und Getreide – ob geschmort oder in der Suppe – ersetzt auch einmal als Primo den Nudelgang.*

Aus Kichererbsenmehl werden würzige Fladen gebacken.

Bohnen (*fagioli*)

Klein und rundlich, riesengroß und flach, einfarbig oder gesprenkelt – Bohnen kommen in Mittelitalien in allen Formen auf den Tisch. Die weißen heißen *fagioli bianchi*, die kleineren weißen *cannellini* und die rot gesprenkelten *borlotti*. Italiener kochen sie, machen sie als Salat an oder servieren sie lauwarm als Antipasto. Bohnen verleihen Suppen cremige Konsistenz und verwandeln sie in sättigende Hauptmahlzeiten. Toskanische Köche servieren sie gerne geschmort als Beilage.

Rar und besonders fein sind *fagioli Zolfino* aus der Provinz Arezzo in der Toskana. Sie heißen auch *fagioli del cento*, weil sie traditionell am hundertsten Tag des Jahres ausgesät werden. Die kleinen schwefelgelben (daher wohl der Name) Bohnen sind rund und haben eine weiche Schale, sie können ohne Einweichen gekocht werden. Da sie sich durch ein besonders feines Aroma auszeichnen, werden sie in der Toskana meist nur gekocht und vor dem Servieren mit frischem Öl beträufelt. Bei uns kann man sie (bislang) nicht kaufen, wenn Sie sie in der Toskana finden, greifen Sie unbedingt zu!

Außer den getrockneten Bohnenkernen sind in den mittelitalienischen Regionen und auch bei uns auf größeren Märkten im Sommer auch frische im Angebot. Vor allem die feinen Borlottibohnen mit der gesprenkelten Schalenhülse findet man dann. Hülsen aufdrücken und Bohnenkerne herauslösen. Die frischen Bohnen haben in kochendem Wasser eine Garzeit von ca. 20 Min., Sie können sie als Salat oder Beilage servieren.

Probieren Sie auch einmal *crostini con fagioli*, Crostini mit Bohnencreme. Dafür 200 g gegarte weiße Bohnen oder Borlottibohnen mit 4 EL Olivenöl pürieren, mit Zitronensaft, Salz und Pfeffer abschmecken. Petersilie oder Basilikum fein hacken und untermischen. Creme auf geröstete Brotscheiben streichen und nach Belieben mit kleinen Kapern oder Olivenstreifen garnieren.

Dinkel (*farro*)

Ist die Urform des Weizens und wird in Mittelitalien seit über zwei Jahrtausenden angebaut und zubereitet. Vor allem in der Toskana, genauer in der Garfagnana hat der Dinkelanbau eine lange Tradition, noch heute kommt er hauptsächlich aus kleinen landwirtschaftlichen Betrieben, die großen Wert auf Qualität legen. In Umbrien hingegen pflanzt man das köstliche Korn vor allem in der Gegend von Spoleto.

Mittelitalienische Hausfrauen schmoren Dinkel nach dem Einweichen im Ganzen und vermischen die Körner mit Gemüse oder servieren Dinkel in Form von Suppe als Primo. Als würzige und gehaltvolle Süßspeise reicht man Dinkel auch mal mit frischen oder kandierten Früchten und Schokolade oder Nüssen gemischt.

Dinkel schmeckt würzig und hat ein leicht nussiges Aroma. Bei uns können Sie ihn in Naturkostläden und Reformhäusern kaufen. Bringen Sie ihn auch von der Toskanareise mit. Sie können die Körner an einem dunklen und trockenen Ort monatelang aufbewahren. Dinkel immer verlesen, also von leeren Häutchen oder Steinchen befreien und über Nacht in Wasser einweichen. Danach in frischem Wasser kochen, bis die Körner weich sind, aber noch einen leichten Biss haben. Das kann je nach Alter des Getreides unterschiedlich lang sein. Also zwischendurch mal ein Körnchen probieren.

Aus Dinkelmehl macht man in Mittelitalien meist Nudeln, mal aus dem vollen Korn, mal aus hell ausgemahlenem Mehl, manchmal auch aus einer Mischung von beidem.

Kichererbsen (*ceci*)

Überall rund ums Mittelmeer und so auch in Mittelitalien steht die Kichererbse hoch im Kurs und wird nicht nur für viele Gerichte verwendet, sondern auch angebaut. Die Hülsenfrüchte bereichern in Mittelitalien Suppen und Eintöpfe, in Verbindung mit Nudeln sind sie in der Toskana, den Marken und den Abruzzen fast ein Klassiker, als Beilage gibt es sie mit Olivenöl oder auch mal als Püree. Kichererbsen bekommt man bei uns in großen Supermärkten, im Naturkostladen und Reformhaus, aber auch in vielen italienischen oder orientalischen Läden. Die ganzen Erbsen über Nacht in

Wasser einweichen und am nächsten Tag in frischem Wasser weich kochen. Das dauert um die 1 1/2 Std., je nach Alter der Hülsenfrüchte auch mal länger. Wer keine Zeit fürs lange Kochen hat, verwendet fertig gekochte Kichererbsen aus der Dose. Sie sind allerdings nicht ganz so fein im Geschmack.
Die würzigen Hülsenfrüchte gibt es nicht nur im Ganzen, sondern auch als Mehl zu kaufen, aus dem man in der Toskana gerne einen dünnen Fladen backt und als Imbiss anbietet. Das Mehl bekommen Sie ebenfalls in italienischen Läden, aber auch in Asienläden, da es in der indischen Küche eine wichtige Rolle spielt.
Für ein Kichererbsenpüree (*passato di ceci*) 200 g getrocknete Kichererbsen über Nacht in Wasser einweichen. Mit frischem Wasser und 2 geschälten Knoblauchzehen zum Kochen bringen und zugedeckt bei schwacher Hitze weich kochen. 2 Tomaten würfeln, die Blätter von 1/2 Bund Basilikum in Streifen schneiden. Kichererbsen abtropfen lassen und mit dem Knoblauch pürieren. Tomaten und 1/8 l Wasser oder Brühe zugeben, nochmals 10 Min. garen. Mit Salz und Pfeffer abschmecken, Basilikum untermischen. Püree mit Olivenöl beträufeln und als Beilage servieren.

Linsen (*lenticchie*)
Seit der Antike werden sie angebaut, in Mittelitalien wachsen die besten und berühmtesten Linsen in Umbrien auf der Hochebene von Castelluccio (Reportage Seite 116). Die feinen Hülsenfrüchte werden zu Suppen verarbeitet, geschmort und mit *salsicce* serviert, aber auch gerne als Beilage gereicht. Wenn Sie keine umbrischen Linsen bekommen, nehmen Sie als Ersatz am besten kleine braune Linsen oder auch einmal – alle Italiener mal weghören – die französischen Puy-Linsen.

Platterbsen oder Gartenwicken (*cicerchie*)
Sie sehen aus wie plattgedrückte und leicht verformte Kichererbsen und sind tatsächlich eine uralte Kichererbsenart, die man schon in der Antike zubereitete und die inzwischen gerade in Mittelitalien in der Küche eine Renaissance erlebt. Cicerchia schmeckt würzig und aromatisch und wird wie die Kichererbse als Suppe, Salat oder Beilage zubereitet und serviert.

Polenta
Obwohl Polenta eine Spezialität aus dem Norden Italiens ist, kommt sie auch in den mittleren Regionen des Landes auf den Tisch, als Beilage, vor allem mit geschmortem Wildschwein oder anderen würzigen Fleischeintöpfen.
Für eine Polenta, die man als Brei servieren möchte, ca. 1 1/2 l Wasser zum Kochen bringen und salzen. 250 g Polenta langsam einrühren und bei ganz schwacher Hitze in ca. 30 Min. ausquellen lassen. Dabei immer mal wieder umrühren, damit nichts anbrennt. Vor dem Servieren nach Belieben noch 1 EL Butter in Stücken unter den Brei ziehen. Inzwischen kann man vorgegarte Instantpolenta kaufen, die schon nach 5 Min. Kochzeit servierbereit ist und die ebenfalls sehr gut schmeckt.
Für eine feste Polenta 125 g Polenta in 3/8 l heißes Salzwasser rühren und zugedeckt bei schwächster Hitze 10 Min. darin garen. Die feste Masse auf ein Küchenbrett streichen und erkalten lassen. Dann in Scheiben oder Stücke schneiden, in Olivenöl von beiden Seiten braten und als Beilage servieren.

Reis (*riso*)
Reis wird in im Norden Italiens angebaut, vor allem in der Poebene. Die Zubereitung von Risotto hat in Mittelitalien deshalb keine große Tradition. Dennoch kommt auch in der Toskana oder an der Adriaküste mal ein Risotto auf den Tisch. Er gelingt am besten mit Mittelkornreis, die besten Sorten sind Vialone, Carnarolo und Arborio. Bei der Zubereitung Flüssigkeit nach und nach zugießen und den Reis immer gut durchrühren, damit der Risotto schön sämig wird. Als Flüssigkeit eignen sich Brühe, Fischfond oder auch ein bisschen Wein. Zum Reis passen außerdem viele Gemüse von Zucchini über Tomaten und Rucola bis zu würzigen Steinpilzen, Fisch und Meeresfrüchten (zarte extra garen und erst zum Schluss untermischen) oder auch einfach nur Käse und ein paar Kräuter. Rechnen Sie als Primo für 4 Personen ca. 350 g Reis und gut 1 l Flüssigkeit.

Wilde Erbsen (*roveja*)
In der Hochebene von Castelluccio, wo auch die berühmten Linsen gedeihen, kultiviert man seit einiger Zeit eine in Vergessenheit geratene Hülsenfrucht, die wilde Erbse. Die *roveja* sind klein und braun und werden wie Polenta auch gemahlen angeboten. Das Mehl heißt *la farecchiata*. Wie Polenta wird es in Wasser gekocht, auf ein Brett gestrichen und nach dem Erkalten in Scheiben geschnitten. Die Scheiben kann man nun braten oder im Ofen backen, mit Sardellenfilets in Öl belegen und als Primo oder auch mal als Beilage servieren.

Linsen sind die kleinen kulinarischen Stars Umbriens.

Adressen in Italien *Wenn Sie bei Restaurants, Bars oder Weingütern von Deutschland aus anrufen wollen: Die Vorwahl ist 0039.*

Restaurants

Toskana:
Osteria nella Pia'
Via della Fontana, 10
Collonata (MS)
Tel.: 0585/758097
(Ruhetag Montag)
Spezialitäten mit *lardo di Collonata* und andere typische Gerichte der Region.

Ristorante i Pescatori
Via Leopardi 9
Orbetello
Tel.: 0564/860611
Hier bekommt man Bottarga aus der Produktion nebenan.

Trippai von Florenz:
Bei diesen Adressen bekommt man die traditionell einfachen *panini* mit Kutteln und verschiedenen Saucen in besonders guter Qualität.

Orazio Nencioni
Loggia del Porcellino
9–19 Uhr

Palmiro Pinzauti
Piazza de' Cimatori
Mo–Sa (im Sommer Mo–Fr) 9–19 Uhr (mit Pause von 14.30–17 Uhr)

Sergio Pollini
Via de' Macci/Borgo la Croce
Mo–Sa 8.30–19 Uhr (im Sommer Mo–Fr 8.30–15 Uhr)

Weinhändler von Florenz:
Hier kann man ein Glas Wein trinken, meist auch eine Kleinigkeit oder einige typisch toskanische Gerichte an einfach gedeckten Tischen essen.

Antico Noè
Volta di San Piero, 6r
Mo–Sa 11–21 Uhr (geschlossen am Sonntag und im August)

Coquinarius
Via delle Oche, 15r
11–23 Uhr (geschlossen am Sonntag und im August)

Enoteca Boccadama
Piazza Santa Croce 25–26r
8.30–24 Uhr (geschlossen am Montag)

Fuoriporta
Via Monte alle Croci, 10r
12.30–15 und 19–24 Uhr (geschlossen am Sonntag und 3 Wochen im August)

Osteria del Caffè Italiano
Via Isole delle Stinche, 11r
11.30–19 Uhr (geschlossen am Montag)

Zanobini
Via Sant' Antonino, 47r
8–14 Uhr und 15–20 Uhr (geschlossen am Sonntag)

Umbrien und Latium:
L'Acquario
Via Vittorio Emanuele II, 69
Castiglione del Lago
Tel.: 075/9652432
Ein Restaurant am Lago di Trasimeno, das auf Fischspezialitäten aus dem See spezialisiert ist.

Pane & Vino
Via Augusto Ciuffelli, 33
06059 Todi (PG)
Tel.: 075/8945448
(Ruhetag Mittwoch)
Kleines Restaurant mit typischen Gerichten, modern interpretiert.

Taverna Castelluccio
Via Dietro la Torre, 9
Castelluccio
Tel.: 0743/821158
Trattoria mit typischer Küche, eigener Linsenproduktion und ein paar einfachen Zimmern.

Ristorante Il Postale
Viale Raffaele Cesare 8
06012 Città di Castello
Tel.: 0758521356
Ruhetag: Montag und Samstagmittag
Restaurant mit gehobener Landesküche, zu durchaus fairen Preisen.

Marken:
Anikò – Salumeria Ittica
Piazza Saffi 10
Senigallia
Tel.: 071/7931228
Eine Art offene Bar in der Stadt, wo man am Tresen Fischspezialitäten von ausgezeichneter Qualität zu offenen Weinen der Region genießen kann.

Clandestino Susci Bar
Baia di Portonovo
Tel.: 071/801422
Direkt am Strand gelegene Bar, tagsüber bekommt man Toast und ähnliche Strandimbisse, abends Sushi.

Trattoria Damiani e Rossi
Via della Misericordia, 1
Porto San Giorgio
Tel.: 0734/674401
Hier wird für alle Gäste dasselbe Menü gekocht, umfangreiche Weinkarte.

Madonnina del Pescatore
Lungomare Italia 11,
Marzocca di Senegallia
Tel.: 071/698267
Hier kocht Moreno Cedroni auf hohem Niveau hauptsächlich Fisch.

Trattoria Laliva
Piazza della Viola, 13
Ascoli Piceno
Tel.: 0736/259358
Traditionelle Trattoria in der Stadtmitte, in der man etwa die gefüllten und frittierten Oliven essen kann.

Abruzzen:
Hotel und Ristorante Villa Maiella
Via Sette Dolori, 30
Guardiagrele
Tel.: 0871/809362
Hier wird traditionelle abruzzische Küche auf hohem Niveau angeboten.

Wein

Hier finden Sie die Winzer, die im Buch erwähnt werden.

Toskana:
Badia di Morrona
Via di Badia, 8
56030 Terricciola (PI)
Tel.: 0587658505
e-mail: info@badiadimorrona.it

Azienda Agricola I Campetti
Loc. Campetti, Fraz. Ribolla
Via della Collacchia, 2
58027 Roccastrada (GR)
Tel.: 0564/579663

Castello di Ama
Fraz. Lecchi in Chianti, Loc. Ama
5313 Gaiole in Chianti (SI)
Tel.: 0577746031
e-mail: info@castellodiama.com

Fattoria di Felsina
Via del Chianti, 102
53019 Castelnuovo Berardenga (SI)
Tel.: 0577355117
e-mail: felsina@data.it

Moris Farms
Loc. Curanuova
Fattoria Poggetti
58020 Massa Marittima (GR)
Tel.: 0566919135
e-mail: morisfarms@morisfarms.it

La Parrina
Loc. Parrina
58010 Albinia di Orbetello (GR)
Tel.: 0564/862636
e-mail: info@parrina.it

Sassotondo
Carla Benini Ventimiglia
Loc. Pian di Conati 52
58010 Sorano (GR)
Tel.: 0564/614218
e-mail: sassotondo@ftbcc.it

Tenuta di Ghizzano
Fraz. Ghizzano
Via della Chiesa, 13
56030 Peccioli (PI)
Tel.: 0587/630096
e-mail: info@tenutadighizzano.com
www.tenutadighizzano.com

Umbrien:
Adanti
Loc. Arquata
06031 Bevagna (PG)
Tel.: 0742360295
e-mail: info@cantineadanti.com

Arnaldo Caprai
Val di Maggio Loc. Torre
06036 Montefalco (PG)
Tel.: 0742378802
e-mail.: info@arnaldocaprai.it

Decugnano dei Barbi
Loc. Fossatello di Corbara, 50
05019 Orvieto (TR)
Tel.: 0763308255
e-mail: info@decugnanodeibarbi.com

Marken und Abruzzen:
Antonio Canestrari
Via S. Francesco, 18
62021 Apiro
Tel.: 0733/611315

Bucci
Fraz. Pongelli
Via Cona, 30
60010 Ostra Vetere (AN)
Tel.: 071964179
e-mail: bucciwines@villabucci.com

Gianni Masciarelli
Via Gamberale, 1
66010 San Martino sulla Marrucina (CH)
Tel.: 087185241
e-mail: info@masciarelli.it

Silvano Strologo
Via Osimana, 89
60021 Camerano (AN)
Tel.: 071732359
e-mail: s.strologo@libero.it

Azienda Agricola
Dott. Corrado Tonelli
Viale Dante, 66/A
61045 Pergola (PS)
Tel.: 0721/34105

Visciolato (Visner)
Edoardo Valentini
Via del Baio, 2
65014 Loreto Aprutino (PE)
Tel.: 0858291138
Kein Direktverkauf und keine Besichtigung des Weingutes.

Ercole Velenosi
Loc. Brecciarolo
Via dei Biancospini, 11
63100 Ascoli Piceno
Tel.: 0736341218
e-mail: info@velenosivini.com

Produkte

Toskana:
Antica Macelleria Falorni
Piazza G.Matteotti, 69–71
Greve in Chianti
Tel.: 055/853029
www.falorni.it
Hier bekommt man Fleisch und Wurstwaren vom sienesischen Schwein und vom Wildschwein in traditionell guter Qualität.

Antica Macelleria Cecchini
Via XX Luglio, 11
Panzano in Chianti
Tel.: 055/852020
e-mail: macelleriacecchini@tin.it
Hier kauft man bei den Klängen der Callas oder anderer klassischer Musik ein, bekommt traditionelle wie neue oder wiederentdeckte Spezialitäten und kann meist auch etwas probieren. Vor allem am Wochenende muss man Zeit mitbringen.

Al Lardo al Lardo
Corsi Anita
Via Fossa Cava, 10
Colonnata
Tel.: 0585/758024
Lardo di Collonata in traditionell guter Qualität.

Antico Molino F.lli Rossi
Ponte di Turano
Fivizzano (MS)
Tel.: 0585/92303
Weizenmehl, Kastanienmehl und Kichererbsenmehl aus der eigenen kleinen Mühle.

Orbetello Pesca Lagunare
Via Leopardi 9
Orbetello
Tel.: 0564/860288
Bottargà eingeschweißt oder gerieben und vakuumverpackt sowie andere Fischspezialitäten.

La Parrina
Loc. Parrina
58010 Albinia di Orbetello (GR)
Tel.: 0564/862636
e-mail: info@parrina.it
Olivenöl, Wein, Käse und vieles mehr.

Umbrien:
F.lli Ansuini
Viale, della Stazione
06046 Norcia (PG)
Tel.: 0743/816809
www.flliansuini.it
Umbrische Wurstwaren aus traditioneller Herstellung.

Brancaleone da Norcia
Corso Sertorio, 17
06046 Norcia (PG)
Tel.: 0743/828311
www.brancaleonedanorcia.it
Wurstwaren, Käse und Trüffel aus Umbrien und in guter Qualität.

Cooperativa Agricola Castelluccio
Tel.: 0743/821166
Linsen aus Castelluccio und andere typische Produkte. Es gibt keinen Laden, also anrufen und nachfragen.

Bar Pasticceria Mazzuoli
Via Mazzini, 12
Todi (PG)
Tel.: 075/8942551
Brutti ma buoni und andere typisch umbrische Gebäckspezialitäten.

Moscatelli Tartufi
Corso Sertorio, 42
06046 Norcia (PG)
Tel.: 0743/828279
www.moscatellitartufinoracia.com
Frische und konservierte schwarze Trüffeln, außerdem Wurstwaren und Schinken sowie Käse von guten Herstellern.

Torale (Olivenöl)
Passignano sul Trasimeno
Tel.: 075/829275
e-mail: torale@torale.com
www.torale.com
Außer der Produktion von hervorragendem Olivenöl haben die Brüder Salvetti auch einen schönen *agriturismo* aufgebaut.

Latium:
Oleoteca di Farfa
Via di Porta Montopoli
Abbazia di Farfa
Hier kann man Öl kaufen und ausgewählte Öle auch probieren. Geöffnet am Wochenende, an den übrigen Tagen nur nach Voranmeldung:
Tel.: 0765/277315.
Oleotecaregionale@libero.it

Olivenölmuseum
Castelnuovo di Farfa
Öffnungszeiten:
Freitag 15–20 Uhr
Samstag 10–20 Uhr
Sonntag 10–13.30 und 14.30–20 Uhr
Tel.: 0765/36370
Email: museolio@yahoo.it
www.galsabina.com

Marken:
Azienda Agricola Massimo Mancini
Via San Biagio, 70
63010 Monte S. Pietrangeli (AP)
Tel.: 0734/969311
e-mail: info@pastamancini.it
Hier werden besonders gute Nudeln produziert, allerdings nicht verkauft.

Gastronomia Beltrami
Via Umberto I., 21/23
Cartoceto (PU)
Tel.: 0721/893006
e-mail: cristiana-beltrami@libero.it
Hier bekommt man Spezialitäten der Marken, vom *formaggio di fossa* bis zum Wein.

Ivana Maroni e Marilungo
La Pasta di Campofilone
Via S. Maria, 17
63010 Campofilone (AP)
Tel.: 0734/931165
Eiernudeln aus handwerklicher Herstellung, die im angeschlossenen kleinen Laden auch verkauft werden.

Marini Tartufi
Viale Risorgimento, 26
Acqualagna
Tel.: 0721/798629
www.publi.it/marini
Frische und konservierte schwarze und weiße Trüffeln von guter Qualität.

Silvio Meletti
Zona industriale Campolungo
63100 Ascoli Piceno
Tel.: 0736/403493
www.meletti.it
Anisschnaps und -likör von bester Qualität, Kaffeelikör und einiges mehr.

Migliori Oliven
Laden: Piazza Arringo, Ascoli Piceno
Herstellung:
Zona I. Campolungo, 53
63100 Ascoli Piceno
Tel.: 0736/403787
e-mail: vendita@migliorolive.it
Im Laden kann man die Oliven im Glas kaufen, bekommt sie aber auch fertig gefüllt und muss sie zu Hause nur noch backen oder frittieren. Außerdem wechselnde Tagesgerichte.

Abruzzen:
Pasticceria Emiliana
Via V. Veneto, 95
65014 Loreto Aprutino (PE)
Tel.: 085/8291696
Caciatelli und anderes herzhaftes und süßes Gebäck.

Fratelli Nurzia
Piazza Duomo, 75
67100 L'Aquila
Tel.: 0862/21002
Bar und Einkaufsmöglichkeit für Torrone.

Adressen: Deutschland, Österreich, Schweiz

Die Weine Mittelitaliens sind in der Regel auch bei uns in sehr vielen Weinhandlungen zu bekommen. Hier ein paar ausgewählte Lieblings-Weinhändler und die Bezugsquelle für die Pastaspezialitäten von Mancini.

Deutschland

La Cantinetta
Di Sergio Bolzan
Neumarkter Str. 77
81673 München
Tel.: 089/6882536
Fax 089/6882537
www.bolzan.de

Castel Cosimo
Heidenkampsweg 84
20097 Hamburg
Tel.: 040/234443
Fax: 040/230386
www.castelcosimo.de

Harald L. Bremer GmbH
Efeuweg 3
38104 Braunschweig
Tel.: 0531/237360
Fax: 0531/2373636
e-mail: info@bremerwein.de
www.bremerwein.de

Fischer + Trezza
Ulmer Str. 150
70188 Stuttgart-Ost
Tel.: 0711/4606700
Fax: 0711/4606900

Garibaldi München
Tel.: 089/356361
Bestellfax: 089/359 29 29
e-mail:
Bestellung@GARIBALDI-WEIN.de
www.GARIBALDI-WEIN.de

Terra di Toscana, Herbert Stricker
Im Wiesengrunde 60a
55593 Rüdesheim
Tel.: 0671/62055
Fax: 0671/62057
e-mail: info@terraditoscana.de

Wein-Bastion, Schillerstraße 1
89077 Ulm
Tel.: 0731/66993
Fax: 0731/69199
www.wein-bastion-de

Die Weinhalle
Kleine, aber feine Auswahl an italienischen Weinen (z. B. Massa Vecchia), außerdem Pasta Mancini.
K & U Kössler & Ulbricht
Nordostpark 78/Halle 78
90411 Nürnberg
Tel.: 0911/525153
Fax: 0911/5298874
e-mail: info@weinhalle.de
www.weinhalle.de

Vinissimo
Schubertstr. 6
80336 München
Tel.: 089/5389204
Fax: 089/5389304
e-mail: info@vinissimo.de

Schweiz

Archetti Vini d'Italia AG
Winterthurerstr. 17
8303 Bassersdorf
Tel.: 01/8369721
Fax 01/8369827
www.archetti.ch

Caratello Weine
Zürcher Str. 204E
9014 St. Gallen
Tel.: 071/2448855
Fax: 071/2446380
www.caratello.ch

Wyhus Belp AG
Sägetstr. 33
3123 Belp-Bern
Tel.: 031/8104141
Fax: 031/8104142
www.wyhusbelp.ch

Österreich

www.weinwelt.at

Register

Damit Sie Rezepte mit bestimmten Zutaten wie Oliven, Tomaten oder Auberginen noch schneller finden können, stehen diese Zutaten im Register zusätzlich auch über den entsprechenden Rezepten – ebenfalls alphabetisch geordnet und **halbfett** *gedruckt.*

Von Antipasti bis Dolci: *Falls Sie ein italienisches Menü planen, hier noch einmal die Gerichte des Buches in der Menüfolge:*

Antipasti

Primi Piatti

Secondi Piatti

Contorni

Dolci

Text und Fotografie

Cornelia Schinharl
hat sich ganz ihrer Leidenschaft, den kulinarischen Genüssen, gewidmet. Seit vielen Jahren bringt sie ihren Erfahrungsschatz als freie Food-Journalistin und Kochbuchautorin zu Papier und ist mit über 30 Titeln eine der erfolgreichsten GU-Autorinnen. Für ihre Bücher hat sie schon viele Auszeichnungen bekommen, unter anderen drei Silbermedaillen der Gastronomischen Akademie und einen World Cookbook Award. Cornelia Schinharls besondere Liebe gilt der italienischen Küche, in der sie nicht nur die Klassiker zu neuem Leben erweckt, sondern auch immer wieder neue Trends aufspürt. Für dieses Buch war sie im Zentrum Italiens unterwegs und stellt Land und Leute und nicht zuletzt die typisch italienischen Produkte vor – vom Käse bis zum Wein. Auf ihren Rechercheреisen wurde Sie von Sonia Civai unterstützt. Vielen Dank dafür.

Michael Schinharl
Der renommierte Stillife-Fotograf und passionierte Food-Fotograf ist auch leidenschaftlicher Koch. Seine Experimente in der Küche begann er im Alter von 12 Jahren und hat es seither – wie viele bestätigen – zu echter Meisterschaft gebracht. Als Fotograf hat er längere Zeit in Italien und Frankreich gelebt. Die Arbeit an diesem Buch hat für ihn also einen sehr direkten Bezug zu seinem Leben: Das Thema Italien, die Foodfotografie und Reportagen, die eine tolle Verbindung zwischen Essen und Mensch herstellen.
Die Foodfotos entstanden in der Toskana nahe Siena in der Villa Catignano und im Agriturismo Poggio Bonelli. Zum Fototeam gehörten die Foodstylisten Hans Gerlach und Alexander Kühn, Claudia Jaurantis als Assistentin, für die Requisite waren Ulla Krause und Michael Schinharl zuständig.

Programmleitung: Doris Birk
Redaktion: Birgit Rademacker
Lektorat: Susanne Bodensteiner
Korrektorat: Mischa Gallé
Fotografie: Michael Schinharl
Foodstyling: Hans Gerlach, Alexander Kühn
Requisite: Ulla Krause, Michael Schinharl
Herstellung: Petra Roth
Gestaltung: Independent Mediendesign, München
Umschlaggestaltung: Independent Mediendesign, München
Satz: Bernd Walser Buchproduktion, München
Reproduktion: Fotolito Longo, Bozen
Druck: Appl, Wemding
Bindung: m.appl GmbH, Monheim

ISBN 978-3-7742-6899-9

3. Auflage 2007

GRÄFE UND UNZER

Ein Unternehmen der
GANSKE VERLAGSGRUPPE

100 JAHRE GANSKE VERLAGSGRUPPE

DAS ORIGINAL MIT GARANTIE

Unsere Garantie

Alle Informationen in diesem Ratgeber sind sorgfältig und gewissenhaft geprüft. Sollte dennoch einmal ein Fehler enthalten sein, schicken Sie uns das Buch mit dem entsprechenden Hinweis an unseren Leserservice zurück. Wir tauschen Ihnen den GU-Ratgeber gegen einen anderen zum gleichen oder ähnlichen Thema um.

Liebe Leserin und lieber Leser,

wir freuen uns, dass Sie sich für ein GU-Buch entschieden haben. Mit Ihrem Kauf setzen Sie auf die Qualität, Kompetenz und Aktualität unserer Ratgeber. Dafür sagen wir Danke! Wir wollen als führender Ratgeberverlag noch besser werden. Daher ist uns Ihre Meinung wichtig. Bitte senden Sie uns Ihre Anregungen, Ihre Kritik oder Ihr Lob zu unseren Büchern. Haben Sie Fragen oder benötigen Sie weiteren Rat zum Thema? Wir freuen uns auf Ihre Nachricht!

Wir sind für Sie da!
Montag – Donnerstag:
8.00 – 18.00 Uhr;
Freitag: 8.00 – 16.00 Uhr
Tel.: 0180-5 00 50 54*
Fax: 0180-5 01 20 54*
E-Mail: leserservice@graefe-und-unzer.de

P.S.: Wollen Sie noch mehr Aktuelles von GU wissen, dann abonnieren Sie doch unseren kostenlosen GU-Online-Newsletter und/oder unsere kostenlosen Kundenmagazine.

GRÄFE UND UNZER VERLAG
Leserservice
Postfach 86 03 13
81630 München

*(0,14 €/Min. aus dem dt. Festnetz)